高校体育类一流专业
评价指标体系研究

潘洪涛 ◎ 著

吉林出版集团股份有限公司

图书在版编目（CIP）数据

高校体育类一流专业评价指标体系研究 / 潘洪涛著. — 长春：吉林出版集团股份有限公司，2023.7
ISBN 978-7-5731-3982-5

Ⅰ. ①高… Ⅱ. ①潘… Ⅲ. ①体育教学－教学研究－高等学校 Ⅳ. ①G807.4

中国国家版本馆CIP数据核字（2023）第146098号

高校体育类一流专业评价指标体系研究

GAOXIAO TIYULEI YILIU ZHUANYE PINGJIA ZHIBIAO TIXI YANJIU

著　　者	潘洪涛
责任编辑	曲珊珊
封面设计	林　吉
开　　本	787mm×1092mm　1/16
字　　数	221千
印　　张	12
版　　次	2023年7月第1版
印　　次	2024年1月第1次印刷
出版发行	吉林出版集团股份有限公司
电　　话	总编办：010-63109269
	发行部：010-63109269
印　　刷	廊坊市广阳区九洲印刷厂

ISBN 978-7-5731-3982-5　　　　　　　　　　定价：78.00元

版权所有　侵权必究

前　言

目前，高校体育教育正经历内涵式发展与变革，追求提升教育质量。同样，体育院校本科专业也面临很多新问题需要解决。大量毕业生涌入体育市场，生态空间与生态容量有限，新的体育产业链、就业链、职业链尚未有效形成，新的就业渠道也不畅通。传统精英教育模式并没有马上改变，专业知识和课程体系没有更新，体育人才适应能力没有快速跟上，就业形势不容乐观。体育专业毕业生也无法真正从事自己喜欢的工作。

现代体育专业与社会发展的联系越来越密切，社会需要体育人才，专业需要紧跟形势，还要超前为社会培养急需人才。体育院校的专业建设必须依据社会人才需求和学校专业水平来设置相应的新专业和课程体系。在现实中，本科专业或运动专项的设置还仅仅局限于教育部门与学校之间，很多课程无法更改。比如对马列主义课程、外语课程及德育教育等有明确的规定，甚至连学时都有具体的要求，学校或院系专业建设的可操作空间并不大，体育人才培养机构或组织没有获得相应的参与权、修改权、学习权和选择权，这也导致体育院校培养的人才与社会需求相脱节，资源大量浪费。

本书主要研究高校体育类一流专业评价指标体系方面的问题，涉及丰富的体育教育教学知识。主要内容包括高校体育的相关理论、体育教学的改革创新、教学质量保障体系建设、产学研训生态合作创新模式的构建、中国特色生态体育专业评估体系、"一流大学"的基本知识、体育专业的可持续发展等。本书是作者长期从事高校体育教学实践的结晶。本书在内容选取上既兼顾到知识的系统性，又考虑到可接受性，同时强调体育教学技能的应用性。内容涉及面广，技术新，实用性强，使读者能理论结合实践，获得知识的同时掌握技能。本书兼具理论与实际应用价值，可供相关教育工作者参考和借鉴。

由于笔者水平有限，本书难免存在不妥之处，敬请广大学界同人与读者朋友批评指正。

目 录

第一章 高校体育的相关理论 ··· 1
　　第一节 体育的基础认知 ··· 1
　　第二节 高校学生体质与健康 ··· 7
　　第三节 高校体育目标与途径 ·· 11

第二章 体育教学的研究与探索 ·· 16
　　第一节 体育教学指导思想与制约因素 ·· 16
　　第二节 体育教学体制的目标、内容、方法和评价 ······································· 18
　　第三节 体育教学现状的分析和创新设想 ··· 28
　　第四节 体育教学环境的设计与实施 ··· 30
　　第五节 体育教学模式发展趋势研究 ··· 33
　　第六节 体育教学改革的研究 ·· 37

第三章 高校体育教学方法的改革与创新 ··· 47
　　第一节 传统体育教学方法及应用 ·· 47
　　第二节 符合现代教育理念的体育教学方法 ·· 53
　　第三节 高校体育教学中多媒体技术的应用 ·· 57
　　第四节 高校体育教学中微课的应用 ··· 75
　　第五节 高校体育教学中慕课的应用 ··· 78
　　第六节 高校体育教学中翻转课堂的应用 ··· 81

第四章 高校体育教学质量保障体系 ·· 92
　　第一节 高等教育发展的理论和大众化的质量观 ·· 92

第二节　体育教育专业办学的规模与基本条件的变化 ·············· 93
　　第三节　发达国家的高等教育大众化历程 ······················· 97
　　第四节　部分发达国家的高校教学质量保障 ····················· 101

第五章　体育专业产学研训生态合作创新模式构建 ·············· 119
　　第一节　体育专业产学研训生态合作机制构建 ··················· 119
　　第二节　拓宽体育专业产学研训生态合作途径 ··················· 122
　　第三节　体育专业产学研训生态合作展望 ······················· 123
　　第四节　点式、链式、网状式多样合作 ························· 128

第六章　中国特色生态体育专业评估体系创建 ···················· 129
　　第一节　体育专业生态教育 ··································· 130
　　第二节　体育专业生态环境 ··································· 132
　　第三节　体育专业生态实践 ··································· 132
　　第四节　体育专业生态办学 ··································· 133
　　第五节　体育专业与社会生态 ································· 133

第七章　"一流体育大学"内涵、指标体系及生态位的提升 ········· 135
　　第一节　"一流大学"内涵及生态位 ···························· 135
　　第二节　"一流大学"指标体系 ································ 136
　　第三节　体育专业生态系统设计与共享 ························· 138

第八章　体育专业生态系统的可持续发展 ························ 166
　　第一节　体育专业生态系统的认知 ····························· 166
　　第二节　构建专业可持续发展生态系统 ························· 168
　　第三节　体育院校本科专业生态可持续发展策略 ················· 174

参考文献 ·· 184

第一章　高校体育的相关理论

第一节　体育的基础认知

一、体育的概念

体育是随着人类社会的发展而产生和发展的。原始人为了生存在同自然界进行斗争中，发展了走、跑、跳、投掷、攀登、游泳以及其他体育技能。原始人的生产和生活技能与现代人的体育活动，都是身体的活动，其区别在于前者主要用于谋生，后者主要用于锻炼身体。体育作为一个专门的学科领域，是在人类社会长期的实践中，随着社会生活和生产的不断发展而逐步建立和发展起来的，它受一定的社会政治、经济的影响。

虽然体育有着悠久的历史，"体育"一词却出现得较晚。在"体育"一词出现前，世界各国对体育这一活动的称谓并不相同。"体育"一词，其英文是 Physical Education，指的是以身体活动为手段的教育，直译为"身体的教育"，简称为"体育"。

"体育"一词在含义上也有一个演化过程。它刚传入我国时，是指身体的教育，作为教育的一部分出现，是一种与维持和发展身体的各种活动有关联的教育过程，与国际上理解的"体育"是一致的。后来，随着社会的进步和体育事业的不断发展，其目的和内容都大大超出了原来"体育"的范畴，体育的概念也出现了"广义"与"狭义"的解释。当用于广义时，一般是指体育运动，其中包括了体育教育、竞技运动和身体锻炼三个方面；用于狭义时，一般是指体育教育。近年来，不少学者对"体育"的概念提出了一些解释，但比较趋于一致的解释为：体育是以身体活动为媒介，以谋求个体身心健康、全面发展为直接目的，并以培养完善的社会公民为终极目标的一种社会文化现象或教育过程。体育的这一定义既说明了它的本质属性，又指出了它的归属范畴，同时也把自身从与其邻近或相似的社会文化现象中区别出来。但是，体育的概念并非一成不变，随着社会的发展和进步，人们对体育的认识也将有所发展。

二、体育的功能

体育的功能是指体育以其自身特点作用于人和社会所能产生的良好影响和效益。体育如果不具备自身固有的特点，就不可能产生任何功能。如果体育功能不为社会所接受、利用，则它的功能也不可能得到发挥。千百年来，体育之所以能得到不断发展，而且越来越受到重视，正是人们对体育功能的认识和利用的结果。随着社会发展和人们对体育功能认识的进一步深入和提高，体育的功能将会越来越多地被发现和发挥，并更好地为人类的物质文明和精神文明建设服务。

体育的功能包括教育功能、健身娱乐功能、培养竞争意识功能、经济功能和交往功能等。

（一）教育功能

体育具有教育的功能，亦是其最本质的功能。从原始社会体育萌芽起，体育就一直作为教育的手段之一流传下来，至今现代竞技体育中的跑、跳、投等项目仍留下了原始社会教育的痕迹。现代体育教育已不仅需要促进人体生长发育、增强学生体质、掌握运动技能，还需要培养人们终身体育的兴趣和习惯，改善生活方式，提高生活质量，以适应现代社会的需要。体育的教育功能也不只限于学校体育，在竞技体育和群众体育中也无不显示出体育的教育功能。在竞技体育中，运动员在"更高、更快、更强"的奥林匹克口号下所表现出来的无私奉献、顽强拼搏的精神，深深地打动着观众的心，这也是一种教育。在群众锻炼中，无论是完善身体机能、改善身心健康或是促进人际交往、培养顽强精神等方面，都含有教育的作用。如果把上述功能置于人的社会化培养体系之中，体育的实质就是个体为求社会生存的教育，是为谋取社会生计的教育，是为适应现代社会生活的教育，是为创造未来生命的教育。基于这一普遍意义的客观存在，学校体育教育必须以"终身教育"作为其主要的奋斗方向。具体地说，即在体育的施教过程中，通过身体锻炼及适应能力的培养，培养运动兴趣，养成运动习惯，以便为青少年的就业谋生及适应现代生活节奏做好准备。只有这样，人类才能保存自己，继续生命，创造文化，延续文明。

（二）健身娱乐功能

体育的健身娱乐功能已为大家所公认。人们通过体育锻炼来增强体质、促进健康、防病治病、调节生活,以享受自然界的乐趣。现代社会人们的工作和生活节奏加快,对健康就有了更高的要求。不能认为没有疾病就是健康,事实上很多人处于亚健康状态,他们需要通过体育锻炼来改善身体状况。

体育的重要目标是要教会人们合理有效地保护身体健康和促进身体发展,它是一种通过锻炼身体完善自身的活动过程。人体的发展遵循着"用进废退"的生物学规律,合理而科学的身体锻炼,是保障人体发挥极限效能的有效途径。身体锻炼引起神经肌肉的活动,而神经肌肉的有效活动,既可保证人体的运动器官和其他器官的良好功能,又会引起多重反应。健康快乐的一生除了仰仗身体锻炼,还需有热衷于身体娱乐活动的兴趣和情绪。现代文明社会在时间、财力和营养方面,为人类的身体娱乐活动提供了越来越优越的条件,体育的健康娱乐功能在未来社会将越来越受到重视。

(三)培养竞争意识功能

体育运动中的竞技体育的一个突出特点是竞争激烈,这种竞争一旦扩大到世界舞台上,就具有广泛的国际性。国际比赛的胜负,关系着一个国家的荣辱和民族的形象,在人们的思想感情上会产生强烈反响。

人类的生活就如同在竞技场上的比赛,大到与自然竞争,小到与对手竞争,无一不是在竞争中不断地完善自我和超越自我。无论是观赛还是参赛,运动场无疑为人们对生活中即将发生的竞争提供了极佳的预演场所。许多哲学家(如斯宾塞)早就把运动场当作社会的一个缩影,运动场本身就是一个特殊的社会环境。依据迁移原则,人们在运动场上养成的良好品性和行为,可以迁移到日常行为模式中而成为社会认同、接纳的因素。同运动场上必有胜负一样,在其他社会活动中也有得意之时和失意之处。光荣的胜利者固然值得敬佩,好的输家同样也受人尊敬。胜不骄、败不馁,奋发向上,顽强拼搏等绝不仅仅是运动员所独有的品质,社会上的每个成员都应具备。从公平竞争的角度来看,运动场是培养人们竞争意识的最佳场所。现代奥林匹克运动的创始人顾拜旦是一位教育家,他曾以极大的热情在法国宣传和提倡英国的竞技体育制度。他通过奥林匹克运动把体育同文化教育融为一体。竞技体育通过运用竞技运动中的某些内容和因素,以夺取奖牌为手段,最终达到教育人类不断地完善和超越自我的目的,它的意义远远超过夺取奖牌。

(四)经济功能

经济学界认为,劳动生产力的提高是社会经济发展的重要标志。特别是在对生产力进行价值评估时，人的素质又成为最主要的衡量标准。一般来说，人的素质包含身体素质、文化素质和道德素质三个方面。

体育发展社会经济的功能是由体育的健身作用决定的。因为它在提高身体素质，提高劳动者健康水平方面取得了明显效果，保持和增强了劳动者的劳动能力。因此，体育在体力投资方面所做的贡献，有力地促进了社会经济的发展。

在商品经济的社会里，体育作为第三产业，以劳动的形式向社会提供服务消费。当前，一些经济发达国家非常重视发挥体育的经济功能，采取多种途径追求体育经济效益。对于体育界来说，首先要改变体育仅是福利事业的思想，要树立体育也是产业的观念。作为产业它可以为社会提供健身、观赏、娱乐等综合性特殊消费品，在大型比赛中可以出售比赛的电视转播权，发行纪念币，发行体育彩票，赚取门票收入和广告费等。在日常体育活动中提高体育场馆设施利用率，举办热门项目比赛、发展体育旅游、举办各种类型的体育训练班、开设体育咨询站等，从中都可以得到相当可观的经济效益。

体育与市场正不断地接轨，近几年出现了过渡的形式，如企业赞助、公司集团办运动队等。在过渡中已出现了劳务市场、体育健康娱乐市场、体育培训咨询市场等。

（五）交往功能

依据社会学观点，由于传统的教育、宣传舆论及民族习惯等，人们的社会心理总要和他们生活的环境取得一致与平衡，但由于某种特殊原因而导致心理失调的现象也会经常发生。从体育独具的活动性与竞争性特点来分析，由可变因素而产生的感性刺激，既可使人失去心理平衡，又能积极调节心理状态。一场激烈的体育比赛可以牵动亿万人的心，观众出于民族、国家、地区的尊严与自信，往往把胜负看得至关重要。在瞬息万变的竞赛过程中，人们的感情变化为其他任何社会活动所不及。由此可见，优秀运动员为祖国荣誉而拼搏的感人精神，已经成为一个民族的精神财富。当然体育运动也会可能破坏人的心理平衡，引起逆向的感情冲动。因此，为了避免社会感情副作用的发生，体育运动竞赛过程中的组织管理和宣传教育是十分重要的。

体育本身具有的动态特点，决定了人们需要冲破"闭关自守"的生活方式。在体育活动中，只有通过体育交往才能达到人与人、群体与群体之间物质的、精神的、能量的互相影响，达到人际关系中的认识、信任、支持等。实践证明，个体在置身社会群体中时，产生的运动欲望会成为改善人们相互关系的纽带，在国内群众性体育活动中（尤其是在全国性体育盛会上），更能加强友谊和团结，激发各族人民对祖国炽热的爱。

体育具有超越语言和社会的障碍的特点，可以把不同社会、不同人种、不同民族的人们聚集在一起，通过运动竞赛和体育交往发展国际友好关系，发挥独特功能。在某些时候体育在促进国际交往方面发挥着重要作用。

三、体育锻炼的作用

（一）使人头脑发达，思维敏捷

人的重要生理活动，主要是通过反射的方式进行的。反射可分为条件反射与非条件反射两类。非条件反射是遗传的，其中枢在大脑皮层下部。条件反射是通过后天学习训练建立起的反射活动的高级形式，其中枢主要在大脑皮层。体育活动中的各种技术动作和变化莫测的战术配合，是通过感受器不断地对大脑皮层进行复合性的强化刺激，产生刺激效应，使大脑皮层的兴奋与抑制更加深入、更加集中。例如打乒乓球时，在接发球的一瞬间，大脑皮层进行的分析与综合的过程是非常复杂的，对方发球的姿势，击球部位，声音，球的方向、弧度、旋转和落台地点等，所有的刺激由相应的感受器接收后传入大脑皮层，引起皮层不同的细胞活动，依靠暂时的神经联系，把所有的这些活动连成一个整体，接球者对发过来的球得到一个综合的判断：是好球还是坏球，是怎样旋转的球，用什么方法把球击过去等。再如从事竞技体操运动时的肌肉收缩性质，有动力性成分，也有静力性成分。体操运动员既要建立各对抗肌中枢之间兴奋和抑制交替活动的动力定型，又要建立它们之间处于同一神经过程的动力定型，且按照动作技能组合安排的需要，神经过程的高低强弱与接替，均需按规定节奏进行。因此，大脑皮层与大脑皮层下运动中枢可因训练而形成全新的协调关系，有时需加强或保持低级中枢的交互抑制，有时又需要改造它们。由此可知，体育锻炼使机体的非条件反射与各种各样的外界刺激结合起来而建立起相应的条件反射，从而使人的头脑发达，思维敏捷，达到提神健脑之功能。

（二）促进血液循环，提高心脏功能

在体育活动时，由于体内能量物质消耗的增强和代谢物的增多，必须加快血液流通，及时满足机体各部分能源的供应和代谢物的排泄。如在激烈运动时，运动员每搏输出量要从安静时的 100 毫升激增到 180 毫升，每分钟向全身输送血液可高达 35000 毫升。这就促进了血液循环，增强了血管壁的弹性，同时也提高了血液中高密度脂蛋白的数量，降低和限制了胆固醇在血管壁上的存积。血液循环的加快、血

液需求量的激增又促使心脏从形态、机能和功能上产生良好的适应性。如心脏运动性肥大,使心脏面积比一般人大10%以上;心肌发达,收缩力强,一般人每搏平均只能输出血液113毫升,而优秀运动员每搏输出量可高达200毫升;心容量大,心力贮备高,据测试一般人为765~785毫升,而运动员可达1015~1027毫升;窦性心律徐缓,一般人为70~80次/分,经常从事体育锻炼者为50~60次/分,优秀运动员为36~40次/分。同时,心脏的调节机能也大为提高,主要表现在:运动开始后,能迅速动员心血管系统的功能,以适应运动的需要;在进行激烈运动的过程中,可发挥心血管系统的最大潜力,充分动员心力贮备;运动结束后能很快地恢复到安静水平。

(三) 改善呼吸功能

体育活动对人体的呼吸系统影响甚大。体内的一切活动都需要能量,而这些能量都来源于体内营养物质的氧化,借助不停地呼吸运动,及时排出二氧化碳,吸进新鲜空气。经常参加体育锻炼,能使呼吸肌增强,肺增气量提高,每分钟可达80~100升或更多,长跑者为180~200升;肺活量增大,一般男子为3000~3500毫升,女子为2500~3000毫升,而锻炼者为4000~5000毫升;氧利用率提高,如正常人在安静时利用率为25%,在较剧烈运动时可达65%,是安静时的2.6倍。在剧烈运动时,足部血流量增加3倍,氧利用率也提高3倍以上。因此,毛细血管与细胞间的氧分压增加更多,氧气供应率可以比安静时高出9倍以上,氧利用率可接近100%;安静时每分钟呼吸次数减少,一般人约18次,而经常锻炼的人只有12次左右。以上这些都充分证明体育锻炼能有效地提高人体的有氧工作能力,充分改善呼吸系统的功能。

(四) 使骨骼、肌肉结实有力

体育锻炼能促进机体的生长发育,提高运动器官的机能,使管状骨变粗,骨密质加厚,骨小梁排列密集,骨结节粗隆增大等。坚持参加体育活动的人,骨密质可增厚8~15毫米。这些变化赋予骨骼坚固密实、抗压性强等特性。体育锻炼时,肌肉工作加强,血液工作增加,使得原有的肌肉纤维增粗,肌肉块增大,通过锻炼,肌肉的重量可占体重的50%以上,而不锻炼者只占35%~40%。因此,体育锻炼能使肌肉更加结实有力,使身体具有高度的兴奋性和灵活性。

(五) 使人心情舒畅、精神愉快

在现实生活中,一个人的身体和精神是密不可分的。从体育锻炼的内涵来说,它不仅能发展身体,增强体质,延年益寿,而且也是一种高尚的文化娱乐活动。它能满足人们精神生活上的需要,使人们在精神上得到一种乐趣和享受,故具有炼意志、调感情之功效。

体育锻炼多属户外运动，故它能把人们带进大自然的怀抱之中。在那阳光灿烂、空气新鲜的环境下进行锻炼，充分享受大自然赋予人们的无穷乐趣。这一切更使人们感到心情舒畅，精神愉快。

总之，体育锻炼对人体发展的作用是巨大的，但是只有按照人体生长发育的规律，坚持不懈地去进行科学锻炼，才能达到上述目的。

第二节 高校学生体质与健康

一、体质与健康的含义

（一）体质的定义

体质是人体的质量，是在遗传性和获得性的基础上表现出来的人体形态结构、生理功能和心理因素的综合性的、相对稳定的特征。

体质是人的生命活动和劳动工作能力的物质基础。它在形成和发展的过程中，具有明显的个体差异和阶段性。在人的生命活动的各个阶段，从儿童、青少年到中老年，体质状况不但有不同的特征，也是不断变化的。

一个人体质的好坏，既受先天因素影响又受后天因素影响。遗传是人体发展变化的先天条件，对体质的强弱有很大影响。但它对体质的影响只是提供了可能性，而体质的强弱，还有赖于后天的环境条件，即生活环境、营养卫生、身体锻炼等因素。人们可通过改善物质生活条件增强健身意识，并有目的、有计划、科学地锻炼身体，保持良好的体质状况，使体质不断地增强。

（二）体质的范畴

体质的范畴包括身体形态发育水平、生理功能水平、身体素质和运动能力发展水平、心理发育水平、适应能力五个方面，一个人体质的强弱，也是从这几个方面综合反映出来的：

第一，身体形态发育水平，即体格、体形、营养状况及身体组成成分等方面的综合水平；

第二，生理功能水平，即机体的代谢水平和器官系统的工作效能；

第三，身体素质和运动能力发展水平，即速度、力量、耐力、灵敏性、柔韧性等，以及走、跑、投、攀登等身体活动能力；

第四，心理发育水平，即智力、情感、行为、感知、个性、意志等；

第五，适应能力，即对各种环境（自然环境和社会环境）的适应能力、应急能力和对疾病的抵抗力。

上述五个方面的状况，决定着人们不同的体质水平。所以在进行体质测量和评价时，应采用以上几个方面的测定指标来衡量和评价。

（三）健康的含义

世界卫生保健组织在宪章中明确提出了健康的概念。健康是身体的、精神的，以及社会适应的完全良好的状态，并不是没有病、不虚弱，就是健康。这一概念表明，健康不仅是身体没有伤病，还包括精神的完满状态和良好的社会适应力，明确地将人体的健康与生物学、心理学和社会学的因素联系在一起。

进入 21 世纪，世界卫生组织拓宽了健康的含义，健康的标志如下：

第一，有足够充沛的精力，能从容不迫地应付日常生活和学习压力，而不感到过分紧张；

第二，态度积极，乐于承担责任，不论事情大小都不挑剔；

第三，改善休息，睡眠良好；

第四，能适应外界环境变化，应变能力强；

第五，能够抵御一般性的疾病和传染病；

第六，体重得当，身体均匀，站立时头、肩、臂位置协调；

第七，反应敏锐，眼睛明亮，眼睑不发炎；

第八，牙齿清洁、无空洞、无痛感、无出血现象，齿龈色正常；

第九，头发光泽，无头屑；

第十，肌肉和皮肤富有弹性，走路轻松。

"健康"一词含有强壮、结实、完整和安宁之意。

（四）健康的分类

1. 躯体健康

躯体健康是指没有需要医治的疾病，且每天的生活都充满热情和活力。为了达到最理想的健康状态，我们应当积极采取措施摆脱疾病，走向健康。我们必须满足身体对营养的需要，经常锻炼，避免不良行为，警惕疾病的早期信号，并且要注意防止发生事故。

2. 社会健康

社会健康指的是能与他人及社会环境相互作用、培育满意的人际关系并实现社会角色。社会健康包括参与社会，为社会做出贡献，与人和睦相处，建立起积极的相互依靠的关系，以及健康的性行为。

3. 智力健康

头脑是唯一有自知力的器官。我们每天利用大脑收集、处理信息，并根据这些信息进行行动，利用大脑思索自己的价值，做出决定，制定目标，计划如何应付问题或者应对挑战。智力健康包括拥有思考和在生活经验中学习的能力，对新事物保持开放以及对信息提出疑问、进行评估的能力。每一个人都要借助思维的能力，其中包括评估健康信息以保证个人健康的能力。

智力健康的另一项重要内容是"情感智力健康"。情感智力对个人生活及事业的成功也有很大影响。情感智力包括自知力、利他主义、个人动机、移情、爱以及为朋友、伴侣和家人所爱。

4. 环境健康

我们生活在物质的和社会的环境中，环境能影响健康的各个方面。环境健康指的是周围环境对个人健康的影响。环境健康意味着通过防护空气、水和土壤污染以及所使用的产品带来的对健康的危害，保护自己，同时要为保护环境本身而努力。正如世界卫生组织指出的那样："健康的环境不仅是我们的需要，而且是我们的权利。"政府、企业、社会和个人都有责任维护健康的环境。

5. 心理健康

心理健康有时又称精神健康，指的是人能积极调节自己的心理状态，顺应环境（包括自身环境、自然环境与社会环境），有效地、富有建设性地发展和完善个人生活的和谐状态。体育的基本任务在于使人增强体质，促进健康。人体的健康不仅是指躯体上、生理上的健全，还包括正常的心理和健康的人格。世界卫生组织把健康定义为"不仅没有身体的缺陷和疾病，还要有生理、心理和社会适应能力的完满状态"。因此，心理健康对人有着十分重要的意义。

躯体健康是心理健康的基础和前提，心理健康是躯体健康的保证和动力。如果人的心理不健康（或不正常），一方面会因心理障碍而影响生理功能，对人的躯体健康造成危害，导致疾病，特别是各种常见的慢性病，如高血压、冠心病、糖尿病、溃疡病，严重的会导致癌症的发生；另一方面，人的心理一旦失常（轻者如神经官能症或病态人格，重者如各种精神疾病），人的社会适应能力就会遭到破坏，严重者甚至无法进行正常的学习和生活，这不仅会给个人和家庭带来极大的痛苦和不幸，还会对社会造成危害。

二、影响高校学生体质与健康的主要因素

（一）遗传对体质的影响

遗传是人体身心发育和发展的先天条件，对体质的强弱会产生十分重要的影响。研究表明，人体的形态结构、神经类型、有氧代谢能力和最大摄氧量等，都在很大程度上取决于遗传因素。身体素质和运动能力与遗传也有密切的关系。据报道，形态受遗传因素的影响占75%，人体的有氧代谢能力和最大摄氧能力有75%～95%是受遗传因素影响的。

我们在认识到遗传对人体体质发育发展产生重要影响的同时，也应从遗传与变异的客观规律角度，进一步认识锻炼身体的积极意义。

（二）环境对体质的影响

人类生存的自然环境和社会环境，不仅是人类赖以生存的基本条件，而且对人体体质的发育、发展有着直接或间接的影响。国民经济与社会发展水平是决定人体体质发育、发展水平或体质强弱的主要因素。从人体的形态、机能以及身体素质和运动能力的发展水平来看，一般规律是经济发达国家比不发达国家高，城市比农村高，现代比近代、古代高。不同自然地理环境对人体体质的发育、发展也会产生不同的影响。例如，生活在高原地区与平原地区的人体体质有明显差异；在极地生活的因纽特人与在热带居住的非洲人形态结构上的明显不同，正是各自长期适应自然环境的结果。

（三）锻炼对体质的影响

生命在于运动，运动增强体质。科学的体育锻炼是增强体质最积极、最有效的途径。

当代社会由于生产力的提高，体力劳动减少，脑力劳动比重增加；物质生活丰富，人体肥胖和心血管疾病等"文明病"普遍出现。这些"文明病"的治疗仅用药物很难奏效，还必须进行体育锻炼。在学生时期的合理营养与科学锻炼，比成年人阶段更具有奠定体质基础的重要意义。

长期坚持体育锻炼，心脏会逐渐发达，兴奋性、收缩能力提高，搏动有力，容量加大，每次搏动输出的血量增加，每分钟搏动次数较少的情况下，心脏输出的血量就可满足人体的需要，从而使心脏有较多的休息时间，增加其功能储备，这有利于健康。体育锻炼时需要更多的氧气，促使呼吸系统加强工作，这不仅能大大提高肺通气量，还能不断提高人体的供氧能力。

经常进行体育锻炼能促进骨的生长，骨骼变长，横径变粗，而且骨密度增高，骨重量增加；也能使肌纤维变粗，肌肉横断面积加大，肌肉收缩能力和舒张能力增强，从而不断提高肌肉的力量、速度和耐力。此外，结合日光、空气和水的锻炼，能提高人体对外界环境的适应能力和对各种疾病的抵抗能力等。体育锻炼使大脑的兴奋与抑制过程合理交替，避免神经系统过度紧张，可消除疲劳，使头脑清醒，思维敏捷。随着神经系统机能的改善，人体各器官系统的控制和可调节能力也不断得到提高和完善。

第三节 高校体育目标与途径

一、高校体育的目标

（一）高校体育的总体目标

现代社会正朝着自动化、电子化、信息化的方向发展，21世纪要培养合格的人才必须用战略的眼光来规划与培养。伟大祖国正处在建设的新时代，急需大批人才为之奋斗，每一个立志成才的大学生，都应该在政治上严格要求自己，在学习上发扬精益求精和顽强拼搏的精神，并刻苦锻炼，使身体强健，为祖国建设做出贡献。可见，高校体育的总体目标应是使大学生身心健康成长，促进德、智、体全面发展，使其成为有理想、有道德、有文化、有纪律的建设人才。

（二）高校体育的具体目标

为了完成对大学生的全面培养，高校体育的具体目标如下：

1. 促进学生全面发展

要促进学生全面发展，就要促进学生身体健康，增强学生体质，提高学生抵抗疾病与适应环境变化的能力。我国大学生年龄为17～22岁，处于身体发育的后期，调查资料显示，我国城市男女青年在22岁时身高均值最高。这说明在大学阶段学生的身高仍在逐年增长。坚持体育锻炼，就能促进身体各器官、系统的正常生长发育。经常锻炼的青少年比一般青少年高4厘米以上，体重增加2千克以上，胸围增加2～3厘米，尤其是大脑皮质对全身各器官、系统的调节功能比一般青少年更完善。在大学生的身体素质中，最基本的是力量和耐力两种素质。一个人具有丰满结实的肌肉，就能保持正确的姿势和健美的体形，就能进行持久的体力和脑力劳动。力量素质是人们生产生活和体形健美的基础；耐力素质是人体长时间进行工作的一种能力的体现，而呼吸和心血管系统的机能又是耐力素质的基础。人们在日常生活和工作中，对肌肉的力量和耐力的要求是基本的。在体育锻炼中发展力量和耐力素质，对日常生活、学习和工作起着积极的影响。因此，在全面增强身体素质的同时，大学生应着重发展力量素质和耐力素质。为了使身体适应外界环境的变化，提高免疫能力以及对各种病毒、病菌的抵抗能力，平时还应注重利用日光、空气、水等自然因素来锻炼身体。

2. 培养学生锻炼身体的良好习惯

激发学生参加体育锻炼的兴趣，使学生掌握体育卫生的基本知识和科学锻炼身体的方法，提高学生的体育文化素养与能力，培养良好的锻炼习惯和卫生习惯，为学生终身参加体育锻炼奠定良好的基础。现代体育综合了生理、解剖、生物化学、医学、力学、哲学、心理学、教育学等自然科学和社会科学知识，内容极其丰富。只有深刻认识锻炼身体的意义和作用，才能激发学生锻炼身体的热情和自觉性。人体的结构是一个复杂的整体，在大学阶段，要深入学习运动生理知识，掌握运动技术和技能，以及科学锻炼身体的方法，并且把锻炼的自觉性和科学方法结合起来，这样才能收到良好的锻炼效果。

3. 提高运动技术水平

提高部分学生的体育运动技术水平，为国家培养优秀的体育运动后备人才是高校体育的又一个具体目标。

现代大学生的国际交往活动频繁，应努力提高运动技术水平以适应我国大学生参加各种国际体育竞赛的需要。世界青年体育运动交往和比赛，不仅是身体素质和运动技术水平高低的比赛，在某种意义上也是各国的经济、科技、文化教育发展水平和民族精神面貌的一种体现。组织运动队训练，提高运动技术水平，对发展我国体育运动，实现我国体育的宏伟目标有深远的意义。在广大青年学生中，有许多具备运动才能的体育人才，高校又具备较好的训练条件，完全有可能把我国大学生的运动训练提高到国际先进水平，进而在国际体育竞赛中获得优异成绩。所以，高校应努力提高运动技术水平，为祖国争取荣誉，为振兴中华做出更大的贡献。

4. 提高学生的思想品质

体育锻炼能陶冶学生的情操，锻炼学生的意志，培养学生的爱国主义和集体主义精神，增强学生的组织性、纪律性，提高学生的思想品质。

体育对实现党的教育目标有着重要意义，由于体育的特点，它在完成教育的使命时可以发挥特殊的作用。高校体育的教育任务主要是：①进行爱国主义和集体主义教育，使学生热爱党、热爱祖国、热爱社会主义，培养热爱集体、团结互助的集体主义精神；②进行组织纪律性教育，培养严格的组织纪律性和优良的作风；③进行体育道德作风的教育，培养遵守规则，服从裁判，胜不骄、败不馁，追求胜利、敢于拼搏的精神；④进行共产主义道德品质的教育，培养勇敢、顽强、刚毅、果断的意志品质。通过体育运动过程的教育，发展个性，激励、鼓舞学生勤奋学习，勇攀高峰，报效祖国，为祖国"四化"建设献身。

二、实现高校体育目标的要求与途径

（一）实现高校体育目标的要求

我国高校体育在培养德、智、体等全面发展的社会主义事业的建设者和接班人的工作中已做出了巨大的贡献。在社会主义改革开放和现代化建设的新时期，为了使高校体育更好地为经济建设服务，深化高校体育改革势在必行。

1. 全面贯彻党的教育方针，摆正高校体育的位置

体育是党的教育方针的重要组成部分，也是高等教育的重要方面之一。因此，对体育必须给予足够的重视，摆正位置。实践证明，只有端正高校体育工作的指导思想，摆正它的位置，体育活动才能广泛开展，校园内才能生机勃勃，大学生才能身心健康地学习和生活。因此，必须转变观念，端正思想，采取有力措施，保证全面贯彻党的教育方针，切实开展和做好高校体育工作，促进大学生德、智、体等全面发展。

2. 从整体的观点开展高校体育工作

高校体育工作是一项系统工程，高校体育目标的实现有赖于高校体育的整体效益。

（1）高校体育要坚持课内与课外相结合

上好体育课是实现高校体育目标的基本途径，但是单靠每周两节课是远远不够的，还必须开展早操、班级体育锻炼、课余体育训练、体育竞赛等多种体育活动，以保证大学生每天有1小时以上的体育活动时间。

（2）高校体育要坚持普及与提高相结合

学校体育工作要做到以普及为主，在普及的基础上提高，在提高的指导下普及。学校要在上好体育课、提高教学质量的基础上，积极开展群众性的课外体育活动。它们是互相联系、互为影响的。搞好体育课教学，为学生在知识、技能、体质等多方面打好基础，就会涌现出一批体育积极分子和运动技术水平较高的体育尖子。同时，通过对体育基础较好的学生施以课余体育训练，可使其运动技术水平进一步提高，从而有利于指导和进一步推动学校群众性体育活动的蓬勃开展。

（3）高校体育要与卫生保健工作相结合

高校体育工作与卫生保健工作是促进和保证大学生身心健康不可分割的两个方

面，必须统筹安排，紧密结合。为了获得高校体育的整体效益，高校一方面要对学生进行科学锻炼身体的知识和方法的指导，另一方面要重视向学生传授体育卫生、保健养护以及安全健康等知识，建立学生体质健康卡片，并对学生体质健康状况进行分析研究，找出存在的问题，采取必要措施。学校对体弱和病残学生，应根据他们的身体状况，组织安排适当的体育活动。以更高层次的整体观点来开展高校的体育工作，还应包括合理安排作息制度，减轻学生学习负担，改善营养、卫生条件等，并与高校教育改革的其他方面结合进行。

3. 加强体育科研，坚持改革，不断创新

随着我国社会政治、经济、科学、文化、教育、体育事业的不断发展，高校体育必须坚持改革，在改革中发展和提高，以适应社会主义现代化建设的需要。要重视体育科学研究，充分利用高校自身的优势与条件，有目标、有计划、有组织地开展体育科学研究。在内容上，要与教育改革挂钩，加强体育过程中教育思想、教育内容、教育方法的研究，不断探索我国高校体育规律。按照建设中国特色社会主义文化的要求来发展高校体育工作，使高校体育为培养更多更好的高级专业人才服务。

4. 加强教师队伍建设，不断提高教师素质

体育教师是高校体育工作的组织者和执行者，体育教师队伍素质的高低，直接影响高校体育工作的开展与质量的提高。为了适应教育改革的发展，高校体育教师在增加数量的同时，要着重提高质量，不断提高体育教师在师德、知识、能力等方面的要求。体育教师要热爱本职工作、教书育人、洁身自爱、坚持改革、勇于创新，发扬献身精神，从而形成一支奋发向上、生机勃勃的体育教师队伍。

5. 加强领导，实施科学管理

高校体育工作是高校整体工作的一部分，必须健全组织领导机构，形成自上而下的组织管理指挥系统，实施科学管理。在校内，必须在主管体育的校长的领导下，体育部（系、室）积极与各级行政部门密切配合，统一认识，统一步调，共同对体育工作进行规划、检查和总结，以便获得学校各级领导对体育工作的支持。另外，要建立学校体育的规章制度和体育工作的评价标准，包括关于大学生的体质健康测试和评价。要努力创造条件，多方面筹集体育经费，保证体育场地、器材设施等物质条件能满足高校体育实际需要。

（二）实现高校体育目标的途径

要成功地完成高校体育任务，实现高校体育目标，除在深化改革的过程中要解决好高校在招生、培养和分配等方面的问题之外，关键要认真贯彻执行党的全面发展的教育方针，解决小学、中学、大学在体育教育工作方面的衔接问题，避免在大学出现

中学体育教育的重复现象。

高校体育工作包括体育课、课外体育活动、运动队训练、运动竞赛等。

1. 体育课的组织与实施

高校体育课是实现高校体育目标的基本途径，是高校教育计划中所规定的必修基础课。

体育课是师生教与学的双向形式，教师要充分发挥主导作用，学生要最大限度地发挥主观能动性，通过体育教学使学生既能发展身体、增强体质，又能学到技术，提高技能，磨炼意志，振奋精神。

体育课分为理论课与实践课两种形式，按任务的不同，又可分为普通体育课、专项提高课、保健体育课等，对大学三年级以上的学生（含研究生），可开设体育选修课。体育课应严格要求：缺勤超过学校规定 1/3 学时的，体育成绩不予评定；体育成绩不及格者学校不予毕业、不授予学位，按结业或肄业处理。学生因病、残免修体育课或免于体育考试者，须有医生诊断和医院证明，经体育部（室）审核同意，报学校教务部门备案。

2. 课外体育活动的组织与实施

课外体育活动是高校体育的重要形式，其目的在于增强学生体质，培养学生锻炼身体的习惯，丰富学生文化生活，陶冶学生情操，发展学生个性。开展课外体育活动，应从实际出发，形式多样，生动活泼，持之以恒，讲求实效。

3. 运动队训练的组织与实施

组织高校运动队训练，是贯彻普及与提高相结合方针的一项重要措施，学校应在普及的基础上积极开展运动队训练，努力提高运动员的技术水平。有条件的学校，可根据有关规定开展培养高水平运动员的体育专项训练，为国家培养体育人才。

4. 运动竞赛的组织与实施

体育运动竞赛是高校体育的重要组织形式。运动竞赛应体现教育的特点，这有助于检验学校的体育工作，有助于推动群众性体育活动的开展，有助于培养学生顽强进取的精神和良好的体育道德风尚，有助于发现体育运动的优秀人才。

组织学生参加体育运动竞赛，应执行国家有关体育竞赛的制度和规定。在赛场要树立良好的赛风，对于违反纪律、弄虚作假者，应依照竞赛制度和规定严肃处理。

学校体育竞赛应贯彻小型多样、单项分散、基层为主的原则。可以开展班级之间、小组之间的球类竞赛活动，可以举行全校范围的以田径项目为主的运动会。同时，也提倡举行以本地区为主的校际体育竞赛活动，以增强校际友谊，共同提高运动技术水平。

第二章 体育教学的研究与探索

第一节 体育教学指导思想与制约因素

学校体育教学指导思想是对体育教学活动起方向指导作用，并以教学目标、任务为核心的基本观点与认识。它从体育教学角度反映了一定时期社会对学校体育、体育教学培养人才的要求，在根本上与社会的政治经济发展水平、学校体育发展水平相符合，以适应当今社会对人才培养的新要求。按照改革开放时期党的教育方针，人们从多角度、多层次的系统出发，进一步确立起生物、心理、社会等多层次的学校体育观。在学校体育指导思想方面，强调学校体育要在增强学生体质的同时，为终身体育求基础，为竞技运动备人才，为培养个性全面发展的社会主义现代化建设者服务。

一、体育教学指导思想

虽然高校体育理论界开展过多次有关体育教学指导思想问题的讨论，但至今尚未取得一致的认识。归纳起来，主要有以下几种观点：①体育教学应以增强学生体质、提高健康水平为主，因此提出"体质教育"的指导思想；②"三基"教学是体育教学的中心环节，因此提出"技能教育"的指导思想；③体育教学应以促进学生德、智、体全面发展为方针，以全面完成体育教学各项目标为主导，因而提出"全面教育"的指导思想；④当前国内外教育家都十分重视在学校教育中培养和发展学生的能力，所以提出"培养能力"的指导思想；⑤随着竞技体育的发展，许多高校都成立了高水平的运动队，于是有的学者强调高校要发展学生的竞技能力，提高运动技术水平，因而又提出了"竞技体育"的指导思想。此外，还有"快乐体育""主动体育""终身体育"等体育教学指导思想。从体育教学改革的现状来看，各种指导思想都不同程度地在起作用，各种观点都有不同的针对性、时代性和强调的重点。在当前体育教学改革的热潮中，对体育教学指导思想都各抒己见，观点纷呈，各种指导思想的提出和争论，是深化体育教学改革和活跃学术气氛的表现，对于逐步建立具有中国特色的体育教学体制是十分有益的。

体育教学指导思想是体育教学活动的根本方向和目标，体育教学要落实以终身体育为指导思想，就必须立足于现实，着眼于未来，对现有的体育课程进行整体改革，重视体育理论知识的传授；建立"少而精"的体育实践教材新体系，延长开设体育课程的年限，体现"以人为本"的观念，关注学生的身心健康，为学生终身健康服务。

二、体育教学指导思想的主要制约因素

体育教学指导思想的形成和发展具有历史的、逻辑的必然性，但制约这种必然性的因素是多种多样的，这些诸多因素的矛盾运动影响着它的产生和发展。正如恩格斯所说："历史从哪里开始，思想进程也应当从哪里开始。而思想进程的进一步发展不过是历史过程的抽象的、理论上前后一贯的形式的反映；这种反映是经过修正的。这时，每一个要素可以在它完全成熟具有典型形式的发展点上加以考虑。"[1] 尽管要理顺这些复杂的制约因素比较困难，但如果从系统论的角度把体育教学看成一个系统加以分析和概括的话，我们可以把体育教学指导思想的诸多制约因素分为外部主要制约因素和内部主要制约因素。

（一）外部主要制约因素

体育教学指导思想作为一种理性的东西，综合反映了一种社会现象，它绝不是独立的存在，必然受到某些哲学思想、教育思想和民族习惯及文化观的影响。因为思想史的研究不是单一地研究某一领域，而是站在政治、经济、历史、教育、宗教、社会层次上综合地、全面地论述它的理论体系和学说。体育教学本身是由于社会的需要而产生的，它的思想是一种社会思潮、倾向和目的之复合的体现。这种复合体必须依托于一定社会的政治、经济、文化背景而存在，正如我们研究体育思想史时，要把某一体育思想纳入整个社会背景中去分析它的产生、发展和各种社会因素，当我们从整个社会的政治、经济、文化等背景考虑体育教学指导思想的制约因素时，也不能忽视社会生产力发展水平，尤其是科学技术发展水平。科学技术是第一生产力，它的发达程度往往取决于教育发展水平，而教育发展水平标志着教学论和心理学的发展水准。作为学校教育的一个重要组成部分的体育教学，当我们研究其指导思想的制约因素时，就不得不考虑这些因素。

综上所述，我们探讨体育教学指导思想的外部制约因素，必须从全面、综合、联

---

[1] 中共中央马恩列斯著作编译局. 马克思恩格斯选集 [M]. 人民出版社，1995.

系的观点出发，既考虑社会背景，又考虑社会生产力发展水平。

（二）内部主要制约因素

体育教学指导思想不仅受到外部因素的制约，还受其系统内部诸多因素的影响，如体育教学的本质特征和功能、学生身心发展特点和规律、传统体育教学观念、学校体育教学发展不平衡和多样性、体育教师的政治水平和业务水平、学生的体育观念和体育态度等。

第二节 体育教学体制的目标、内容、方法和评价

一、不断发展体育教学目标

目标是想要达到的境地或标准。体育教学目标是体育教学活动的主体在具体教学活动中所要达到的结果或标准，是教和学双方都应共同遵循的，对教师来说是教授的目标，对学生来说则是学习的目标。理想的教学目标应该是教授目标与学习目标的统一体。由于体育教学目标是在具体的教学活动中所达到的结果，也就意味着具体教学活动不同，教学目标是存在差异的。可以说，体育教学目标是一个系统，由大小不等、具有递进关系的一系列教学目标组成。它包括教学总目标、课程教学目标、单元教学目标、课时教学目标几个层次，各个下属目标都是其上位目标的具体化。人们追求的目标，总是有特定价值的目标，有特定价值的目标又总是诱发人们的追求。总之，追求价值是人们产生行为的内在动因。体育教学目标也一样，必须有特定的价值，使人们通过选择教学内容、方法、手段等来实现这一价值。

（一）体育教学目标的发展特点

任何阶段的体育教学目标的制定、发展和变化都要与当时社会的政治、经济、文化的发展紧密相关，都要服从、服务于社会的需要，遵循教育的发展规律；体育教学目标涵盖了智育、德育、美育和体育各个方面的内容，具有很强的统一性，从而制定了统一的教学体系；体育教学目标是实现增强体质、增进健康体育目标的基本途径之一，在任何阶段，增强学生体质都是体育教学目标的首要目标。体育教学任务是体育教学目标的具体体现，体育教学目标的制定要完全符合全体大学生的身心发展规律和社会发展的实际需要。

（二）体育教学目标的发展趋势

在倡导"以人为本""健康第一""终身体育"的教育观念的同时，体育教学目标也从单纯追求学生外在技能学习转向面向全体学生的身心协调发展，打破传统的以运动技能传授为主线的教学体系，构建以学生的个体需要、体育能力、习惯的培养、健身娱乐、体育卫生健康知识传授为一体的新的教学体系。

首先，重视发展学生身体，加强体育科学基础知识、体育运动和卫生保健基本知识和技能的传授；其次，在高校体育课教学中，重视学生终身体育态度、意识、行为和能力的培养；最后，在高校体育课教学中，强调适应和发展学生的个性，注意培养学生对体育的爱好。

（三）体育教学目标的价值取向

所谓价值取向，是人们价值思维和价值选择的方向性。体育教学目标的价值取向也就是在制定体育教学目标时对体育的价值思维和价值选择的方向性。体育教学目标是体育教学所要达到的目的，是一切体育教学活动的出发点，又是最终的归宿，同时也是体育教学目标的价值得以实现的基础，体育教学目标的价值取向分为社会本位和学生本位。社会本位要求教学以社会为价值主体，切实满足社会需要，把学生培养成社会所需要的人。学生本位要求教学应满足学生个体的需要，教学应以学生的兴趣、需要为出发点，让学生自由地、自然地发展。

二、深入改革体育教学内容

（一）体育教学内容的概念

目前我国体育教学内容的概念还没有一个统一的定义，概括起来，大致有以下三种：第一，体育教学内容是依据体育教学目标选择出来、根据学生发展需要和教学条件进行加工的，在体育教学环境下传授给学生的体育知识原理、运动技术和比赛方法等，体育教学内容与体育教材的意思基本相同。第二，为实现体育教学目标而选用的体育卫生保健基本知识和各种运动动作。第三，体育教学内容指的是在体育教学活动中，传授给学生的体育与健康知识、技术技能，培养学生思想品德，发展学生智力、体力的总体系。笔者认为，体育教学内容是针对体育教学目标而选择的有利于促进学生身体健康的各种体育理论与运动活动的总称。

（二）教学内容的改革

高校传统的体育教学内容与中小学雷同，多而杂，重点不突出，无针对性。未能有效培养学生具备从事体育活动的兴趣、爱好、习惯以及独立进行身体锻炼的能力。在体育课教学内容中，轻视理论知识教学的现象非常严重，体育人文、体育锻炼等有关科学知识的传授，缺乏针对性、时效性和长远性，学生对自己的体育实践往往没有深刻认识，因此难以在课后自觉锻炼。高校体育与社会体育断层，缺乏连续性和统一性，教材选择缺乏终身受益的内容，不少大学生大学毕业后，体育活动也就此终结。因此笔者认为，对体育教学内容应从以下几个方面进行改革：

1. 健身性

健身是体育的本质功能，也是体育教育追求的最根本的目标。尤其是今天面临学生体质、体能下降的现状，更应选择健身强体的体育内容，比如我们的每一次体育课都加入了素质锻炼的内容。

2. 教育性

教育性即选择的内容蕴含着丰富的教育因素，对学生的体育意识、体育行为、道德品质、人格完善能产生深刻影响的内容。比如教师穿插在课堂中，寻找恰当的时机讲解课的理论意义和实际意义。

3. 针对性

针对不同的教育对象，就要采取不同的措施，不可千篇一律，应多鼓励，充分调动学生的参与意识。

4. 娱乐性

娱乐性即选择体育内容具有趣味性、游戏性与新颖性，对放松身心、消除疲劳、调节情绪、改善心态、丰富生活具有积极作用的项目，如攀岩、定向越野等。

三、创新体育教学方法

长期以来，我国的体育教学一直以技术教学、技能教学、体能培养为主导思想，运动成绩为主要要求，生物体育、体能体育成为高校体育建设的目标，因而注重运动教育、技能教育、体能教育，注重教学的形式、结构、内容、方法、手段、要求、考核、评价等的统一性与标准化。在我国成立初期和社会经济大发展初期，这种体育教学适应国家建设所赋予高校体育的目标和要求，促进了体育的发展，具有积极的意义。近年来国家经济转型，世界文化交流激增，旧体育思想和观念的局限性与片面性突显。体育教学如何与整个高等教育发展相协调，如何适应转型期体育建设的主题，如何适应人才培养的新模式，这是我们在 21 世纪从根本上改变现状，摆脱桎梏，创新高校体育发展模式的关键，也是能否在新时代全面展示体育育人功能的关键。本着结合高校体育的实际，从教学方法入手，素质教育及"健康第一"对体育教学提出的本质要求，以实践研究为基础，突破传统教学方法中不适合时代要求的内容。重新审视体育教学的教育本质，强调教师的导学与导练，让学生通过高校体育的教育具备一种自学自练的体育能力，以此推进体育教学"课内外一体化"整体性改革进程，促进高校体育适应时代发展的要求。

（一）当前体育教学方法存在的主要问题

1. 教学方法单一

当前，很多高校体育教师由于受到过去落后的教育思想观念的影响和制约，在开展体育教学活动中，往往还存在教学方法比较单一的问题。在教学过程中，一些高校体育教师仍然停留在以传授体育技术为主要的方法上。这样的教学效果可想而知。因此，必须进一步转变教育思想观念，继承和发扬传统体育教育的长处，不断创新体育教学的方式方法，更好地为体育教学服务，促进学生身心全面健康发展。

2. 传统教学思想严重影响当前体育教学方法的革新

传统的体育教学方法是教育者有目的、有计划、有组织地对受教育者施加的各方面的影响，以期改变受教育者的心理和生理现状，使教育者达到预期教育目的的活动。这种传统的体育教学观念往往只注重强调教育者的主体作用，忽视了受教育者的主观能动性的发挥。在推行素质教育和创新教育的今天，传统教学方法已经严重阻碍当前体育教学改革的发展。在传统的教学思想的禁锢下，学生在体育教学活动中一直处于被动、消极、受压制的地位，许多学生已经对体育课产生消极情绪。因此，应改革体育教学方法，使学生课内与课外一样生气勃勃、积极主动。

3. 忽视学生主体作用的发挥

教学以教师、课堂、教材为中心，强调严密组织、严格纪律，重视教师的主体作用，为了实现完整的教学进程，教师作为传授知识一方无可厚非。在真正的学习过程中，学生是主体，教学的主要目的是让学生通过教学有所获得，所有教学方法与形式的选择都应该为这个目标服务，所以在尊重教师作为掌握整个教学进程的主体作用的同时，更要尊重学习主体，学习主体的实际需要与个体差异是教师教学的依据，只有这样，才能使教学有章可循。

(二)体育教学方法改革的目的

众所周知,在高校体育改革中教学改革是重点。改革体育教学方法,加强学生获取知识的能力和对学生创新精神的培养,是深化体育教学改革的重要内容,对提高办学效益,保证体育教学质量的提高,具有重要的现实意义。1983年10月1日,邓小平同志为北京景山学校题词:"教育要面向现代化,面向世界,面向未来。"[1] 深刻地阐明了我国社会主义教育的战略目标。当前,从整体上和社会发展的观点来看,高等体育教育面临的将是信息化的社会和知识经济的社会,国力的强弱越来越取决于劳动者的素质高低,取决于各类人才的数量多少和质量优劣,这对于培养和造就我国社会主义建设急需的一代新人提出了更迫切的要求。体育教学方法改革的目的在于适应时代发展的需要。改革的目标是培养有知识、有能力、社会认可程度高、全面发展的人才。

(三)体育教学方法改革的措施

1.更新教育思想和教育观念

深入开展体育教学方法的改革,必须进一步更新教育思想和教育观念。必须全面加强素质教育,树立终身体育思想,增强质量意识。充分认识体育教学方法改革在整个教育教学改革中的地位和作用,把以教师为中心、以课本为中心的传统教学观念转变为以学生为中心、以学习为中心的现代教学理念;把重知识传授、轻能力培养的观念转变为既传授知识又重视能力的培养,更重视素质教育的观念。在提高认识、转变观念的基础上,把体育教学方法的改革不断引向深入。

2.实现新型教学模式的创新

创建以学生为主体的新颖教学方法是当前高校教学改革的主要目标之一,是改变传统的教学模式,建构一种既能发挥教师的主导作用又能充分体现学生认知主体作用的新型教学模式。在这种新的教学模式下,教师是教学活动的指导者和组织者;学生是知识的主动发现者和探究者;教学过程以学生的意义构建为核心,通过建立教学情境,师生之间、学生之间讨论、协作,实践与理论紧密结合,使学生能够发现知识、理解知识,并通过意义构建形成自己的知识结构。新型体育教学模式就是在先进的体育教学思想和教学理论指导下建立起来的适应各种类型教学活动的基本结构和框架。随着这些新的教学模式的出现,有的趋向于各种模式的综合运用,有的趋向于师生关系的建立,有的趋向于教学内容,有的趋向于技能学习与学生心理发展。实现学生从被动学习到主动学习,从生理改造到终身体育意识的培养,从能够学习到学习水平的

---

[1] 童大林,贺鸿琛.教育要面向现代化 面向世界 面向未来:邓小平题词发表十五周年纪念文集[M].人民教育出版社,1998.

提高，都是新的教学模式下教学方法的创新成果。

3. 改革体育教学的内容

体育教学内容是指为实现体育教学目标而选用的体育卫生保健基本知识和各种运动动作，它是实现体育教学目标的根本保证。方法是内容的运动形式，体育教学方法依体育教学内容而存在，它的选择和运用受体育教学内容的制约。首先，体育教学内容的形态制约着体育教学方法的选择。其次，体育教学内容的复杂程度制约着体育教学方法的选择。一定的教学条件下，体育教学内容过多，会造成体育教学方法的单一性，而将教学内容减少或压缩一些，就会促进体育教学方法选择的多样化。所以在体育教学过程中，教师只有独立地对体育教学内容进行重新加工，真正掌握其特点，并把它们转化为自己的知识体系，才能在体育教学方法上获得选择与创新的自主权。

4. 重课堂，优化教、学、练

体育教学方法的优化，不仅在于体育教师"教"的优化，还应包括学生"学""练"的优化。教育家陶行知先生认为，"好的先生不是教书，不是教学生，乃是教学生学"，"教"应该着眼于学生的学和练，优化教育教学过程应该突出学练法的研究。体育教法是教师依据体育教学目标，根据体育教学内容，向学生发送信息，传授体育知识、技术、技能的方式方法；而学法就是学习体育的基本规律、基本方法。因此，优化教育教学方法应该从两个层面入手：第一，要通过教学方法的优化使学生"要学"；第二，要通过体育教学方法的优化使学生"会学"。在体育教学过程中教师既要注意学习认识规律、身心发展规律、运用技能形成规律的渗透，还要及时对学练方法加以优化，努力改进教学质量，以适应学生掌握和运用学练法。一切教法都要力求使学生会看、会做、会说、会练等。当教师的教学方法着眼于学生的学与练，引导学生达到先是"要学"，继而"会学"的境界时，"外因通过内因起作用"。只有学生产生了兴趣，掌握了练法，体育教学的实施才能产生预期的效果。

5. 积极培养学生的创新意识

积极培养学生的创新意识，是创新体育教学方法的重要策略之一。首先，要创新思想认识。坚持发展娱乐体育与健身体育的有机结合，是转变高校体育教育思想观念的具体体现，更是当前体育教学的根本任务。其次，要创新教学内容。教师应当结合实际选择一些符合学生身心健康发展的、深受学生喜爱的体育项目开展具体教学活动。这样就可以切实改变体育教学内容枯燥乏味的情况。最后，要创新教学方法。教师可以结合学生的需要，采用启发教学方式引导学生自己动脑、动手思考和解决问题，进而不断激发和调动学生的积极主动性；可以运用发现式教学方法，不断培养学生发现问题、思考问题、分析问题的能力；也可以运用学导教学方法，促使学生积极自主地学习，从而培养锻炼学生自觉性、主动性，让学生养成自我锻炼、终身锻炼的行为与习惯。

6. 把握体育教学方法的整体性

体育教学方法的优化，不能局限于就教学方法来研究教学方法，而应用系统考虑构成体育教学方法体系中的各种因素以及它们之间的内在联系。首先，要把体育教学方法作为整个体育教学系统中一个重要因素，在体育教学过程诸要素之间考察其作用与效果。事实上，体育教学方法总是和具体的教学内容相联系并与一定组织形式相结合的。其次，要把具体的方法作为一个要素来进行研究，力求各要素的最佳组合。实现体育教学过程最优化，并不是将传统的体育教学方法摒弃，而是在提高质量的同时，使它们在具体的教学情境中实现最佳的组合。体育教学的特点决定了体育教学方法的多样性，它们各自的优劣只是一个相对的概念，所谓"好的教学方法"，实为"最适当的教学方法"，是相对具体的目标而言。如"手把手"的教学方式用来使学生体会某些技术要领，获得"运动感受性试验"是行之有效的，但并不适用于所有技术。现代化的直观教具如电影、电视、幻灯等的运用大大丰富了直观教学手段，但也在一定程度上影响了学生抽象思维的发展。可见，每种教学方法都有其优越性和局限性。要根据各种教学方法的相互联系和辩证关系取长补短，相辅相成。发挥体育教学方法本身的整体综合效应。现代信息技术在体育教学中的应用，不仅为老师提供了新的教学方法，也为老师和学生营造了很好的交流平台，让教学更自然地延伸和发挥其应有的效果。根据具体情况认真研究课程建设、改革教学方法，从而营造一个现代化的教学环境是现代教育改革的必然要求。

四、完善体育教学评价体系

体育教学评价具有对体育教学活动及其效果进行判断，通过信息反馈及时调控教学过程，保证教学活动朝向和达到预定目标的功能。目前，高校体育课程的改革已成为高校体育教师论及的热点问题。其中，注重让学生体验运动乐趣和发展学生主动性的体育教学模式，正在被许多高校推广。但是，由于教学评价在我国起步较晚，不论是理论研究还是实践操作，都还处在一个不断发展的时期，作为教育评价的一个分支，体育教学评价工作开始更晚，许多方面还仍处在探索之中。由于与新的体育教学模式相配套的体育教学评价体系还没有及时推出，仍采用旧的体育教学评价体系评价新的体育教学模式。因此，推出新的体育教学评价体系是当前急需解决的问题。

（一）传统体育教学评价分析

传统的体育教学评价方法，采用运动项目测试的成绩给学生评分，这种方法描述了学生的个体水平及其在群体中所处的位置，对学生排名次，不能客观地反映学生学习的前后变化，作为体育教学效果评价不够合理。用什么样的评价方法来描述学生个体在学习过程中的变化程度，从而更合理地为学生评分，笔者认为，是研究体育教学评价的目的。

1. 体育教学目标认识的误区影响着体育教学评价的方向

体育教学目标影响着体育教学评价方向。关于体育教学目标的确立，一直存在着不同的观点：在学校体育目标与体育教学目标的异同上，在体育教学中增强体质与提高健康水平的互相联系上，在提高运动技能水平与掌握锻炼身体的方法上，在提高运动技术技能与掌握手段的互相关系上，在对终身体育意识和体育能力的认识上，甚至在教师主导作用上都存在一些误区。体育教学目标内涵不明确，层次模糊，就会导致课堂教学任务的确定、教学内容的选择、教学方法的应用都受到影响。这种体育教学目标认识的不一致，必然会在教学评价体系的具体指标中反映出来，并对体育教学的方向产生一定影响。

2. 注重评价指标定量化导致评价结果的片面性

注重量化，强调可操作性、可比性，是体育教学评价的一种倾向。人们认为量化的东西比较客观，便于操作，其结果的可比性也很强，因此热衷于进行定量分析，往往忽略了对评价目的和评价理论的深入研究和认真分析，这种片面性主要表现在评价指标体系总是以能直接量化的因素为主体，如学生的技评与达标成绩，学生的达标比例，上课时学生的密度、强度、运动量曲线等，然后将不易量化的教学行为采取分级量化的形式，对优秀、良好、及格、达标、不达标等级给予相应的分数，而那些在体育教学中很有意义，但很难量化的因素却被忽略了。如学生正确的体育态度的形成、情感意识的发展、终身体育意识的树立、体育能力的自我超越等，都是体育教学目标的重要因素，应该作为体育教学评价的重要内容，这些大多在评价体系中没有体现。显然，这样的指标评价体系是不完整的，评价结果也是片面的。

3. 结果的功利性影响评价结论的客观性

运用客观标准对体育教学进行检查，并通过认真分析和评判得出结论，然后进行信息反馈，以进一步改善教学，这是体育教学的出发点和落脚点。教师自己主动评价时，这种指导思想容易得到体现，一旦评价的结果同教师评优、晋职等联系起来时，就蒙上了功利性色彩，得出的评价结论往往就会变得复杂起来，评价者可能就会考虑各种与评价无关的因素，只肯定成绩，对改进教学的意见却闪烁其词，避而不谈，使评价结论失去了公正性，不能客观地反映评价的真实情况，体育教学评价就失去了它应有的价值。

（二）高校新的体育教学评价与传统体育教学评价的区别

1. 评价的指标所体现的作用不同

传统体育教学评价的作用在于学生对总量掌握了多少；而新体育教学评价除了具有传统体育教学评价的功能，还包含学生完成目标的情况。

2. 评价对象的影响范围不同

传统体育教学评价对部分学生的影响是消极的，有的学生"不努力都行"，而有的学生"怎么努力都不行"。而新体育教学评价要求所有学生都要确立目标，影响范围广，是积极的"只要努力就行"。

3. 由终结评价向过程评价转化

传统体育教学评价定位于教学内容结束时的最后评分，而新体育教学评价考虑的是起始目标到终极目标的变化程度，是过程目标和终极目标的结合。

（1）评价从重结果向重过程转化。目标评价的目的是通过评价教学过程，达到督促和鼓励学生学习，修正和改进教师教学方案的作用，发挥反馈功能。

（2）评价内容从单一向多元转化。影响体育教学评价的因素是多方面的，它是对学生学习效果的多因素评价。

（3）评价方法从定量到定量与定性相结合转化。体育教学评价包含着学生的情感态度等非智力和非体力因素的结合，定性分析纳入评价的内容，量化指标的重要性相对降低。

（三）新的体育教学模式与传统体育教学评价间存在的问题以及解决的办法

1. 主要问题

新的体育教学模式与传统体育教学评价标准间所存在的主要问题，将会导致学生所学的项目与所考的项目不一致，致使学生不重视学习过程，容易挫伤学生的学习积极性和主动性。

2. 解决方法

（1）给学生一个较大的选择空间。不论学生每学期选择什么专项，除了进行专项内容的考试，还应对几个规定的项目进行考试，这样他们就会自觉地去练习要考试的项目。久而久之，可促使学生养成自觉锻炼的好习惯，从而为学生从事终身体育锻炼打下良好的基础。

（2）给体育教师一个较大的评价空间。每个学生在体育基础、体质状况等方面都存在差异，体育教师在上课时要摸清每个学生的实际情况，对学生评价因人而异，根据他们上课的态度、进步情况、成绩差异等进行综合评价。从另一个角度说，体育教师得到了一个宽松的上课环境，可以对那些少数认为自己体育成绩可以轻松过关而又不好好上课的学生，给予适当的减分，而对那些体育基础虽然较差，但认真上课的学生，给予适当加分，这样对学生的评价就比较合理和公平。

（3）给学生自我客观评价的机会。我国现行的评价标准都是由教师完成的，体育学科应该尝试学生自我评价的形式，让学生自己做一个较全面的回顾，然后对自己的体育学习进行小结，这样对学生今后的体育学习态度和学习热情十分有利。当然，学生自我评价前，教师首先要给学生强调自我评价的客观性，如果发现学生自我评价有较大的水分时，体育教师要参与其中，帮助学生端正态度，给自己一个客观的体育自我评价。

（4）引导学生互评。教师对学生的了解，往往不如学生之间的了解。采用学生互评方式，可使评价的真实性更高，同时学生互评能够避免学生自我评价包含较大水分。因此，将学生互评与学生自我评价、教师评价结合起来，对学生的学习评价更客观、更全面、更立体。

（5）引入相对评价。教育部颁布的《全国普通高等学校体育课程教学指导纲要》（2002年）规定，要把"学生的进步幅度纳入评价内容"。如学生在本学期开学时的体育成绩较差，经过一段时间的努力后，成绩有了很大的进步，但仍未达到现行的体育评价标准中的合格标准，这时体育教师就可以根据相对评价的原则对这部分学生进行正确的评价。

（6）将评价的标准区间值增大。我国现行的体育教学评价标准把分值划分得很细，这样容易使学生只注重体育评价的结果，而不注重体育锻炼的过程，使学生产生急功近利的思想。在国外一些著名高校的教育体系中，所有的学科成绩评价均采用A、B、C、D、E档次。笔者认为，可以把这种方法借鉴到我国的体育教学评价中来，把国外的这个标准换算成我国的百分制，20分作为一个等级，制定评价标准时可以实行这样的分级制度，把学生引导到注重体育锻炼的过程中来。

第三节 体育教学现状的分析和创新设想

一、体育教学现状的分析

（一）忽视体育科学传授

当前高校的体育理论教材不仅比重偏小，而且内容粗糙，缺乏实效性、针对性和长远性，实用价值不高，未形成一个适应现代发展的大学生体育理论知识体系及相应的教育检查和评定措施。学生对自己的体育技术技能知其然而不知其所以然，不清楚自己是否需要这些练习，故而难以在课后进行自觉锻炼。

（二）体育教学目标狭窄

高校体育与社会体育断层，缺乏连续性和统一性。两者之间尚未开辟出教育通道，过分注重学生的现实锻炼，盲目追求体育教育的近期达标效益，片面地将增强学生体质的教育目标归结为增强在校期间学生的体质，缺乏培养学生从事体育活动的兴趣爱好、终身参加体育锻炼的习惯和独立进行身体锻炼的能力。

（三）教材杂乱不精

教材的选择应过多地从运动技术角度考虑，过多地强调传授以运动技能为中心的教学，偏重运动外在表现形式，大多活动项目缺乏终生受益内容，远远不能适应大学生成年后的运动要求。由于缺乏一定的终生健身运动项目，不少大学生从学校毕业后体育生活也随即停止。一个大学生接受了十几年的体育教育，在他走上工作岗位后，直接与体育分别，这与体育教学忽视培养学生健身意识、能力和习惯有直接关系。

上述情况说明，在体育教学中盲目地把运动技术传授抬到至高无上的地位，忽视了学生身心发展的特点和个体差异，把许多难度高、技术复杂的竞技运动项目原封不动地搬到体育教学中来，并统一教学要求与考核标准，而采用的教学方法与教学步骤又是专业院校专项教学方法的浓缩，致使学生望而生畏，难以掌握技术，甚至会产生厌学情绪。

二、创新体育教学现状的设想

（一）树立全新教学观念

明确体育教学在当前形式下的重要职责，坚定地树立起崭新的体育教学观念。

（1）体育教学是培养 21 世纪人才必不可少的教育环节，高校育人的目标不单是向学生传授科学文化知识，更需要注重学生德、智、体等综合素质的培养。

（2）着眼于未来新时代的新要求，以终身体育锻炼取代传统的课堂体育教学观念，着重培养学生的终身健身理念。

（二）加强基础理论知识学习

高校学生应不断提高认识与学识修养，具备不断发展的能力，以适应新变化的出现，还应具有从缺憾向完美阶段前进的潜能。因此，在设置体育课程的具体内容时，应增加运动原理、强健体质以及人体、物理力学等理论知识，还要具有突出性、实效性、指导性、针对性与时代性，使学生能够在体育教学中终身受益。

（三）加强硬件设置建设与师资力量投入

体育场馆、运动器械与师资队伍的质量是培养高素质学生的必备条件，改善场馆设施是提高高校体育工作水平的当务之急。制约高校人才培养和高校体育改革的又一重要因素是学校师资队伍的质量不高，由于当前知识更新速度快，交叉学科和边缘学科发展迅速，所以只有高素质教师才能培养出高素质的学生。因此，应该加强教师之间的学术交流活动，定期派遣教师到先进学校学习，以提高教师教学的水平与能力，并鼓励体育教师积极参与相关的科研活动。

（四）将"终身化"作为体育教学的宗旨

社会的发展需要终身化体育，同时这也是人们工作、生活的基础性需要。从体育教学的实际情况以及全民身体素质的实际情况出发，适当增加体育课时，延长体育教学年限势在必行。在大学体育教育阶段进行全程体育课程教学，并贯穿四年大学教育的全过程，以此提高学生主动健身的意识，使学生认识到终身健身锻炼的重要性，从而保证学生在毕业后依然能够熟练运用两种以上的锻炼方法和手段，真正实现体育锻炼终身化。

第四节　体育教学环境的设计与实施

一、体育教学环境的构成因素

（一）体育教学环境的物质环境

高校体育物质环境是指体育场馆、体育器材等。良好的物质环境是保证体育教学和体育活动开展的重要物质条件，更是实现体育教学目标，提高学生健康水平的重要物质支持。高校漂亮、宏伟、造型各异的体育场馆，是激发学生体育兴趣，坚持参与锻炼的动力之一。

（二）体育教学环境的制度环境

作为约束和强化实践活动的组织内容，高校的体育制度是保证学生锻炼时间、提升体育开展约束力的重要内容。当前高校的体育制度主要指学校体育工作条例等，各个学校制定适合学校体育活动开展的制度，也是保证体育教学开展的重要依据。灵活、严谨的制度环境是提升高校体育环境建设质量的重要保证。

（三）体育教学环境的舆论环境

良好的体育舆论导向能够有效地发挥体育先进人物、先进事迹的激励作用，提高大学生从事体育锻炼的积极性。在更高的层次上，提高大学生对体育的认识、体育习惯的养成、参与体育锻炼的动力等。体育舆论环境是实现大学生从被动接受体育转变成主动参与锻炼的条件。

（四）体育教学环境的心理环境

体育教学的心理环境是体育教学中无形的、动态的软环境部分，主要包括班风与校风、学校体育的传统与风气、体育课堂常规、体育教学中的人际关系等。体育教学中的人际关系主要是体育教师与学生的关系和学生与学生之间的关系。

二、体育教学环境的设计

体育教学环境对体育教学活动至关重要，体育教学环境在体育教学活动中处于至关重要的地位。良性的体育教学环境对体育教学活动起着积极的作用，这种积极的影响作用于体育教学目标的达成、教学内容的丰富、教学原则的落实和教学评价的完善。

（一）体育教学环境的现状

如今体育教学环境的现状并不理想。一方面是领导不重视，另一方面是由于部分高校自身物质环境的劣势。许多学校没有体育馆、游泳馆，部分学校体育设施不健全，还有部分学校根本没有良好的体育传统，学校不重视体育场地的建设和维护。另外，很多高校师生和学生之间的人际关系紧张，一半以上的学生觉得本校体育场地的布局不合理。在有体育馆的学校，对体育馆的建设和维护也存在多方面的弊端。总之，目前高校的体育教学环境远远达不到学生和社会的要求和期望，体育教学环境急需设计和优化。

（二）体育教学环境设计的原则

1. 教育性原则

高校是一个特殊的环境体，高校的作用在于净化身心，启迪知识。因此，对体育教学环境的设计和优化要注意教育性原则，要有利于激发学生的体育思维，有利于提高学生的体育动机，有利于陶冶学生的体育情操。

2. 科学性原则

将体育教学环境的设计与优化从体育教学目标、体育教学内容的实际和特点出发，尽可能多地满足体育教学活动的各种需要；体育教学环境的设计与优化要符合学校美学、生态美学、建筑美学等基本要求。

3. 系统性原则

高校体育环境构建是促进教育优质化实施的措施之一，是高校体育部门的任务，也是高校多个部门相互支持的结果。从系统论的角度出发构建体育环境，首先要求提升环境的系统意识，并以发展高等教育为目标，做好高校体育环境建设的资源开发和共享。其次要提升高校体育制度的有效性和适用性。最后要加强高校体育舆论宣传，促进学生参与体育锻炼的积极性，以更好地带动高校体育环境氛围的建设。

4. 区别对待原则

体育教学环境的设计与优化要考虑不同年龄、不同性别、不同身体素质的学生身心发展的基本规律，同时要照顾大多数学生的需要，另外要特别关注部分特殊群体的需求和个性发展需要。

5. 人文性原则

人文性原则是体育教学环境的设计与优化要始终以学生为本。各种体育教学物质环境的设置，不仅要体现对学生的人文关怀，考虑到学生的生命安全、卫生等，还要营造出和谐的、充满人性的、民主平等的氛围。

6. 实用性原则

所谓实用性是体育教学环境的设计与优化，是根据各个高校的实际情况和实际经济条件，符合经济、高效、实用的宗旨。注重体育教学物质环境的因地制宜以及体育教学心理环境的独具特色，从而形成各个高校的特色。

三、体育教学环境的实施要素

（一）以学生发展为主，提升环境对兴趣的激发效果

首先，要充分利用高校体育课程的开展，提升高校体育环境的使用和改进空间，充分保证体育环境的建设进程。通过认真组织和实施体育课，保证学生掌握体育技能的有效性，不断提升学生的体育意识和体育观念。充分借助高校的文化优势，加强对新兴运动项目、新生体育明星的宣传，更好地激发大学生参与运动的激情，保证体育环境创新特点的延续。其次，要不断增强体育学习内容的新颖性和适用性，在促进学生体育技能、体育意识发展方面，构建体育教学的环境氛围。

（二）加强高校体育制度环境的创设，提升体育教学的规范化

在高校体育环境创建的过程中，要在遵守学校体育工作条例的基础上，制定适合高校体育环境形成的考核办法，加强对大学生运动会、课外社团、竞技比赛等管理制度的制定，从场地场馆使用制度，到运动员选拔制度，都按照一个良性的运作过程，来提升制度环境创建的有效性。

（三）创建适合高校学生身心发展的体育环境

高校学生在接受体育教育的过程中，身体素质已经得到了一定的发展，如果对一些所谓的"优秀课程"不假思索地照搬，结果就很有可能造成学生对体育课敷衍了事。因此，只有选择合适的体育教学内容，才能够使学生真正爱上体育课。

（四）充分利用高校的体育教学物质环境

充分利用好学校已有的各种有利的环境条件，创设具有特色的学校体育教学环境。在体育教学环境的设计与优化中，各个高校要充分挖掘，精心设计、开创和突出各个高校的体育教学特色，合理地变通，将不利的体育教学环境转化为有利的体育教学环境。

（五）加强体育课堂教学管理，营造宽松、和谐、民主的体育课堂氛围

从基本的规范强化课堂的教学管理，同时发挥骨干的作用，帮助学生进行自我管理，提高学生在体育教学活动中的自我约束能力。培养学生主动参与体育学习的态度和习惯，让学生能够主动参与到体育教学活动中，注重课堂教学活动中的人际情感交流，形成教师与学生互相激励、互相鼓舞的良好情感氛围。

第五节　体育教学模式发展趋势研究

学校体育是国民体育的战略重点，这是我国体育理论界早已达成的共识。高校体育是学校体育的最后一环，与社会体育紧密相连，其教育效果与整体发展水平对我国正在实施的全民健身计划起着举足轻重的作用，因而应站在历史的高度，以战略的眼光来认识高校体育教育改革的重要性和迫切性。教育改革应以教学改革为核心，而教学改革的核心则是课程设置和教学内容的选择。笔者在本节中把高校体育的目的任务定位于健康教育与终身体育意识的培养和发展上，并以此为基点，力图构建一个理论依据充分、实效性和可操作性较强的体育教学课程模式，并对这一课程模式的整体运行机制做初步探讨。

教学模式是按照一定原理设计的一种具有相应结构和功能的教学活动组合或策略，它既是教育系统和教学过程的具体化和实践化，又是教学形式和教学方法的综合载体。

一、构建体育教学新模式的对策分析

（一）构建普通体育教学新模式的分析

构建一个完整的体育教学模式包括教学思想、教学目标、教学结构和教学方法等诸多方面，因此改革体育教学模式，实际上就是对体育教学过程的重新整合，其结构是否合理主要看教学的组织形式和方法是否适应学生的实际需要，是否最大限度地实现教学目标。目前普通体育教学模式存在问题：一方面，众多体育教学思想一齐涌入体育课堂；另一方面，高校体育为体现有别于传统的教学思想，在教学中尽可能多地接纳，造成体育教学主题分散、华而不实、负担过重。目前，高校普遍采用以班为群体的形式，虽然整齐划一，秩序井然，便于教学管理，却不利于根据大学生的个体差异、

兴趣爱好、掌握技术的能力等进行有针对性的教育与培养，这显然不利于教学目标的实现。

（二）构建体育教学新模式的对策

（1）明确体育教学应遵循和坚持的指导思想。

（2）依据指导思想，改革体育教学内容与教材。

（3）改革体育教学班的组成方式，让学生在不同的学段选择参加不同项目组合的教学班。

（4）改进教学方法。当前，应着重研究如何根据多样化的课程内容和针对不同的教学对象采用有效的教学方法。

二、适应素质教育要求，构建新的体育教学模式

从以上几种模式可以看出，教学模式越来越重视发展能力，重视学生的主导地位，各种教学模式互相借鉴、共同发展。要充分发挥教学模式的作用，优化教学结构，必须树立正确的体育教学观念。

（一）树立全面育人的体育教学观念

体育教学应当从培养跨世纪的德、智、体全面发展的高素质人才出发，给予大学生全方位的教育，即体育教育、健康教育、竞技教育、生活教育和娱乐教育等。

（二）树立主动体育的体育教学观念

在体育教学中，既要充分发挥教师的主导作用，又要注意发挥学生的主体作用，努力调动学生学习体育和锻炼身体的主动性和积极性，由此激发学生对体育的兴趣，让学生主动地、自觉地体验体育学习的乐趣，从而促进学生身心健康发展，培养学生终身从事体育锻炼的习惯。

（三）树立三维综合评价的体育教学观念

在评价体育教学效果时，不能仅仅以提高生理机能为标准，追求生物学改造的效果，而应该从生物、心理和社会三维的角度来综合评价体育教学的效果。三维评价的教学观，反映了体育教学是一个多功能、多目标的动态系统，它通过大量的体育教学实践取得效果。

三、新的体育教学模式的设计

（一）第一学年：基础课

以全面锻炼和提高身体素质为主，通过体育基本知识的传授和基本技能的培养来实现高校体育的目标。可根据具体的场地器材等条件，充分发挥教师的主导作用和能动作用，使学生身体素质和身体技能得到全面发展，为参加第二学年的选项打下坚实基础。考核时，以全面的素质指标和技能指标为主。

（二）第二学年：选修课

根据学校场地、器材和师资等情况，按项目开设若干个选修班，由学生根据自己的特长和兴趣，选择对应项目和教师。在具体的实施过程中，每个项目根据学生掌握技术的情况可分为初、中、高级班，既可满足学生初选，又可满足再选。体育特长生可根据项目编入高级班。考核时，以技能指标为主，结合一定比例的素质指标。

（三）第三、四学年：俱乐部协会制

俱乐部教学模式使高校体育与社会体育接轨，它在树立学生终身体育思想和培养终身体育习惯方面的作用是其他教学模式难以替代的。可集中开设一些项目，以学生自我锻炼为主，开展有偿性教学。这不仅有利于增强大学生的体育意识，培养经常锻炼身体的习惯，也有利于把大学生的体育教学过程延伸到高等教育的全过程，从而保持体育教学与课外活动的统一性和连贯性。

四、新的体育教学模式构建的依据

（一）新时代对传统体育教学模式变革的需要

随着新时代社会、经济、文化的快速发展，学生在学校所学的知识很可能在离校不久便过时了。因此，体育教学应该使学生了解终身学习的重要性，培养学生终身学习的习惯和技能，使其走向社会后能够成为终身学习的实践者。

（二）新时代对体育教学改革的要求

体育教学改革要必须做到体育的终身化、体育的民主化、体育的多样化和体育的个性化。体育的终身化就是打破学校体育的原有空间和时间的限制，把体育扩展到社会和人生的每个阶段。体育的民主化就是打破不平等、不民主，改变以教师为中心，

学生被动服从的教学关系。体育的多样化就是在体育教学中采取多种教学方法，提倡师生之间、学生与学生之间的互动活动，努力提高学生参与的积极性，最大限度地发挥学生的创造性。体育的个性化就是在体育教学中每个学生所显示的各种不同的运动本能、素质、价值取向、集体荣誉等。

（三）新时代为高校体育改革提供了条件

高校体育自改革开放以来便取得了令人瞩目的成就，主要集中体现为四大优势：一是人才优势；二是信息优势；三是物资优势；四是地位优势。这四大优势说明，体育教学模式的改革具有坚实的基础。

（四）高校学生对体育教学模式的选择需要

笔者曾对湖北经济学院、武汉大学、华中科技大学、武汉工程大学、湖北大学等院校的 750 名高校学生就"你喜欢的体育教学模式"进行问卷调查，结果选择以全面发展身体素质为主的"基础课"37 人，占 4.9%；选择与社会接轨的"俱乐部"协会制的 156 人，占 20.8%；选择以兴趣爱好为主、能够自由选择教师的"选项课"185 人，占 24.7%；选择一年级"基础课"，二年级"选项课"，三、四年级"俱乐部"协会制的 372 人，占 49.6%。调查结果表明，第一学年"基础课"，第二学年"选项课"，第三、四学年"俱乐部"协会制，是最受高校学生喜爱的教学模式。

五、体育教学模式的发展趋势研究

体育教学模式是体育教学活动赖以开展的必要条件，但体育教学模式并不是一成不变的，必须明确是由内容决定形式，而绝不是由形式决定内容。

（一）体育教学模式的开放化

目前，全国各大高校体育课教学模式不尽相同，各校根据校情不同会采用不同的适合自己的体育课教学模式，大的改革方向还是一致的，都是朝开放式的、更加符合当代大学生心理和生理特点发展的方向进行。开放式体育教学模式是今后一个发展趋势，特别是随着社会的发展和进步，电子产业和信息技术迅猛发展并直接介入体育教学活动，使输送信息的手段灵活和开放。

未来的高校体育将采用多种途径、多种方法、多种形式来满足学生的不同体育要求，向社会开放，向国际开放，体育课堂也将扩展到社会，逐步扩展到大自然。

（二）体育教学模式的多元化

随着学校教学由"应试教育"向素质教育的转轨，高校体育应从学校的"阶段体育"向"终身体育"转变，从片面的生物学评价或运动技术评价向综合性评价转变。体育价值观从单一的健身向健身、健心、娱乐等多元价值观改变。单一的体育教学模式无法满足多元的体育教学目标的需要，因此要从单一的教学模式向复合式的、具有现代性和科学性的教学模式转变，并且多种教学模式相互渗透、互相依存将是未来体育教学的发展趋势。

第六节　体育教学改革的研究

伴随着我国改革开放的脚步，高校体育课程教学走过了数十年的风雨历程。站在科学发展观视角，回顾改革的历史，探讨改革的得失，分析目前的状况，寻求发展的策略，无论是对高校体育课程理论体系的建设，还是对推进教学改革实践的深化，都具有极其积极的意义。

一、体育教学中普遍存在的问题

（一）教学目标理论与实践不完全一致

现行的高校体育课程教学目标涵盖了"运动参与、运动技能、身体健康、心理健康、社会适应"五个领域的内容。从理论上看，它充分关注了学生的健康成长和人的全面发展，体现了"以人为本"的时代理念。但在实际操作过程中，由于教学内容、教学组织形式、学生个体水平不同，要通过有限的教学时间（144学时/学期）完成五个领域的教学任务是极其困难的。加之近年来我国高等教育规模急剧扩张，给大多数学校带来的教师资源不足、体育场地设施短缺等问题，要全面达成教学目标事实上几乎不可能。

（二）教学效果测量与评价不科学

教学效果测量方法与评价标准的改革步履维艰，至今仍未走出"生物体育"的怪圈。测量与评价课堂教学效果的通行方法是监控学生的心率变化，无论什么类型的体育课，也不管课的教学内容、教学任务是什么，无一例外地是通过"摸脉"获取学生心率的变化情况，由此推断其生理负荷，进而评价教学效果。至于教学目标中运动参与态度、知识技能掌握、心理品质培养等方面的指标，或是因为课时计划（教案）中原本就没有设计具体的达成路径与措施，或是因为根本就没有切实可行的办法进行操作而不得不将其束之高阁。

（三）教学改革重心偏移

长期以来，国家、省（部、委）重点资助的高校体育课程改革研究项目主要集中在"985""211"大学，教学改革的试验区也局限在位于中心城市且办学条件好、生源质量高的重点大学。真正能够代表我国高校主体的地方院校（占高校总数80%以上），始终被搁置在边缘地带。在教学改革实践中，站在教师"如何教"的角度，进行"教法"改革的项目与成果俯拾即是，而站在体育课程学习主体——学生的角度，研究"如何学"的问题，进行"学法"改革的项目与成果寥若晨星。

（四）课改试验事倍功半

课程改革试验是对未知领域的探索，是走前人没有走过的道路，局部乃至整体的失败都是在所难免的，即使是失败了，至少也可以为后来者提供借鉴，从这个意义上讲失败是成功之母。但对传统教学理论近乎是颠覆性的"新课改"试验，事实上，"新课标""新纲要"的教学理论至今还远未成熟，在用以指导体育课教学实践时经常会遇到捉襟见肘的尴尬。这些"尴尬"长期被好大喜功的心态屏蔽，致使课改试验事倍功半。

（五）理论研究缺少争鸣

在体育课程改革研究中，对上级主管部门的指示和意见，非高声赞颂即积极响应，罕见应有的学术质疑。对专家、学者提出的某种新观点或学说，紧随其后的通常是对它的注释和佐证，没有不同观点的争鸣与批判。这种近乎"跟着疯子扬土"式的学术风气，使得改革实践中涌现出来的一些极具发展前景的学术观点和实操范例，在无节制的滥用和沸沸扬扬的炒作中夭折。长期以来，缺乏争鸣与批判已成为体育教学改革与研究领域久治不愈的"顽症"，严重地阻滞了学术发展，是我国至今未能形成具有本土特色的、完整的体育教学理论体系的根本原因。

（六）教师管理导向错位

在现行的高等学校教师工作绩效评价与职称晋升制度中，学术论文的数量是衡量教师业务水平、决定其职称升迁的硬性指标。没有在学术期刊尤其是核心期刊上发表一定数量的论文，就无法在教师队伍中立足，至少是无法迈进精英队伍——高级职称的行列。面对关乎自身生存发展的选择，体育教师不得不放弃深入探求体育教学规律、不断提高教学水平的价值追求，而将大量的精力用于揣摩学术刊物的"口味"，研究与本职工作毫无实际关系的"纯理论"问题。撰写论文成了教师的第一要务，发表论文成为从事研究工作的唯一目的，致使大量教学改革的实际工作一直处于被动应付的境地。

二、体育教学改革的具体措施

根据教育部（2014 年）《高等学校体育工作基本标准》的精神，结合我国体育教学的现状，借鉴成功的国际体育教学经验，我国体育教学改革应从教学大纲、教学模式、课程设置、教学评估以及师资队伍建设五个方面入手：

（一）制订有本校特色的教学大纲

各高校应根据本校学生的特点，结合本校的办学特色和人才培养方向，参照全国统一的教学大纲的要求，制订本校的科学化、系统化、个性化的体育教学大纲及具体实施方案和细则，指导本校的体育教学工作。

（二）转变教学思想，改革教学模式

当前大学体育教学应由传统的"以教师为中心"向"以学生为中心"转变，强调师生互动，发挥学生的主体作用和教师的主导作用，充分调动学生的学习积极性，使学生实现由要我学到我要学，进而达到我会学的转变。在新的教学模式下，教师的角色理应发生革命性的转变，教师应由过去单纯的体育技术的传授者转变为教学内容的设计者、教学活动的组织者、教学过程的监控者、教学结果的检验者以及学生能力的培养者。改革教学模式时，应实施分层与分流教学、普修与专修教学相结合，课堂教学与课外体育锻炼相结合，大班上理论课与小班上技术课相结合，课堂教学与开放式自主教学相结合，传统教学与多媒体辅助教学相结合等多种方式。学生可在同年级、多种教材范围内自由选择上课。在考试方面，将通过学校进一步建立体育理论与实践试题库，以抽签形式确定考试内容，并对结果给予评价。在完成体育教学任务的同时，增加体育选修课程，为培养学生的终身体育意识提前打好基础。

（三）改革高校体育课程设置

从我国体育教学的实践不难发现，一方面，体育课的教学内容和学时不能满足学生兴趣和锻炼身体的需要，学生总是围绕达标、考试而进行学习锻炼，这在一定程度上抑制了学生的个性发展；另一方面，体育教学仍沿用传统的"运动训练法"和"普

通教学法",即通过教师的讲解示范、学生的模仿练习,最终达到应付达标和考试的目的。课程结构、教学内容与教学方法仍然停留在一种"大学名称、中学内容、小学组织"的模式中。由于长期以竞技体育知识为中心或过分强化了其知识、技能在体育教学内容中所占的比重,而导致学生竞技知识与健身能力之间失衡。显然,这种重竞技知识、轻健身能力,重共性、轻个性的课程设置模式与素质教育的理论相背离,不利于现代社会创新人才的培养。因此高校体育课程的设置,在内容上要充分考虑学生的兴趣及其运动习惯的养成。在高校课程安排上,应相应地减少体育必修课的比例,同时增大选修课的比例;应该加强课外体育锻炼的组织与实施,建立以健身为主要内容的新体系。体育的课程内容需要增加大量的休闲运动,尤其是终身体育的内容要不断地增大,使学生体会到运动的价值不仅在于提高运动技术水平,更重要的是要掌握健康运动的科学方法,为增进自身健康服务。增设学生喜爱的体育休闲项目,提高其参加体育活动的兴趣,激发其锻炼的动力,充分发挥学生的积极性和创造性。

(四) 改革体育教学评估体系

教学评估是教学过程的一个重要环节。全面、客观、科学、准确的教学评估体系对于实现课程目标至关重要。它既是教师获取教学反馈信息、改进教学方法、提高教学质量的重要依据,又是学生调整学习策略、改进学习方法、提高学习效率的重要手段,还是教学管理者调整和制订教学计划、合理安排课时分配的重要参考依据。而传统"一刀切"的考核与评价方法,对考查学生的全面发展程度和各项身体素质的提高都有着很大的局限性。单一的成绩评定容易挫伤部分学生的学习积极性,不利于学生形成正确的现代体育意识和健身观。因此,对学生体育成绩的考评应从以下三个方面进行:一是注重学生学习过程的考查。学生学习和练习过程的质量在很大程度上决定了其结果的质量。因此,那种只重视结果而不注重过程的做法是不妥的。二是要重视发展个性的考评,以考促学。学生在身体条件、运动爱好和运动技能等方面的个体差异是客观存在的,应根据这些差异来确定目标和评价方法,并提出相应的教学建议,以确保绝大多数学生都能完成学习目标,使之成为促进学生学习的动力。三是要重视对身体素质达标情况和体育理论知识学习水平等内容的考评。可以加强体育教学评价与考核方法的研究,使之符合素质教育的要求,同时,增强学生的体育意识,促进学生综合体育素质的提高和能力的培养。这种教学评估体系的转变将极大地调动学生学习体育的积极性,全面提高学生的身体素质和运动能力。

（五）提高体育教师队伍的整体素质

首先要从源头抓起，严把教师录用关。其次要加强对教师的培训，通过培训来提高他们的教学水平和教学技巧，使其学会如何有效激发学生的学习兴趣，如何鼓励学生全身心地投入学习活动，如何适当地纠正学生学习过程中出现的错误等。同时，通过培训使其掌握必要的教学理论和教学技能，使教师从单一的"技术型"向"复合素质型"转变，从而推动素质教育的成功进行。

三、体育教学改革的回顾

（一）教学指导思想与教学目标的探索阶段

1979年，教育部、国家体委、卫生部、共青团中央联合召开新中国成立以来规模最大的一次全国体育卫生工作经验交流会，颁布了《高等学校体育工作暂行规定》。在"调整、改革、整顿、提高"方针的指引下，高校体育课程改革全面启动。1990年2月，国务院批准发布实施的《学校体育工作条例》规定，"普通高等学校的一、二年级必须开设体育课。普通高等学校对三年级以上学生开设体育选修课"。同年10月，国家教委颁发了《大学生体育合格标准》和《大学生体育合格标准实施办法》。1991年国家教委开展了对全国高校体育课程的评估。1992年国家教委颁布了《全国普通高等学校体育课程教学指导纲要》，将体育课的教学目标确定为"通过科学的体育教学过程和体育锻炼过程，使学生增强体育意识，具有体育能力，并养成体育锻炼的习惯，受到良好的思想教育，成为体魄强健的社会主义事业的建设者和接班人"。2020年中共中央、国务院印发了《深化新时代教育评价改革总体方案》，要求强化体育评价。建立日常参与、体质监测和专项运动技能测试相结合的考查机制，将达到国家学生体质健康标准要求作为教育教学考核的重要内容，引导学生养成良好的锻炼习惯和健康生活方式，锤炼坚强意志，培养合作精神。要客观记录学生日常体育参与情况和体质健康监测结果，定期反馈。加强大学生体育评价，探索在高等教育所有阶段开设体育课程。

（二）教学内容与教学模式的改革阶段

1995年6月28日，国务院颁布了《全民健身计划纲要》。同年8月29日，第八届全国人民代表大会常务委员会第十五次会议通过的《中华人民共和国体育法》第十七条规定："教育行政部门和学校应当将体育作为学校教育的组成部分，培养德、智、体全面发展的人才。"随即国家体委又推出了《全民健身121工程》，要求学校

"保证学生每天参加1次健身活动;每年组织学生开展2次远足野营活动;学生每年进行1次身体检查"。伴随着"121工程"的不断推进,各种健身、娱乐体育内容走进学校体育课堂。1999年6月,中共中央、国务院颁发了《关于深化教育改革全面推进素质教育的决定》,要求"学校教育要树立健康第一的指导思想"。同年10月,教育部在江苏无锡召开了全国学校体育卫生工作经验交流会,要求认真落实"学校教育要树立健康第一的指导思想,切实加强体育工作"。随后出现的"俱乐部模式""运动处方模式""三自主模式",开启了教学模式多样化发展的格局。2022年,教育部等五部门发布《关于全面加强和改进新时代学校卫生与健康教育工作的意见》要求一要坚持健康第一。教育学生树立"每个人是自己健康第一责任人"理念,学会和掌握健康知识与技能,为人人终身健康、建成健康中国奠定基础。健康教育的课程对内容循序渐进的推进,以及什么人来教、怎么教、教什么,都作出了明确的界定,这是一个历史性的突破,也就是把我们学校的健康教育的内容真正规范化,特别是要系统化,还要通过各种方式来努力实现教学的效果。二要提升学生健康素养。聚焦以健康观念、健康知识、健康方法、健康管理能力等为主要内涵的学生健康素养,促使学生养成良好的卫生行为和习惯,保持文明健康、绿色环保的生活方式,形成健康文明的校园文化。以中小学为重点,注重大中小幼衔接,完善以课堂教学为主渠道、以主题教育为重要载体、以日常教育为基础的学校健康教育推进机制,健全学生健康素养评价机制,纳入教育评价改革,形成学校全员促进、学生人人健康的良好氛围。三要增加体育锻炼时间。按照教会、勤练、常赛要求,开齐开足体育与健康课,强化学校体育教学、训练,健全体育竞赛和人才培养体系。推广中华传统体育项目,开展全员运动会、亲子运动会。严格落实眼保健操、课间操制度,保障学生每天校内、校外各1个小时体育活动时间。

(三)教学理念与课程目标的创建阶段

2001年6月,国务院颁发的《国务院关于基础教育改革与发展的决定》提出了"加快构建符合素质教育的要求的基础教育课程体系"的任务。2001年秋季开始,基础教育《体育与健康课程标准》在全国38个国家级实验区开始试行,2002年秋季实验范围进一步扩大到全国近500个县(区)。2002年8月,教育部颁布了《全国普通高等学校体育课程教学指导纲要》(以下简称《纲要》)。《纲要》秉持以人为本、全面发展的教育理念,规定了由运动参与、运动技能、身体健康、心理健康、社会适应构成的课程目标。2006年12月,教育部、国家体育总局在北京召开了全国学校体育工作会议,颁发了《关于进一步加强学校体育工作,切实提高学生健康素质的意见》。同期,教育部、国家体育总局、共青团中央联合下发了《关于开展全国"亿万学生阳光体育运动"的通知》，力争用3—5年的时间，使85%以上的学校能全面实施《学生体质健康标准》，85%以上的学生能做到每天锻炼1小时，达到《学生体质健康标准》及格等级以上，掌握至少两项日常锻炼的体育技能，形成良好的体育锻炼习惯，体质健康水平切实得到提高。2014年4月，教育部发出通知，颁布了《学生体质健康监测评价办法》，学生体质健康测试是指测试人员采用规范的技术、方式和方法，组织学生参加《国家学生体质健康标准》所确定的测试项目及有关内容的实际测评，是促进学生体质健康发展、激励学生参加身体锻炼的教育、评价和反馈手段，重点监测学生的身体形态、身体机能、身体素质和运动能力等方面情况及其变化趋势。教育部根据中国青少年学生成长发育特征、全国学生体质健康变化趋势和国家学校体育工作政策，动态调整和公布学生体质健康测试项目和测试内容。

四、体育教学改革的现状和趋势研究

为了适应社会对人才的需求，全国各高校在探讨体育教学目标、体育教学思想的基础上对体育课程设置、教材内容、教学方法、体育教学的组织、教学的模式、教学的评价等方面进行了全面探索和改革。

（一）体育教学目标呈现多元化

体育教学目标的主要观点包括以下几种：①以改善健康状况，增强体质为主要目标；②以学习和掌握体育知识技能为主要目标；③以竞技教育，提高运动水平，为国家培养优秀运动员为主要目标；④以培养学生体育能力为主要目标；⑤以满足学生娱乐心理，享受体育乐趣为主要目标；⑥以奠定学生终身体育观念为主要目标；⑦以提高学生的心理素质和体育文化素养为主要目标；⑧以体育锻炼为手段，对学生进行思想品德教育，培养优良品德为主要目标；⑨以身体练习为手段，促进学生身心发展，达到育人的目标；⑩以学生掌握锻炼身体的方法为主要目标。体育教学的诸多目标都是围绕着育人的总目标，在体育教学过程中，根据教学任务、教学内容、学生的实际和教学条件所提出的具体目标或者是阶段性的目标。为了早日实现育人的总目标，教育者必须科学地选择教学内容，根据现有的教学条件，分阶段、分层次、合理地选用教学方法进行教学。

（二）体育教学指导思想多样化

多年来，我国体育教学思想呈现多样化和综合化，其主要观点包括以下几种：①全面教育的指导思想；②以体育教育为主的指导思想；③以培养学生运动能力为主的指导思想；④以快乐体育、娱乐体育为主的指导思想；⑤以终身体育为主的指导思想；⑥以竞技体育为主的指导思想；⑦以增强体质为主的指导思想；⑧以技能教学为主的指导思想；⑨以发展学生个性为主的指导思想。以上各项研究表明，体育教学思想随着社会发展，有越来越"泛化"的趋势，各种体育教学思想之间有着逻辑上的紧密联系，它是围绕着两条相对稳定的主线（体质与运动能力），着眼于身心全面发展的。

（三）课程设置和体育教学内容的选择成为体育教学改革的核心

体育教学改革必须以改革课程设置和科学合理地选择教学内容为切入点。体育教学内容和课程设置的改革要以高等教育体育教学目标、现代体育发展的需要、学生的兴趣和爱好、场地设施为主要依据，确立以增强体质，促进身心全面发展为主的指导思想。在20世纪80年代初，随着我国改革开放的实施，许多高校在大学二年级相继开设专项课的设置，1992年原国家教委颁发《全国高等学校体育教学指导纲要》，正式规定了普通高等学校体育课程设置，即基础体育课、选项体育课、选修体育课、保健体育课4种类型。体育教学也从单一型发展到多种课型并举，较好地克服了传统单一课型忽视受教育者的个性心理特征及主体作用的弊端。目前，体育教学内容和课程设置的模式为一年级以必修课为主，配以各类基本技术的教材体系，用以弥补中学体育教学的不足，完成中学至大学的合理衔接和过渡。二年级开设专项课，学生可选择课程、教师，以满足学生兴趣、爱好和选择的要求。三、四年级开设选修课，以休闲课和娱乐课为主，增加专业性内容，采用"俱乐部"制。例如，地质院校增加了登山运动、负重行军等内容；商业院校增加了保龄球、台球等内容；形式多样、内容丰富的教学，不仅有健身、娱乐之效果，而且能够使学生适应毕业后的生活与工作。另外，又适当地增设体育理论知识课程，让学生明确学习的目的，端正学习态度；了解人体发展和运动生理、卫生知识；掌握各项运动知识和锻炼身体方法。但在改革中也存在着一些共性问题。例如，教学目标宽泛、模糊，教材的选编和课程的设置还存在着较大的随意性；在教学内容的安排上，运动项目主要是解决手段问题，不够重视方法；运动的内容欠全面，重运动、轻养护。

（四）体育教学方法的改革正逐步向"启发学生主动学习"方向发展

体育教学效果很大程度上取决于教学方法应用科学与否。目前，体育教学方法的改革十分活跃，如主体教学、发展式教学、自学式教学、启发式教学、快乐式教学，等等，从整体改革的思路来看，大都能体现"启发学生主动学习"的思想，这表明"以教师为中心"的传统观念正在发生转变。但在改革中，许多研究者没有清楚地认识到教学方法两重性的特点,即功能性和局限性。因为教学过程是一个结构复杂、多阶段、多因素的动态过程,教学有法、教无定法、贵在得法。教学必须要针对学生的实际情况,既有利于发挥教师的主导作用,又必须尊重学生的主体意识,综合考虑教学方法运用的针对性、时效性、全面性。

(五)体育教学组织形式呈现多维性

体育教学的组织工作是否严密、合理,直接影响到其教学效果。有关研究表明,目前,大多数高校采用的是分组不轮换的教学组织形式,分组是根据"三向"交往的理论来进行(教师与学生之间;学生与学生之间;教师与学生、学生与学生之间的交往)。根据这一理论,目前主要有以下几种教学组织形式:一是散点式;二是"小群体"式;三是自然分组式;四是按运动能力分组(搭配式、分级式);五是俱乐部组织形式。总的来讲,体育教学的组织是多维的,上面叙述的是目前研究比较多的组织形式,各种组织形式都有其各自的特点,它们的共性在于能发挥学生的自主性、积极性,有利于发展学生的个性和创造性。但教学的组织形式受教学条件的制约,还有待于在更大范围内做更缜密的研究。

(六)体育教学模式具有针对性

体育教学模式的研究是当前体育教学论和体育教学改革的重要课题之一。近几年,对体育教学模式的研究日趋活跃,这表明体育教学改革已开始进入综合研究阶段。目前,中国体育科学学会学校体育专业委员会提出了主体教学模式、成功教学模式、合作竞争教学模式。这几种教学模式不是孤立存在着,各种不同类型的体育课,因其特性和要完成的任务不同,就需要有多种教学模式去适应。由此看来,教学模式既可以组合,又允许创造,但设计任何教学模式都必须以科学的理论为先导,并通过实验对比才能对它的合理性、可行性和可操作性进行评价。

(七)教学评价的双向性

教学评价是获得反馈信息的重要手段。目前,高校体育教师比较重视教学评价的研究,尤其重视师生的双向评价。通过教师评价学生的学习,使每个学生都能够从教学评价中得到新的目标和新的动机,通过学生评价教师的教学,促进教师科学安排和控制教学程序。但教学评价的研究多数停留在理论研究上,付诸实施的较少。

综上所述,当前体育教学改革表现出以下特征:①教学目标开始朝着"多目标""多功能"的方向转移,既追求近期效益,也追求远景目标。②教学思想从"生物体育观"逐渐向由生物、心理、社会三方面因素构成的"三维体育观"转变,从而拓宽了它的健身、娱乐、竞技、文化、社会等方面的功能。③课程设置和教材建设已成为体育教学发展的核心动力。近年来，围绕着课程设置、课程类型、课程内容、教学定位、教学大纲、教学模式和教学体系等内容进行了改革，课内外一体化已经形成。④教学方法的改革显得格外活跃，从规律性的思路看，大都能体现"启发学生主动学习"的思想，表明"以教师为中心"的传统体育教学正在逐步转变。⑤体育教学组织形式的改革是根据"三向"交往方式，由表浅向着深层次发展。⑥体育教学模式的研究已通过许多具有丰富内涵结构的研究模式表现出来，但目前这种教学改革实践滞后的现象依然比较普遍。⑦教学评价的研究从身心两方面效果考虑，采用定性和定量相结合的评价方法，在一定程度上可以适应现实的需要。

第三章　高校体育教学方法的改革与创新

第一节　传统体育教学方法及应用

一、传统体育教法及应用

（一）语言教学法

语言教学法，就是教师通过语言表达，来阐述体育教学知识、文化、规律、特点、技术构成、教学活动安排与过程实施的方法，学生通过对教师的语言来了解教学过程、参与到学习过程中去，掌握必要的教学知识点。

常用语言教学法举例如下：

1. 讲解教学法

讲解教学法，即教师通过语言讲解来开展教学。讲解法通常用于体育理论教学，在讲解过程中，教师应充分考虑学生的理解能力与认知能力的特点和水平。

讲解法使用要点如下：

（1）讲解要明确，突出教学内容重点、难点、特点

在体育教学中，教师对于教学内容的讲解必须要有明确的目的，不能漫无目的地讲解，这样会使学生抓不住重点，不能理解教师的用意，导致学习效率低下。

（2）讲解要正确

注重讲解内容（历史文化、动作术语、技能方法等）的准确描述。

（3）讲解要生动、简明、有重点

讲解应便于学生更好地理解教学内容，如生动形象化的讲解可加深学生的认知，教师应重视对技术动作的形象化描绘，可以适当加入肢体语言帮助学生理解。再如，关于概念、技能难点的讲解应有重点，把握关键技术讲解，更便于学生掌握动作

要领。

（4）讲解要通俗易懂、深入浅出

教师要善于运用对比、类比、提问等方式进行启发性教学，这有利于学生积极思维，使学生举一反三，触类旁通，学以致用。

2. 口头评价法

口头评价法是体育教学中非常重要的教学方法，可以在课堂上及时、快速给予学生最直接的评价、提醒，也可以在教学结束之后，对学生的课堂表现进行口头点评。

根据评价性质，口头评价有如下两种：

（1）积极评价

教师对学生的评价是鼓励性的、表扬性的、肯定性的。

（2）消极评价

教师对学生的评价是负面的，以批评为主，这显然会让学生感觉到不舒服和沮丧，对此教师应掌握必要的语言沟通技巧，注意措辞，要就事论事，不能过分打击学生，更不能进行言语方面的人身攻击。

3. 口令、指示法

口令、指示具有简短、高度概括的特点。在体育教学过程中，借助简短的字词给予学生必要的提示，如体育实践教学中的动作学练。

口令和指示法应用要求如下：

第一，教师应发音清晰、声音洪亮。

第二，教师对学生的口令、指示应尽量使用正面、积极的词汇，并注意提示的时机。

第三，合理把握口令和指示的节奏。

在体育教学实践中，教师采用口令、指示法时，尽量做到语言精练，言简意赅。

（二）直观教学法

直观教学法，利用学生的感官冲击来加深学生对体育教学内容的印象，使学生更直观、生动、形象、直接地了解教学内容。具体来说，即通过直观教学刺激学生感官。

体育教学中的常见直观教学法有如下几种：

1. 动作示范法

在体育教学中，教师通过对教学内容的动作示范，来使学生对所要学习的项目技术动作有一个生动形象的了解，熟悉动作结构和要领。

动作示范教学法的运用应注意以下几点：

（1）明确示范目的

教师在进行动作示范之前，要指导示范的目的是什么，要展示什么。

（2）示范动作正确、流畅

教师进行教学动作示范，是为了给学生提供必要的技术动作模仿对象，教师的示范动作必须要正确，避免错误引导学生。

（3）示范位置合理

在体育教学中，教师的动作示范应让每一个学生都能全面、准确观察，使所有学生都能够清楚地观察到示范动作，可多角度示范。

（4）示范应与讲解结合起来

通过示范、讲解，充分发挥学生的视觉、听觉、触觉等各感官的作用，使学生的听觉和视觉器官同时利用起来，以更好地加深学生对正确技术动作方法的理解与掌握。

2. 教具与模型演示

采用图表、照片和模型等直观教具辅助教学，使学生更加易于理解相应的技术结构和动作形象。教具与模型演示教学，应注意以下几点：

第一，提前准备教具、模型。

第二，教具、模型全方位展示，如果介绍具体器材的使用方法，可以让学生近距离体验。

第三，注意教具与模型的使用保护。

3. 案例教学法

案例教学法，就是在体育教学中举例子，使学生对体育教学内容的理解更加简单、直观、形象。

案例教学法应用要求如下：

第一，举例恰当，避免举无效案例。

第二，对战术配合和组织案例分析尽可能详细，并注意多角度（如攻、守）分析。

4. 多媒体教学法

多媒体教学法是现代体育教学中被较多使用的方法，与传统的课堂板书教学不同，多媒体教学能令教学内容的展示更加生动形象，而且教师应更加准确地利用多媒体教学技术分析动作的细节，通过动画和视频演示，可以将每一个动作精确到秒，将教学内容制作成电影、幻灯、录像等，通过重放、慢放、定格等操作方法，使学生更深入、系统地学习知识，掌握技能。

多媒体教学法的使用需要必要的多媒体教学技术支持，也需要教师具备一定的多媒体技术操作能力。

（三）完整教学法

完整教学法是体育教学中广泛应用的一种教学方法，重在完整地、不间断地演示整个技术动作过程，通常在体育教学实践课中运用。

完整教学法的体育教学应用应注意以下几点：

1. 讲解要领后直接运用

教师通过对体育运动技术动作的分解讲解后，示范整个技术动作，使学生能流畅地模仿完整技术动作。

2. 强调动作练习重点

在体育实践教学中，对于较为复杂的动作，教师应明确讲解、示范重点，使学生正确把握技术动作难点。

3. 降低动作练习难度

降低动作难度以便于学生完整练习，建立正确动作定型后逐渐增加难度，待学生熟练后再按标准动作进行完整动作学练。

（四）分解教学法

分解教学法是与完整教学法相对应的一种教学方法，适用于复杂和高难体育项目的技术动作教学。能将复杂的动作简单化，降低技术难度。

分解教学法具体是指在体育教学实践中，教师分解完整的技术动作，通过各个阶段、环节的逐个教学，最终使学生掌握整个技术。分解教学应注意以下几个方面：

第一，对技术动作的分解要注意科学，不能打破各环节之间的有效衔接。

第二，分解后的技术动作依次教学，熟悉后注意组织学生对学习环节前后的衔接结合练习。

第三，技术动作分解与完整综合运用效果更佳。

（五）预防教学法

体育教学的开放性使得体育学习同样是一个开放的过程，可受到各种因素的影响与干扰。就学生的个体差异性来说，不同学生的认知能力、理解能力、肢体协调能力等不同，因此有的学生不可能做到一下子就能准确掌握知识要点、动作要领，学习过程中难免会犯各种各样的错误，教师针对学生的学习错误，应及时预防和纠正。

预防教学法是对学生的错误认知、错误动作提前采取阻断措施的教学方法。

预防教学法应用要求如下：

第一，在体育教学中，教师应在讲解过程中不断强化正确认知，避免学生认知错误。

第二，教师在备课时可结合自己的教学经验对学生可能会犯的错误做好预防预案。

第三，可结合口头评价、提示、指示帮助学生及时预防错误。

（六）纠错教学法

纠错教学方法是学生在体育教学中出现认知、动作错误后，及时予以纠正错误的教学法。

在体育教学过程中，教师应正确对待学生由于对各种动作技术理解不清或对动作掌握不标准而出现的错误，注意进行有意识的引导和纠正。

纠错教学法应用要求如下：

第一，纠错时，应注意正确技术动作的讲解，使学生明确产生错误的原因，及时改正。

第二，结合外力帮助学生明确正确技术动作的本体感觉。

预防和纠错相辅相成，和预防相比，纠错的针对性更强，要求教师认真分析学生错误的原因，有针对性地结合错误的源泉采取相应的纠正措施，并给出改正方向与方法。

（七）游戏教学法

游戏教学法，指教师利用组织游戏的方法使学生完成预定教学任务的教学方法。这种教学法的应用比较广泛，在体育教学的初期和其他时期都经常会使用到，在调动学生的体育学习积极性与主动性方面具有良好的作用。

游戏教学法的应用应注意以下几点：

第一，所开展的各项游戏应与具体的体育教学内容相适应，应与教学内容相关。

第二，游戏内容应选择学生感兴趣的内容、方式。

第三，游戏开始前，注意游戏规则、目的的讲解。

第四，在游戏过程中，强调学生的积极努力，同伴协同配合。

第五，在游戏过程中，教师应监督学生在游戏中的行为，避免学生破坏规则，如有发生应实施"惩罚"。

第六，游戏结束后，教师应做客观、全面评价。

第七，注意教学安全。

（八）竞赛教学法

竞赛教学法，是通过教学竞赛的组织来开展体育教学的方法，竞赛教学法重视学生的体育运动技能的实践检验,也重视学生在运动中的角色体验以及学会如何处理与队友的关系,并可以促进学生的运动心理的调适与完善。竞赛教学法是体育教学不同于其他学科教学的一种重要教学方法,对于学生的身体运动素质、竞技能力、心理素质、社会性关系处理等都具有重要发展和促进价值。

竞赛教学法的教学应用要求如下:

1. 明确竞赛目的

通过足球运动竞赛切实提高学生的足球运动技能水平。

2. 合理分组

各对抗队的实力应相当。

3. 客观评价

对竞赛过程中学生完成动作的质量予以客观的评价,并指出改进的方向和方法。

在体育教学实践中,教师不应只专注于使用一种教学方法,也不能毫不顾忌教学实际交叉和叠加使用多个教学方法。上述各种体育教学方法的应用应结合具体的教学实际情况和学生情况科学选择,以选择最佳的教学方法或者教学方法组合,进而促进良好的体育教学质量和教学效果的不断提高。

二、传统体育学法及应用

(一)自主学习法

所谓自主学习法,即学生积极主动独立自主进行体育学习的方法,在学习过程中,主动发现、分析、探索、实践。当然,整个学习过程需要教师的必要的指导。

在高校体育教学中,教师指导学生进行自主学习,应做好以下几方面的工作:

第一,教师应针对学生的水平、特点,为学生安排难度适当的体育教学内容。

第二,教师可帮助学生制订学习目标,指出学生通过自我探索应该达到什么水平,解决哪些问题,学生应根据自身的知识储备和能力水平,明确学习目标。

第三,学生应根据自身情况,对照学习目标,进行积极的自我调控,并及时改进教学方法和教学策略。

第四,教师必须认识到,组织学生进行自主学习,教师仍要间接参与学生的整个学习过程,自主学习并非意味着教师放任不管,在教学中,教师应时刻关注学生的学习进度,是否遇到了一些问题。如果学生的学习偏离预期,应及时引导。

（二）合作学习法

合作学习法，是在教师的指导下，学生进行合作互助，通过责任分工承担不同的学习探索任务，并最终解决问题，达到教师所设定的学习目标，完成教师布置的学习任务。

合作学习能够提高学生的学习能力、合作能力。在教学中，具体的学习操作方法如下：

第一，教师根据教学内容确定相应的教学目标。

第二，教师引导学生结成学习小组。

第三，全体学生在教师的指导下，根据教学内容确定相应的教学目标。

第四，确定各小组研究的课题，引导学生自己进行小组内的具体分工。

第五，小组成员合作完成小组学习任务与目标。

第六，不同小组进行学习和交流，分享研究成果，发现问题，取长补短。

第七，教师关注、监督学生学习，推动各小组活动顺利开展。

第八，教师评价，帮助学生总结。

第二节　符合现代教育理念的体育教学方法

在"以人为本""健康第一""终身体育"等新的教学理念指导下，教学方法的选择和应用越来越重视体育教学中学生的体育学习体验，并越来越重视学生的学习积极性与主动性的发挥。对于学生来说，符合现代新教学理念的体育教学方法的应用，大大提高了学生的体育学习兴趣，同时，体育教学环境更加优化，学习体验更加丰富多彩与生动、形象。

一、现代创新体育教法

（一）探究教学法

探究教学法，也称指导发现教学法，是一种充分发挥学生的能动性的教学方法。在体育教学中，在教师有意识的体育教学中，让学生经历教师所设计的各种教学环节，引导学生逐渐发现问题，讨论问题，并处理和解决问题。

探究教学法符合现代教育教学理论对学生的要求，也是新体育课程强调学生主体性理念的重要表现，因此在体育教学实践中日益受到重视。该教学方法在体育运动教学中得到了尝试并收到了良好的教学效果。

探究教学法的体育教学应用有机结合了教师的"教"和学生的"学"两个方面。具体应用程序如下：

第一，学生预习教师所要教授的教学内容时，发现问题。

第二，教师以指导语的方式改造所授教学内容，并且将一些相关的观察结果和分析的直观感知材料提供给学生，使学生自行解决学习中遇到的困难和问题。

第三，在体育教学中，重视对特定教学环境的建设，使学生在积极探索、研究的过程中获得知识和掌握技能。

第四，教师进行教学分析归纳总结。

（二）合作学习教学法

合作学习教学法是通过对学生进行分组，让学生以小组形式完成学习任务的教学方法。合作学习教学法有利于学生养成合作和竞争的意识，对于在足球运动中发挥集体协作作用具有重要的促进作用。

在现代体育运动项目教学中，许多教学活动都需要学生的共同参与，即便是以个人运动技能展示为主的体育运动项目，在运动技能练习过程中，也需要其他同伴的陪练，离不开各参与者的相互配合，因此，通过合作学习不仅能增加学生之间的默契配合，提高学生的合作意识和合作能力，还有助于良好的教学环境和氛围的形成。

（三）多元反馈教学法

新课程标准要求重视学生在体育教学中的地位，重视和谐师生关系的建立，多元反馈教学方法正是强调教师与学生之间在学习过程中融洽合作关系的教学方法。该方法更加突出师生之间、学生与学生之间信息交流与反馈的及时性。在教学过程中，重视对学生的积极性、主动性和创造性的激发和调动，促使教学信息的多向传递，促进学生通过系统的知识学习实现自我发展。

多元反馈教学法在高校体育教学中是一种新的尝试。在教学中，科学运用反馈教学法应注意以下几点：

第一，以信息的相互反馈作为主要的线路，在教学过程中，教师与学生间，学生之间，学生与教材、媒体之间都要做到信息及时、有效地反馈，这也是提高体育教学效果的关键所在。

第二，教师要善于及时、准确地捕捉各种反馈信息，并进行整理分析，作出准确的判断，修正教学过程。

第三，教师应对所反馈信息的正、负影响作出准确的判断，及时向学生反馈，使学生更好地了解自身存在的问题和不足，从而有针对性地改正，有效控制教学过程与结果。

（四）多媒体技术教学法

多媒体技术，即 CAI 技术，是伴随着计算机信息技术的发展而获得发展的，多媒体教学技术应用于教学已经有较长的一段时间，且因其具有可嵌入度以及良好的交互性能深受师生欢迎。多媒体技术的发展使得体育教学的教学手段更加丰富。多媒体技术纳入体育教学更多地应用于体育理论课教学。

相比传统的教学手段，多媒体技术将体育运动相关录像、图片、flash 等引入课堂教学，综合了学生视觉、听觉、视听觉内容，在包括体育运动在内的体育教学中得到了广泛应用，教学效果良好。

目前，各种教学的多媒体设备、软件日益增多，越来越便携的输出设备使得学生在需要时可以观看视频或图片，手机、笔记本电脑、平板电脑的出现使得更多的课件可以以此为设备核心展开体育教学。

多媒体教学替代了传统意义上的收录机、播音机、手鼓、节拍器等教学手段，体育教学更加智能，并表现出集成性、便捷、生动、立体、交互、实时、长久储存等特点。

（五）计算机网络教学法

计算机网络教学，依托于计算机技术和网络通信技术，让体育教学更加生动、互动与高度交互。计算机网络教学改变了传统教学课堂教学的范畴，大大拓展了教学的时间与空间。

现阶段，计算机网络教学在高校体育教学中的运用，主要体现为校园教学学习网络的建立。早期的 BBS 由教育机构或研究机构管理，当前许多著名高校的校园网站上都建立了自己的 BBS 系统，通过互联网介入教学。借助于校园计算机网络建设和学生的网络设备利用，可形成多元化的综合性校园体育网络课程教学体系。

和传统体育教学方法相比，在新的依托计算机网络的"教"与"学"的交互平台上，师生之间、学生之间可以利用在线交流、邮件、留言等形式实施互动，这不仅有助于突破教学时间与空间限制，还能提高教学维度，优化教学效果。

和多媒体技术教学相比，计算机网络教学更加智能化，教师所使用的教学资料和教学工具都是数字化、集成化的，课程内容以电子教材的形式呈现，在网络课程教学过程中，可以实现网络即时模拟讲课、批改作业，在课内教学的基础上很好地解决了教学的延续性问题，师生的交互性更强，并突出了针对性、实用性、趣味性，寓教于乐，可以促进学生体育运动学习和教师体育教学的良性循环。

当前，我国高校体育网络课程建设尚处于起步阶段，表现出以下教学特点：

第一，网络课程设计水平普遍较低，教学功能单一。

第二，在高校体育教学网络课程建设中，凸显出"重开发，轻应用，漏管理"等问题。

第三，校园网络的学校体育教学专区建设不完善，信息不全、更新不及时。

第四，高校体育网络教学课程课件数量少、质量不高，制作粗糙。

第五，网络课程教室的教学活动缺乏有序组织管理，缺乏线上活动与线下活动的有机结合，师生互动还需要更进一步落实。

二、现代创新体育训练法

（一）模式训练法

模式训练法是根据规范式模型进行的训练。和其他训练方法相比，模式训练法主要有以下两个特点：

1. 信息化

必须先收集到有关该情景、环境、条件的信息，才能进行针对性的训练。

2. 定量化

训练内容、方法、步骤等应进行定量控制，以便随时调整、完善训练。

（二）动作组合训练法

动作组合训练，是对多个技术动作的综合融合训练，适用于操类运动、球类运动基础技术动作练习。这种训练方法可令训练内容更加丰富、多变。

1. 动作递加法

递加法是通过两个和多个动作连接进行练习的方法。当教会一个动作或组合时，必须及时与前面动作或组合连接起来练习。训练操作如下：

（1）学练 A，学习 B，连接 A+B。

（2）学练 C，连接 A+B+C。

（3）学练 D，连接 A+B+C+D。

2.过渡动作法

在新动作之前或组合与组合之间加入一个或一段简单易学的过渡动作的练习，操作示意如下：

（1）学练 A，学习 B，连接 A+B。

（2）学练 B，学习 B+N。

（3）学练 A+B+N。

（4）学练 C，连接 A+B+C+N。

（5）学练 D，连接 A+B+C+D。

3.动作组合层层变化法

层层变化法是把原有的组合中每次按顺序只改变一个动作，使之过渡到另一个动作组合的方法。操作示意如下。

（1）学练动作 A，动作 B，动作 C。

（2）改变动作 A 后，学练动作新 A，动作 B，动作 C。

（3）改变动作 B 后，学练动作新 A，动作新 B，动作 C。

（4）改变动作 C 后，学练动作新 A，动作新 B，动作新 C。

（三）信息化虚拟训练

信息化虚拟训练，具体是指通过信息技术创新虚拟训练环境，注重运用现代生物力学技术与计算机技术模拟视觉效果，在虚拟的情境中进行体育训练活动。例如，在篮球战术训练中，模拟 CBA 或国际比赛环境，运用 3D 或 4D 游戏场景引导学生在 VR 眼镜下进行战术感知；在蹦床训练时，在虚拟蹦床比赛场景下促进学生进行高精度的蹦床训练，实现多维判断。

第三节　高校体育教学中多媒体技术的应用

一、多媒体教学技术的特征

（一）多媒体教学技术的多维性特征

所谓的多媒体技术的多维性特征，主要指的是多媒体教学技术所拥有的对信息范围进行处理的扩展与扩大空间的能力，而此种多维性职能能够变换、加工、创作输入的信息，使其输出信息的能力得到增强，其显示效果得到丰富。例如，在高校体育教学开展的过程中，利用多媒体系统进行辅助，不仅能够保证学生对文本知识的学习，使其对静止图片进行观察，而且在多媒体技术的支持下，学生能够清楚地观察、了解体育教师的动作演示，使高校体育教学效果得到加强。

（二）多媒体教学技术的集成性特征

所谓的多媒体技术的集成性特征，主要指的是多媒体技术能够将不同类别的多种媒体信息有机地进行同步组合，例如，声音、文字、图像，等等。此外，集成性还存在另外一层含义，指的是对这些多媒体信息进行处理的工具或者设备的集成，包含视频设备、储存系统、音响设备、计算机系统等的继承，总而言之，指的是在提供的各种设备上将各种媒体紧密地进行关联，使文字、声音、图片与音像的处理实现一体化。

（三）多媒体教学技术的交互性特征

所谓的多媒体教学技术的交互性特征，主要指的是人和人之间、人和机器之间、机器和机器之间的交互活动，也就是人和机器进行对话的能力、使用者同机器进行沟通的能力。这也是多媒体计算机系统不同于传统音响、电视机等家电设备的地方。根据实际的需要，人们能够选择、控制、检索多媒体系统，同时，还能够参与到播放多媒体信息与组织多媒体节目的过程中。传统的只能对编排好的节目被动接收的电视机形式已经被打破。

（四）多媒体教学技术的数字化特征

所谓的多媒体教学技术的数字化特征，主要是指在多媒体计算机系统中，各种各样的媒体信息都是以数字的形式在计算机中存放，并得到处理。多媒体技术是在数字化处理的前提下建立的，例如，以矢量方式储存与处理的图形、以点阵方式储存与处理的图像、以数字编码方式储存与处理的音频和视频。在数字化技术发展的背景下，多媒体教学技术得到了广泛的应用与发展。

通常来讲，多媒体教学技术还拥有分布性、综合性与实时性等特征。所谓的实时性特征，主要指的是对于同时间相关的心理，如声音与视频信号等的处理、人机交互显示、操作与检索等操作都存在实施完成的要求。所谓的分布性特征，主要指的是基于多媒体数据多样性的存在，在不同的时间与空间都会存在它的素材，并且在不同的领域也得到了广泛应用。所以，对于多媒体产品的开发，在离不开计算机专业人才参与的同时，更加需要的是听、视专业的人才。而多媒体计算机系统有比较明显的综合性，它不仅能够综合集成各种媒体设备，还能够综合集成各种信息，使他们成为整体，促进综合效应的产生。不再是单兵作战，而是文字、图片、声音与音像的有机组合。

二、多媒体在高校体育教学中的应用优势

多媒体教学技术通过文字和图形形式，同动画、音频与视频相结合，将体育课程的教学内容进行立体显示，具有表现形式和表现手段丰富多样、灵活多变的特征。

（一）多媒体技术使高校体育教学观念得到了更新

高校体育教学的传统教学模式是以教师的教学为重心，在高校体育教学应用多媒体技术，能够使传统高校体育教学模式发生改变。体育教师在进行授课的过程中，对现代化的多媒体教学手段进行了应用，同时还需要开展人机交互活动与学生间交流活动，激发学生的体育参与意识，展现体育多媒体教学的教学思想，即以学生的"学"为中心。这都能够极大地促进高校体育教学方法的实践性与多样性变革，改变学生体育知识与体育技能的学习思路与方式。

（二）多媒体教学使高校体育教学的质量得到提高

在体育课程的传统教学活动中，教师主要应用的教学方式是讲授法。在实践课中则需要体育教师进行讲解与示范，在主观条件与客观条件的约束下，很难做到完全规范、标准的技术动作示范，学生们在较短的时间内也很难形成正确的动作概念。

多媒体高校体育教学的实施使得上述的状况得到改变，在文字与图片的辅助下，体育课程的抽象概念得以具体化、形象化，而通过计算机，教师就能够对难度较高的体育技术动作进行模拟演示。而在对速度较快、结构复杂的技术动作进行讲解与示范的过程中，取得的效果则将会更加明显。在多媒体技术的支持下，通过慢动作使学生对这一系列动作有清晰感知，并促进相关体育概念的形成与动作要领的掌握，使得高校体育教学的效率与效果得到极大提高。

（三）多媒体技术使学生的体育学习效果得到提高

多媒体技术能够使人的视觉、听觉等多种感官系统得到刺激，促进大脑不同功能区域活动的交替开展，促进体育学习内容生动化、形象化的发展，增强高校体育教学活动的趣味性与直观性，方便学生对体育技术动作的理解。多媒体技术对字体、色彩、图表、音乐、动画和闪烁等多种表现手段进行了综合利用，保证"声图并茂""有声有色"，使得高校体育教学内容的艺术表现力与强烈的感染力得到增强，使高校体育教学的课堂氛围得到活跃，特别是多媒体高校体育教学资料中对肢体和谐美、力量美与技艺美的体现，使高校学生对体育的功效与个性的社会价值形成真正的认识，使他

们的求知欲与体育学习的热情得到激发，进而使学生的体育学习兴趣与体育课堂教学的质量得到有效提高。

三、多媒体 CAI 在高校体育教学中的应用

（一）我国 CAI 的发展现状

目前，CAI 正迎来了一个多媒体大面积教学的时代，即使用先进的计算机技术、多媒体技术、网络技术、通信技术和设备，"让最好的教师面向最广大的学生的时代"。所以，保证 CAI 课件大数量、高质量的发展具有十分深远的意义。

（二）多媒体 CAI 的发展趋势

对于近年来，在 CAI 中多媒体技术的应用情况进行综合分析，可以得知多媒体 CAI 的应用存在三个方面的发展趋势，具体内容如下：

1. 呈现网络化的发展方向

计算机技术的不断发展，尤其是网络技术的迅猛发展，使人们的生活方式与工作方式得到很大的改变。网络技术的发展需要多媒体技术的支持，而多媒体技术需要在网络中得到应用，进而使网络的表现力得到了增强。在网络中应用 CAI 课件，能够保证"最好的教师面向最广大的学生"，进而使多媒体 CAI 的群体教学模式得以实现。

2. 呈现智能化的发展方向

从功能上来讲，多媒体教学软件与智能教学辅助系统之间存在着互补的关系，如果能够将两者进行结合，那么就能够在规避短处的同时发扬长处，进而使性能较高的新一代多媒体 CAI 系统顺势而生。如果想要使多媒体 CAI 具备一定智能性，那么就不仅仅需要同人工智能领域的知识表达与知识推理紧密联系在一起，同时还需要对学生模型的建构问题进行考虑。在人工智能领域的知识表达与知识推理问题上，需要探求一种能够与多媒体环境相适应的、新型的知识表达方式及与之相对应的推理机制。

除此以外，还能够保证多媒体知识库中导航功能的智能化发展。智能化导航在具备一般导航功能的同时，还能够按照当前学生的知识水平，对学生最合适的下一步路径进行及时的建议，如果学生碰到了困难，就要对学生进行帮助，等等。

3. 呈现虚拟现实的发展方向

虚拟现实的英文全称是 Virtual Reality，简称为 VR，属于交互的一种人工世界，需要多媒体技术同仿真技术的有机结合，在此种人工交互的情境中对一种身临其境的感觉进行创造。通常来讲，如果想要融入虚拟现实的环境，那么就需要佩戴一个特殊

的头盔与一副特定手套。

在高校体育教学中应用VR技术，具有十分令人鼓舞的前景，例如，我们可以对一个"虚拟物理实验室"的系统进行建造，这种系统能够帮助学生开展各种各样的虚拟实验，如万有引力定量实验等，进而深入地了解物理的概念与规律。

伴随多媒体技术与仿真技术的不断发展，VR实现的理论与方法也不断发展。

例如，美国城市设计与规划专业的学生，利用这一套系统，能够对虚拟的一座城市进行设计、制作，如果学生能够改变城市场景的试图，那么就能够对观光浏览真实幻觉的出现起到一定的促进作用。

（三）同传统的高校体育教学方法相比，多媒体CAI具有的优势分析

在高校体育教学课堂教学活动开展的过程中，由于高校体育教学内容与高校体育教学任务方面存在着一定的需求，因此多媒体CAI能够科学、合理地对现代化教学媒体进行选择并应用。而信息的全方位传递需要人体的多种感官，同时对于媒体组合开展的系统教学能够进行反馈与调控，在高校体育教学课堂教学开展的过程中，保证它的存在是始终有效的，从而实现高校体育教学过程的优化。

多媒体CAI高校体育教学与传统的高校体育教学活动相比较，存在以下优点：

1. 体育教师在指导学生体育学习的过程中对其系统进行利用

在现代化高校体育教学中，计算机能够对大量的教学相关信息进行承载，能够按照高校体育教学的实际需要，开展人机对话，并且能够对各种各样的高校体育教学活动随意地调用、开展。

2. 可帮助学生尽快建立动作概念

如果能够将多媒体CAI应用在体育课堂教学过程中，就能够促进力量教学效果的获得。例如，体育教师在对足球理论课进行教授的时候，提到"越位"这一概念，大部分学生对此概念能够很好地理解，然而，在具体的实践中却不能较好掌握。在进行表达的过程中，体育教师可以利用画图的形式，同时，还能够对声像资料进行应用，对于足球比赛活动中一些典型的与不典型的"越位"镜头编辑在一起，从各个角度出发，向学生及时展示什么是"越位"，同时还要将经过反复多次推敲的解说词列入其中，使学生的各个感官得到调动，从理性上与感性上使学生理解这一概念。

3. 学生可直接地开展自我学习、自我测验与自我评价

对于多媒体高校体育教学的使用方法，由体育教师向学生传授，保证学生的体育学习活动，不仅能够在课堂上进行，还能够在课堂教学结束后开展，即复习或自学。

4. 向学生及时、准确地反馈学习进程，提高体育学习效率

在传统的高校体育教学过程中，教师在对跳远动作进行教学的时候，会指出学生做出的不规范腾空动作或者是没有达到规定标准的动作，但是有时候学生可能并没有意识到错误的动作，因此导致教师和学生之间出现了沟通障碍，需要注意的是，如果学生想要消除掉此种错误，就需要在体育教师的悉心指导下，对某一种动作不断重复，并且在不断地重复练习中，不断体会动作的要领。如果是在学生需要改进某一个成型动作或者使自身运动成绩得到提高的时候，就可能会导致学生具有较低的训练水平与较慢的成绩提高。体育教师可以对每一次学生做的跳跃动作进行录制，进行慢动作处理；再组织学生观看，使学生对存在的问题能够及时地发现，并予以纠正；还可以利用计算机的处理作用，将一些优秀学生所做的这一动作进行事先的录制，再将两者对比，就能够很明显地得出两者之间存在的区别。此外，这套编制的多媒体CAI在专业运动员的训练中也同样适用。

5. 提高学生的体育学习兴趣

在传统高校体育教学活动开展的过程中，单调高校体育教学形式与落后高校体育教学手段的存在，使得学生由于学习过程反复、辛苦、无聊而产生的不能积极应对学习的心理状态想要调整过来是不容易的，同时，多媒体CAI具有的形式是新颖的、变化多样的，能够调节学生的心理状态，同时还能够有效刺激学生自身的求知欲，从而使学生的体育学习效率得到一定的提升。

综上所述，多媒体CAI能够刺激学生的各种感官，让学生对知识或信息进行最大限度地吸收。多媒体CAI在高校体育教学中的应用，促进高校体育教学软件多媒体化发展，能够使学生心理上的不同要求得到更好地满足。它能够将信息编码成图像，经过同步识别以后，保证高校体育教学文件声图并茂，绘声绘色，便于理解，学生更容易接受。

（四）体育多媒体CAI课件设计

体育课件的结构主要包含两个部分，即原理教学模式与训练教学模式。而对于体育多媒体CAI课件而言，总体的结构组成是高校体育教学内容与高校体育教学目标，其主要目标是使学生对体育基础知识和基本技术、技能进行掌握，使学生的身体素质得到增强，使学生的良好思想品德得到培养，促进观察能力与模仿能力的提高。而体育多媒体CAI课件的主要内容由理论课与实践课构成。

1. 体育多媒体CAI课件设计步骤

体育多媒体CAI在设计的过程中，主要包含四个步骤，具体内容如下：

(1)体育多媒体 CAI 课件设计的第一阶段

在体育多媒体 CAI 课件进行设计的第一阶段，首先要对题目进行确定。之所以对题目进行确定，目的在于对课件设计所依据的规范进行了解。

(2)体育多媒体 CAI 课件设计的第二阶段

在体育多媒体 CAI 课件设计的第二阶段，要对脚本进行撰写。撰写脚本的目的是对高校体育教学的内容进行安排。主要由具有丰富教学经验的高校体育教学或者作者来负责撰写。

(3)体育多媒体 CAI 课件设计的第三阶段

在体育多媒体 CAI 课件设计的第三阶段，需要编制软件，在前两个阶段中还只是纸上谈兵，但是在这个阶段，不再是字面上的，而是课件的实际材料。在这一过程中需要做的工作有三项：①通过对多媒体编辑工具的利用，对多媒体数据进行准确了解；②通过多媒体的著作工具制作多媒体课件；③编制相关的程序。

(4)体育多媒体 CAI 课件设计的第四阶段

在体育多媒体 CAI 课件设计的第四阶段，需要测试、检验。当完成了体育多媒体 CAI 课件的开发、设计工作以后，就需要进行测试、检验。主要目的在于对体育多媒体 CAI 课件的运行情况进行测试，从而对课件能否达到规定的目标进行测验。

2.体育多媒体 CAI 课件的选题原则

我们都需要承认的是体育多媒体 CAI 课件具有的特点与优势是非常强大的，然而，有时候也会有相对的不足与局限存在，因此，在完成全部教学任务的过程中，不能对体育多媒体 CAI 课件过分依赖，还应该对高校体育教学目标、高校体育教学条件、高校体育教学资源与高校体育教学内容进行考虑，以保证选择的最优化，并精心设计。更是要同其他教学媒体紧密联系在一起，组合应用，才能扬长避短，使更加高效的教学系统得以构成。

我们首先要对体育多媒体 CAI 课件设计的价值进行考虑，即这堂课是否必须要使用课件。如果传统的教学方式就能够使良好的教学效果得以达成，就没有必要花费大量的精力去对体育多媒体 CAI 课件进行制作。所以，在对体育多媒体 CAI 课件的内容进行确定的时候，通常会很难使用语言对高校体育教学过程中的难点与重点进行清晰的表达，在这样的情况下，对于体育多媒体课件的形式进行使用是比较合适的。之所以这样，主要原因是，对于体育多媒体课件而言，自身具备较为丰富的功能，能够将声音、视频、动画、效果汇集在一起，能够更贴切地模拟自然，表现自然，或者是在实验条件的支持下，通过局部放大、旋转与重复等多种方式进行展现，从而有效地突破高校体育教学的重点与难点。基于模拟训练的目标而言，特别是初级训练更是比较适宜应用多媒体形式。体育多媒体具有比较强大的模拟功能，能够有效地实施高校体育教学中的各种模拟技能训练。例如，对于一些进展比较困难的危险实验进行替代，高校体育教学过程中学生的实际操作，周期较长或者代价较高的实验，但是需要去注意的是，在选择高校体育教学内容的时候，应该选择那些不存在演示实验或者是演示实验不容易做的教学内容，并且进行使用。

3. 体育多媒体 CAI 课件的设计原则

（1）体育多媒体 CAI 课件设计的结构化分析原则

在体育多媒体 CAI 课件设计过程中，应该遵循结构化分析原则，而我们这里所说的结构化分析原则，主要是指设计体育多媒体课件的时候应用系统分析的方法，按照结构要素组成对事物进行依次分解，等到对所有的要素都能够清楚地理解与表现的时候，就能够停止事物的分解了。基于结构化分析原则的体育多媒体 CAI 课件，能够对高校体育教学的内容进行层次清楚的表达，纲举目张，不管是从系统宏观来讲，还是对于局部细节而言，所做的认识都是非常详尽的，因此对于体育多媒体 CAI 课件中框架的展开与学科内容的设计，都能够起到一定的促进作用。

（2）体育多媒体 CAI 课件设计的模块化设计原则

所谓的体育多媒体 CAI 课件设计的模块化分析原则，主要指按照结构化分析的框架图指示，将相同或相近的部分设计成模块，使其相对独立，用模块图表示出单一功能模块的组成的结构，由此对课件系统及与之相应的功能结构进行确定，进而为结构化编程创造良好条件。

实践证明，体育多媒体 CAI 课件的模块化设计不仅减轻了繁杂的内容编程的负担，还可保证课件的风格统一和制作程序化。

（3）体育多媒体 CAI 课件设计的个别化教学原则

在对高校体育教学内容进行选择与组织的时候，应该确保具有广泛的适应性，保证每一层次的学生都能够适用。同时，根据学生能力的差异，对相应的高校体育教学程序和对策进行设计。例如，学生能够对自己学习内容的深度和广度进行控制，并对自己的学习进度进行确定。

（4）体育多媒体 CAI 课件设计的反馈和激励原则

体育多媒体 CAI 课件应该对每一个学生做出的反应都能进行反馈。在体育多媒体 CAI 课件中，要保证友好的交互界面，充分调动学生体育学习的积极性，使学生始终处在良好的学习状态中，同时，还要及时、有效地强化高校体育教学的效果，使及时正向激励的作用得到有效的发挥。

（5）体育多媒体 CAI 课件设计的贯彻教学设计原则

对于体育多媒体 CAI 课件的设计而言，其理论与方法在将体育课堂教学呈现包含在内的同时，也包括体育多媒体 CAI 课件设计的方法与原则。在对高校体育教学的结构与内容进行设计的过程中，体育教师不能单纯地依靠传统的方法与经验，还要适当地使用系统的技术和方法。

4. 设计体育多媒体 CAI 课件的具体方法

体育教师在开始制作体育多媒体 CAI 课件之前，应该对课件设计工作的重要性进行明确。现阶段，有一些体育教师不能够把握住体育多媒体课件的精髓所在，只是一味地去追求最新的科学技术，一不小心就将体育多媒体课件的性质改变了，使之成为多媒体成果耳朵展示，这样是不够正确的。之所以出现这样的结果，主要是因为，没有对高校体育教学中体育多媒体课件起到的作用进行明确。需要注意的是，在高校体育教学过程中，体育多媒体课件发挥的作用不是主要的，而是辅助性的。在体育课堂教学开展的过程中，教师仍然发挥着主导作用。只有将体育多媒体 CAI 课件的设计工作做好，才能够制作出更多优秀的课件。所以，在设计体育多媒体 CAI 课件的过程中，可以从以下几个方面进行考虑：

（1）从体育多媒体 CAI 课件的可教性考虑

对体育多媒体 CAI 课件进行制作的主要目的是使体育课堂教学的结构得到优化，使体育课堂教学的效率得到提升，在保证促进体育教师教的同时，还要促进学生的学。所以，在设计体育多媒体 CAI 课件之前，我们应当对其存在的教学价值进行优先考虑，也就是说，考虑这堂课是不是有必要使用体育多媒体 CAI 课件。通常来讲，如果仅仅使用传统的高校体育教学方式就能够使良好的高校体育教学效果得以实现，那么花费大量的精力对体育多媒体 CAI 课件进行设计就没有必要。所以，在对体育多媒体 CAI 课件的内容进行制作以前，应该尽可能地对那些不存在演示实验，或者是演示实验不容易做的高校体育教学内容进行选择、应用。

（2）从体育多媒体 CAI 课件的易用性考虑

对于体育多媒体 CAI 课件而言，应该能够清楚地表达出高校体育教学的目标、高校体育教学的步骤与高校体育教学的具体操作方法，同时，有一点需要注意，即在同本机脱离的情况下，在其他的计算机环境中，体育多媒体 CAI 课件也能够运行成功，因此需要注意以下几个方面。

①体育多媒体 CAI 课件应该便于安装，且能够随意拷贝到其他硬盘上使用

首先，体育多媒体 CAI 课件应该保证启动比较快速，避免体育教师和学生焦急等待的情况出现。其次，体育多媒体 CAI 课件应该尽可能占据较小的容量，需要注意的是，对于体育多媒体 CAI 课件越大越好的错误观念必须要更正，伴随网络技术的日新月异，体育多媒体 CAI 课件的运行在网络环境下最好。

②体育多媒体 CAI 课件应该具备友好的操作界面

对于体育多媒体 CAI 课件而言，操作界面应该包含一些具有明确意义的按钮和图片，同时还要能够通过鼠标进行操作，避免一些特殊情况的发生。此外，应该合理设置体育多媒体 CAI 课件各个内容间的转移，保证方便地操作跳跃、向前与向后等步骤。

③体育多媒体 CAI 课件的运行要保证一定的稳定性

对于体育多媒体 CAI 课件而言，在其运行过程中应该保证稳定性，如果体育教师在执行体育多媒体 CAI 课件时做出了错误操作，那么就十分容易产生退出的情况，也会出现计算机重新启动的情况。因此，在体育多媒体 CAI 课件具体的操作过程中，体育教师应该尽可能地使死机的情况减少，甚至不出现，保证体育多媒体 CAI 课件运行过程稳定。

④体育多媒体 CAI 课件要保证及时进行交互应答

在体育多媒体 CAI 课件运行过程中，应该保证及时地进行交互应答。而不能将体育多媒体 CAI 课件等同于电影。同时，体育教师应该高度重视学生的学，使学生学习的过程是循序渐进的，为学生留出更多的思考余地。

（3）从体育多媒体 CAI 课件的艺术性进行考虑

对于一个体育多媒体 CAI 课件而言，它的演示在保证良好高校体育教学效果的同时，还应该是令人愉悦的，只有这样才能够将美的享受提供给体育教师与学生。如果上述两项因素都能够保证，那么就表示这样的体育多媒体 CAI 课件存在着较强的艺术性特征，完美地融合了优秀的内容和优美的形式，值得注意的是，想要实现这两个目标并不容易。体育教师不仅应该具备一定的美术基础，还要存在一定的审美情趣。

体育多媒体 CAI 课件的艺术性特征主要的表现是：具有柔和色彩的操作界面、科学合理的搭配，画面应该同学生的视觉与心理产生共鸣；为了能够保证将更加逼真的图像呈现出来，可以考虑使用 3D 效果；对于画面的流畅性要做出保证，避免停顿、跳跃的现象出现，需要注意的是，体育多媒体 CAI 课件画面中最多只能存在两个运动对象；此外，不仅要存在优美的音色，还必须通过适宜的配音进行辅助。

5. 体育多媒体课件创作工具的选择

在选择体育多媒体课件创作工具的问题上，如果能够恰当地选择体育多媒体课件的创作工具，那么就能够使体育多媒体 CAI 课件的具体实施产生更加理想的效果。在此，作者主要从以下几个方面简单地分析比较典型的体育多媒体课件创造工具与开发工具。

（1）在体育多媒体课件的创作过程中，选择体育多媒体创作工具的基本原则

在体育多媒体课件创作的过程中，所选的创作多媒体工具，对用户编排、制作各种各样的节目能够起到一定的促进作用，多媒体创作工具在向用户提供过程中，通常是交互的设计环境与易懂、通俗的高级编著语言，如此一来能够为用户编制各种内容提供便利。如果在体育多媒体 CAI 课件设计过程中，恰当地选择多媒体创作工作，那么就能够保证体育多媒体 CAI 课件的效用得到最大发挥。

①高效原则

在体育多媒体课件创作过程中，将会应用多媒体的开发、创作工具。多媒体开发、创作工具的特点主要有：容易实现、丰富多样的效果、较高的媒体集成度、看到的就是得到的，在体育多媒体课件备课问题与课件开发的开展方面，具有十分明显的效率优势，这一点传统"语言"系统是做不到的。

②易用原则

同一种知识 1000 名教师教授就会存在 1000 种不同的教学方式。而体育多媒体课件的实际操作具有简单、便捷、方便、容易使用等多种特征，如果想要体育教师真正地接受并使用它们，就需要体育多媒体课件的使用方法在较短的时间内被体育教师所掌握，即便这个体育教师对于程序设计一窍不通，甚至对计算机的操作也了解甚少。

③开放原则

在高校体育教学开展的过程中，可以使用的素材是丰富的，因此体育多媒体课件必须要拥有一个几乎被所有多媒体格式都能兼容的体育多媒体课件创作开发平台，在能够提供或者应用各种各样高校体育教学素材的同时，还能够支持各种各样输入的设备格式。此外，还应该保证所有素材都能够得到充分利用，自己的产品不管是在哪一台计算机中都能够适用。

④价廉原则

体育多媒体课件创作工具选择的价廉原则，是一种共同要求，在任何一个领域中都适用。当前"质优"是必要的前提。

（2）体育多媒体课件创作工具简介

在体育多媒体教学课件创作的过程中，选择体育多媒体创作工具的时候必须要对其存在的功能进行了解。通常来讲，体育多媒体课件创作工具具备的功能有很多，例如，

①为体育多媒体的编程营造良好氛围；②多媒体数据管理功能；③超文本功能；④超媒体功能；⑤对于体育多媒体数据的输入和输出都能够有效的支持；⑥连接各种各样应用的功能；⑦友好的用户界面；⑧制作、编排动作的功能。

在体育多媒体教学课件创作的过程中，如果体育多媒体的创作工具存在于不同的界面中，那么就会同样存在不同的创作特点与创作风格，同时，每一种都会存在其各自的不同优点与缺点。但是，如何对这些界面不同的创作工具进行选择，主要依据是个人的偏爱与需要完成的创作任务。例如，如果仅仅是对学术会议的报告与研究生答辩内容进行制作，那么就不需要通过更加复杂的编程软件来完成制作，只需要对幻灯创作工具进行选择、使用就可以了。但是，有一定需要进行说明的是，如果想要针对某一个领域中的教育教学软件进行制作，以便于更好地辅助个别化教育训练的开展，或者是在实际操作的练习中使用，那么就应该选择具有较强交互性的多媒体创作工具。对于几种比较常见的多媒体创作工作，作者进行了如下分析。

①幻灯式多媒体创作工具

体育多媒体课件创作过程中的幻灯式多媒体创作工具，一般来讲是一种以线性为主的体育多媒体创作工具。而此种创作工具在应用中就是通过一系列的幻灯片的排列来呈现过程，也就是按照顺序分离并展示屏幕。幻灯片可以是简简单单的文字幻灯片，也可以是简单的图像幻灯片，还可以是由声音、图像、文字、视频或者动画等多种要素结合在一起的体育多媒体课件复杂组合，但是，一般来讲，此种体育多媒体课件创作的幻灯式多媒体创作工具，在开始使用之前必须要存在一个预先设置完整的展示程序。

在对体育运动技术动作进行设计的时候，必须要借助动作按钮的功能，完成超级链接，此外，也可以打开一些外部程序。幻灯式多媒体创作工具中比较典型的就是PowerPoint，其显著特点就是简单、易学、易用。能够将一个创作展示的完整软件环境展示出来，不仅包含集成工具、格式化流程、绘画，还包含了其他多种选项。此外，许多模版可以直接进行调用，但是，这个多媒体创作工具也存在缺点，即只存在简单的交互，甚至是缺乏交互，并且交互只是在幻灯的线性序列的点之间进行跳转。在学术报告、汇报与演示过程中对此种幻灯式多媒体创作工具使用较多。

②书页式多媒体创作工具

书页式多媒体创作工具的主要特点是，将相关的高校体育教学内容制作成一本书的形式，当然也存在"页"，并且这些页像书稿一样，也有一定的顺序存在。而上述特征同体育多媒体课件创作的幻灯式多媒体创作工具是比较相近的，但是，两者之间也肯定会存在一定的差别，即在页与页之间也能够有效支持更多的交互形式，给人一种身临其境，能够浏览真实书稿的感觉。书页式多媒体创作的典型工具是Tool Book，在它的窗口中可以对每一页的内容进行画面展示，里面有大量的交互信息与媒体对象。可以说，书页式多媒体创作工具与幻灯式多媒体创作工具相比，在结构方面，交互能够在一页内完成，显示出更加丰富的特点。对于Tool Book来讲，在一个独立存在窗口上，每一次只能显示出一个内容。因此，在应用程序中的实现智能只能是利用页面不同的现实才能够完成。此外，还能够在打开某一本书的某一页内容的时候，同时打开其他的书籍，所以，对于更加复杂化的一个层次结构的建立，可以进行充分的考虑，也就是所谓的书架式的应用程序。对于此种书架式的应用程度而言，其原理在于在书架上，将多种多样的事物当作一本书进行放置。

Tool Book是由Asymetrix公司负责开发的。Tool Book是水平较高的面向对象开发的一个环境，它能够将面向对象的一种程序设计语言OPENSCRIPT提供出来，两种相关的信息可以通过这种语言在一起链接，从而对各种任务的完成起到一定的促进作用，例如可以用于动画声音、计算数字、播放图像，等等。此种体育多媒体课件创作工具的特点，一般在其对应用程序的组织方面体现出来。此种创作工具具有较强的超级链接能力与超级文本能力。对于Tool Book而言，如果按照使用的角度对其进行划分，就能够分成两个主要层次，分别为Tool Book的作者层次与读者层次。从读者层面上而言，用户能够执行对书的各种操作，同时阅览它的内容；从作者层面上来讲，设计者能够使用命令来实现对新书的编写；在修改对象或者程序中各个页次对象的时候可以对调色板与工具箱进行利用。

③时基模式创作工具

这里所说的时基模式创作工具，是一种常见的多媒体编辑系统，主要将时间作为基础，通过此种编辑创作工具制作出的内容近似于卡通片或者电影。时基模式创作工具通常是利用看得见的时间轴来对显示对象上演的时间段与事件的顺序进行确定。在这一时间关系存在的情况下，它的出现形式可以是许多频道，从而能够使多种对象得到安排，同时呈现出来。通常在这样的系统中会有一个控制面板，主要是为了控制播放，包含演出、快进、倒带、前进一步、后退一步、停止等按钮。

④网络模式创作工具

对于网络模式创作工具而言，它可以允许程序组成一个自由形式结构，即可以从任何一个地方到其它任何一个地方。同时，它存在着不固定的结构与呈现顺序。在利用网络模式创作工具进行创作的过程中，仍旧需要作者建立自己的结构，也就是说作者需要尽可能多地完成工作。但是，在所有模式的多媒体创作工具中，此种创作工具存在多种层次。比较典型的软件是"MEDIA Script"，能够从应用程序空间的任何一个对象使用户随意地跳转向其他的任何对象，访问是完全随机的。网络式的实现可以对任何一种程序语言进行利用，然而，它存在较高的计算机方面的要求，首先需要作者至少是一名程序员。

⑤以传统程序语言为基础的多媒体创作工具

程序员在编程方面比较擅长，通常对多媒体编辑创作系统的限制及依赖工具箱产生对象的方式很难接受，所以，想要他们对多媒体创作系统进行应用，完全地丢弃他们所熟悉的语言创作工具是非常困难的，几乎不可能实现。在这样的情况下，不仅要适当地保留传统语言的特征，还要对设计程序过程中所涉及的环境进行改进，使之能够像可视化操作的一个系统转变。如果这样的话，就能在程序编写的过程中，使程序员在充分利用传统语言的同时，还能够对多媒体开发的工具箱进行应用，并且还能够直接使用工具箱内的这些编码，使之变成能够得到重用的编码。可以预见，此种多媒体创作工具存在的应用前景是相当广泛的。

四、基于 WEB 的体育多媒体网络课件的教学设计

（一）体育多媒体网络课件设计特点

基于 Web 的体育多媒体网络课件的设计，主要对高校体育教学过程中学生的中心地位进行了强调。在主动获取知识的环境下，教师和学生的地位、作用和传统教学方式已发生了很大的变化，相应的教学设计理论与传统教学相比也出现了差异之处。因此，就需要围绕以学生为中心、强调教师与学生充分交互这一原则。

1.强调"以学生为中心"的思想

在体育多媒体网络学习的过程中，应该使学生自身的主体性作用得到有效的发展，将高校体育教学课内与课外相结合、体育锻炼活动自觉参与的精神得到展示。应该保证学生能够在自身联系反馈信息的支持下，形成高校体育教学理论与方法的独到见解。

2.强调情境在获取知识中的重要性

对于高校体育教学信息的接受与传递不等同于知识建构的问题进行强调。在体育课程构建的实际情境中，开展一系列的相关学习活动，促进现有认知结构中的一些相关经验被学习者有效利用，使他们现阶段所学的新知识得到更好地固化、索引，进而将某种特殊的意义赋予到新的高校体育教学知识中。因此，在对体育学习情境进行构造的过程中，必须要强调知识点与知识点间的结构关系，不能只是简单地罗列高校体

育教学内容。

3. 强调协作学习发挥的重要作用

在设计体育多媒体网络课件的过程中，充分、有效发挥学习者与周围环境之间存在的交互作用，还有网络环境强化协作学习环境的作用，这对于学习者充分理解高校体育教学内容有着非常重要的作用。

4. 强调学习环境的设计

我们这里所说的学习环境，通常指的是学习者能够自由地进行学习与探索的场所。在学习环境中，学生为了能够使自身的学习目标得到顺利实现，需要充分地利用各种信息资源与工具。基于 Web 的体育多媒体网络课件的设计，在以学生为中心思想的指引下，并不是从高校体育教学环境进行设计，而是针对学习环境展开一系列的设计。这样做的缘由是，更多的控制与支配产生于教学过程中，而更多的主动与自由则是会产生于学习过程中。

5. 强调学习过程中各种各样信息资源的有效利用

在体育多媒体网络学习开展的过程中，为了能够有效促进学习者对知识的主动获取与探索，需要将更多有效的各类信息资源提供给学习者。因此，在选择、设计同传统课件设计相关教学媒体的问题上，需要应用全新的、有效的处理方式。例如，充分考虑到获取信息资源的途径有哪些、怎样有效利用信息资源等多项问题。

（二）高校体育教学内容选择与组织

只有对高校体育教学内容精心选择和组织，才能够使 Web 的优势得到充分利用。具体的做法主要包含以下几个方面的内容：

1. 教学内容的多媒体化

高校体育教学开展的过程汇总，不仅可以对文字和图片进行使用，还可以利用声音、动画和视频。高校体育教学内容具体、多元，所以要综合地设计高校体育教学内容的形式，综合利用文字形式、图片形式、声音形式、视频形式与动画形式等多种高校体育教学手段，翔实地解说体育运动技术动作的要点、方法、难点、练习方法、容易犯的错误、纠正错误的方法等等多个方面的问题。

2. 补充体育课程教学相关内容与链接

在体育课程教学开展的过程中，不仅可以将体育课程教学大纲要求的内容引入其中，还可以融入大量的相关信息与知识。例如，在《篮球》中，不仅仅包含体育课程教学大纲中规定的一些技术教学内容与战术教学内容，同时，对于篮球运动的所有技战术进行了扩展，还补充了篮球运动技战术实战应用的内容。在完成体育课程教学大纲要求内容的同时，使爱好篮球运动的学生能够对国内外先进的篮球运动技战术、教学与训练相关网络站点进行了解学习。

3. 高校体育教学内容动态更新

在体育课程网络教学开展的过程中，学生体育学习教材由体育教师负责编写的传统方式已经不再适用了。这主要是因为在体育课程网络教学中，对高校体育教学课件的相关内容，学习者可以自由地浏览，同时，能够通过网上教师答疑解惑与课程互动讨论等教学手段对高校体育教学内容进行讨论，还可以提供一定的修订意见，促进高校体育教学互动过程中教师与学生共同编撰教材可行性的实现。经过了体育相关教材的共同撰写以后，对于自身的问题与意见，学生能够进行充分的表达，从而使体育课程网络教学过程中学生的参与感得到大大提高。

（三）体育多媒体网络课件的结构设计

在设计体育多媒体网络课件结构的时候，需要考虑的因素有：高校体育教学的目标、高校体育教学的内容、交互方式的性质。体育多媒体网络课件结构主要建立在高校体育教学内容的基础结构上面，它可以保证体育多媒体网络课件的相关教学功能与大致框架得到充分反映。

对于体育多媒体网络课件而言，其总体结构主要由两个部分内容构成，分别是高校体育教学的内容、网络交互。高校体育教学的组成内容，不仅包含体育课程教学大纲要求的全部内容，还包含一些扩充性的知识。在高校体育教学网络手段应用的前提下，大量同体育课程教学核心内容相关的补充性知识在体育课程教学内容中能够有机融合，进而促进高校体育教学资源的一个特定环境得到营造，对于那些存在不同兴趣、爱好的学生而言，能够保证他们的个性化学习活动得到适当的支持。在大量扩充性知识得到引入的情况下，极大地丰富了体育多媒体网络课件的内容。对于体育多媒体网络课件而言，其主要内容包含了体育理论课的教学内容与体育实践课的教学内容。

对于体育多媒体网络课件而言，其主要内容包含了多项内容，例如，相关课程的介绍、课程讲解的要点内容、教师答疑解惑、课程讨论、作业处理与课程公告，等等。其中，相关课程的介绍主要有对学习总体目标的介绍、考核的办法、学习方法、学习进度与课时安排等的介绍；课程讲解的要点内容主要有每一个项目的教学任务、技术动作的要点、技术动作的难点、练习方法、容易犯的错误与纠正的方法，等等。

（四）撰写脚本与设计素材

多媒体手段的引入使得高校体育教学内容的形式得到多元化的发展，在体育网络课件撰写中需要对素材的撰写和设计进行考虑。我们这里所说的素材，主要包含文字、图形图片、声音、动画和视频，等等；对于这些不同类素材之间的连接关系也要进行考虑。

1. 文字脚本的撰写

我们通常利用 Word 软件实现文字脚本的撰写，在内容的问题上，不仅要对高校体育教学的知识点进行考虑，还要利用文字清晰地表达出教师的讲解，另外还要在引入图形图片、动画及视频的文字处及超文本链接处做出标记，以便后期制作者使用，所以在字数上，文字脚本是传统教材的 2~5 倍。

2. 声音脚本的撰写

在网络条件的制约下，如果在高校体育教学网络课件中对大量的声音文件进行应用，很有可能会降低了其最终的运行速度，所以声音文件的使用只能在特别需要的地方才可以，例如，对动画和视频的解说等。同时，在对这一种类别的声音脚本进行撰写的时候，首先要进行考虑的是目标动画与目标视频，同时，按照动画的解说与视频的解说，对时间与内容开展配音，需要注意的是，应该保证配音脚本的精练化，同时，将动画与解说的过程、配音的过程紧密地联系在一起。

3. 关于图形图片的设计

我们常说的图片，就是指利用拍照技术而生成的图片。当体育教师向学生讲解高校体育教学内容的时候，可能需要使用到大量的图片。我们常说的图形，就是指利用计算机的相关软件而绘制出来的示意图，例如，篮球运动技战术配合的相关线路，等等。在对图片进行拍摄以前，体育教师应该针对每一个技术动作按照文字讲解的实际需要进一步设计照片拍摄的地点与数量。通过计算机相关软件绘制出的示意图，不仅要对相关的内容进行表现，还要对图形的种类进行确定。从原则上讲，为了能够使基于 Web 的体育多媒体网络课件的制作成本适当地降低，尽量使用二维图形，而放弃对三维图形的使用。

4. 关于动画的设计

这里所说的动作，主要是指动态的图形或图片。在基于 Web 的体育多媒体网络课件中，动作的使用只是为了表达原理性的内容，例如，体育教师在讲解球类运动的战术配合问题时，就需要用到二维动画。在对相关动画进行设计时，首先需要进行设计的就是最原始的静态图形，然后需要通过文字与图示对初始动态图形的每一个变化过程进行说明，同时，还要以文字撰写的形式编写相应的解说文字。对于动画脚本而言，其主要构成有：每一步动作的图形、说明性的文字与线条、图片中的文字提示、解说的文字等。一般来讲，一套规范的制作表必须要通过制作人员和脚本撰写人员一起来商讨、确定，这对于撰写脚本与双方交流活动的开展能够起到一定的促进作用。

5. 关于视频的设计

在基于 Web 的体育多媒体网络课件设计过程中，视频的拍摄类似于图片的拍摄。通常来讲，视频的拍摄和图片的拍摄在步骤上是一致的。同时，如果拍摄过程中使用的是数字摄像机，那么图片拍摄与视频拍摄事实上就处在同一个过程中。

6. 关于功能的设计

对于基于 Web 的体育多媒体网络课件而言，其功能的设计内容主要有：对于课件界面的层次选择、导航模式设计、按钮的选择、功能按钮的确定、课程内容展示方式的确定、类型不同素材的连接方法确定、课件内容文件结构的确立，等等。功能设计的目的主要是最大限度地使用多媒体网络手段，以便能够使特定内容对教学活动辅助作用的完成起到一定的促进作用。在基于 Web 的体育多媒体网络课件中，按照总体结构的相关要求，通常通过三级结构对界面进行设计，分别是：主要界面（也就是网络课件的主页面）、选择内容的界面、讲解内容的界面。

在基于 Web 的体育多媒体网络课件的主要界面中，通常存在两组可以选择内容的按钮，分别是高校体育教学内容组按钮和网络交互组按钮。为了可以适当地减少页面切换的数量，从而提升基于 Web 的体育多媒体网络课件的运行速度。因此在选择内容的界面，在设置每一节内容选择按钮的同时，还要设置每一章节的切换按钮。针对某一个高校体育教学内容，综合利用各种各样形式的高校体育教学手段，可以采用的高校体育教学手段有：文字介绍、动画讲解、图像图片、录像片段等。不仅如此，基于 Web 的体育多媒体网络课件还可以设置其他超文本链接形式的按钮，例如，欣赏，友情地链接到其他的网站。在基于 Web 的体育多媒体网络课件中，其界面存在的各式各样的按钮充分考虑了学生各种需求。此外，还可以科学合理地增加按钮的趣味性与动态效果。

基于 Web 的体育多媒体网络课件作用的主要表现是，使实践课中理论讲授时间紧且不系统的问题得到较好的解决，可在网上讲授体育课的教学内容，供不同需求的学生在网上进行个性化学习；可以利用多媒体的手段对体育运动技术动作要领进行形象生动的讲解，保证统一、规范的动作，以便学生多次观摩与学习，从而保证基于 Web 的体育多媒体网络课件对课外体育锻炼能够起到很好的辅助作用；对于网络上能够提供的条件应该充分地利用，对于相关的问题，体育教师应该指导学生进行谈论，并且为其答疑解惑，等等。

基于 Web 的体育多媒体网络课件，其应用与发展在对高校体育教学手段与高校体育教学方法进行改革与创新的同时，还会在一定程度上影响到体育教育理论的发展与高校体育教学模式的发展。在未来，多媒体课件的一种重要形式就是基于 Web 的体育多媒体网络课件，同时它也将成为网络教学发展的重要资源基础之一。

第四节　高校体育教学中微课的应用

一、微课的概念

（一）微课概念

所谓微课主要是指以视频的方式把教师在课堂内外教学活动开展过程中传授的教学环节或者强调的主要知识难点与重点进行展示的、新型的教学资源。微课特点：碎片化，突出重点，交互性较强，能够多次使用。微课作为一种全新的教学模式，能够使学生的碎片化学习活动随时随地展开。

（二）微课的组成

对于微课而言，其组成内容的核心就是示例片段，也就是课堂教学视频。不仅如此，也有同某个教学主题相对应的辅助性教学资源，例如素材课件、教学设计、练习测试、教师点评、教学反思和学生反馈，等等。在一定的呈现方式和组织关系下，它们共同营造了资源单元应用的"小环境"，而这里所说的资源单元具有的显著特征是主题式的半结构化单元资源，因此微课同传统单一资源类型的教学资源之间是有一定的差异存在的，主要表现在教学设计、教学课例、教学课件与教学反思等方面，同时，微课与上述的这些教学资源之间存在一定的联系，即微课作为一种新型的教学资源，其发展基础就是上述的这些教学资源。

（三）微课的特点

1.碎片化

微课视频时长 10 分钟左右，将课程教学过程以清晰的视频录制的方式呈现出来，一堂传统课堂教学的时间是 45 分钟，而原有的段状课程在微课的作用下，逐渐向点状课程转变，促进了更加精华、细致的课程内容出现，因此学生除了课上的教学时间，还可以利用课外的其他零散时间，例如，当学生排队等待就餐的时候，可以学习。所以，微课的显著特点之一就是碎片化。

2. 突出重点

基于学生的学习特点，在微课显著碎片化特点的影响下，对于教师的教学能力，微课也提出了更高的要求。在微课视频的 10 分钟展示时间内，要求教师体现严谨的逻辑性的同时，还要将课程内容的重点与亮点突显出来，真正地抓住学生的学习重点所在，才能够使学生的学习兴趣得到更好的激发。

3. 交互性较强

微课作为一种新鲜的课堂形式，它的出现在满足学生知识渴求与猎奇心理的同时，还能够有效改善传统教学模式中教学内容单方面输出的情况。在微课教学开展的过程中，教师与学生之间的互动得到加强，不仅仅及时收集了学生课程学习的兴趣点，同时，对于学生存在的疑问，教师也能够及时进行回答。这无疑会为教师课程后期的设计提供便利条件，使其能够同现阶段学生的知识渴求得到一定的满足，进一步提升课程的教学效果。

4. 能够多次使用

在微课的模式下，学生能够按照自身的实际需要，随时随地进行体育学习活动，例如，在课程开始之前，学生可以通过微课来预习运动技能、巩固难点和重点、练习课后的动作，等等。

上述的这些微课学习途径，在进一步提升教学效果上能够发挥有效的促进作用；此外，对微课教学模式的使用，还可以使学生课程学习的积极性得到增强。

二、微课在高校体育教学中的应用

由于微课存在碎片化、突出重点、较强的师生交互性与可重复利用教学资源的特征，从体育微课的基本设计原则出发，开发质量较高的体育微课，进一步地改善高校体育教学的现状，使学生体育运动项目学习的兴趣得到提高，对于体育方法微课的应用要始终去探索，一般来讲，在高校体育教学中，主要会在以下几个方面将高校体育教学中微课的应用体现出来。

（一）微课应用在学生体育需求调研中

鉴于高校体育教学传统模式同高校体育教学内容间存在的关联，在高校体育教学实践活动正式开始前，体育教师应该按照课程逻辑将高校体育教学内容中的难点与重点提取出来，同时，还应该同现阶段体育栏目与体育热点新闻相结合，对体育微课进行制作，之后再将已经制作完毕的体育微课利用移动互联网的各种渠道实施学校范围内的广泛传播，通过对微课中学生的点击率与同帖评论内容的考察，体育教师能够有效地评定体育课程内容的合理性，保证体育教师更加深入地了解到学生的兴趣与期待。此外，前期对体育微课进行传播，能够有效地使学生体育学习的积极性得到调动，使学生更加期待即将要学习的新内容，使学生的被动学习行为转向主动学习行为，进而提升学生的体育参与度。

（二）微课应用在体育课程设计中

对于体育微课而言，它不仅补充了传统的高校体育教学模式，还是多媒体时代下高校体育教学发展的必然结果。微课的逐渐出现，使得原本的体育课程设计得到了重新定义，因此就需要保证体育课程有理有据，有血有肉。在高校体育教学开展的后期阶段，改变以往室内体育理论课与室外实践课分开开展的体育课程设计，将两者融合，同时对多媒体时代大数据的时代特征进行考虑，在设计室内理论课的时候，可以以教师和学生的信息数据交流为主，使他们的头脑风暴在体育课程中得到掀起，呈现出更加公平、更加自由的体育课程。此外，在这样的形式下，体育教师的教学思维能够得到更进一步的更新，使学生体育学习的热情得到提升。

（三）微课应用在体育课程教学中

一方面，基于体育时事热点与体育课程的新内容等方面，体育教师能够对新颖的体育新课进行设计，并向微课导入，在体育课堂教学开展的过程中，组织学生集体观看，主要的目的在于吸引学生的注意力，激发他们的体育学习兴趣；另一方面，在高校体育教学实践活动开展的过程中，体育教师可以将复杂动作的教学制作成微课，同时，在体育课堂教学过程中，重复地向学生播放，将更加具体、更加直观、更加生动、更加形象的高校体育教学过程呈现出来。

体育教师可以根据新课内容和时事体育热点等方面设计新颖的新课导入微课，在课上给学生观看，目的是吸引学生的注意力，激发学生的学习兴趣；对于高校体育教学中复杂的教学动作，教师可将其制作成微课，在上课过程中对学生进行重复播放，使高校体育教学过程教学更生动、更直观、更形象、更具体。

（四）微课应用在体育课后辅导中

对于高校体育教学而言，每一节体育课的时间是45分钟，有限的高校体育教学时间，使教师能够面面俱到地讲授内容，想要实现精细化教学几乎是不可能的，所以，一部分学生不能与教学节奏同步或者是学生不能对其所学运动技能充分掌握的情况必定会出现。当体育课堂教学结束以后，教师可以向学生发放包含高校体育教学重点的微课视频，以便学生能够在课堂结束以后，对于已经学习的技术动作进行练习，对课堂上所学内容进行复习，切实保证温故知新，提升学生的学习效果。

（五）微课应用在体育课程分享中

从本质上来讲，分享就是学习，学生们喜欢在朋友圈中分享一些好的视频课程，影响身边的朋友、学生，使学生的学习圈子得到扩大。因此，我们应该倡导构建学习共同体，这样能够保证学习共同体成员间互相督促，对有用的体育学习信息进行分享。例如，将微课应用在体育舞蹈教学过程中，在校园内学生可以对已经学习到的且比较感兴趣的体育舞蹈课进行分享，使越来越多热爱体育舞蹈的学生能够及时地对学习资源进行获取、分享，同时，学生还可以对校园内其他兴趣一致的学生进行自发组织，安排大家一起对体育舞蹈微课进行学习，保证体育舞蹈社团的更进一步发展，通过对社团活动的有效组织，丰富学生课堂学习以外的生活。

第五节　高校体育教学中慕课的应用

一、慕课的概念

（一）授课形式

慕课（MOOC，Massive Open Online Course），是一种将在世界各地分布的学习者与授课者通过某一个共同的主题或者话题联系在一起的方法。

几乎所有慕课的授课形式都是以每周话题研讨的方式，将大体的时间表提供给授课者与学习者。一般来讲，慕课课程都不会对学习者提出特殊的要求，一般会进行简单说明，例如，阅读建议、每周进行一次问题研讨等等。

（二）主要特点

1. 规模比较大

规模比较大，指的是网络开放的大规模课程，而不是以个人名义对一两门课程进行发布。我们这里所说的网络开放的大规模，通常是指那些参与者发布出来的课程，这些课程一般会被人们称作大规模的课程或者是大型的课程，慕课的典型形式就是这些课程。

2. 开放的课程

开放的课程一般会对创用（CC）协议严格遵守；可以说，开放的课程，能够成为慕课。

3. 网络课程

网络课程的相关材料通常在互联网上发布，而不是面对面的课程。此种课程的显著特征就是没有上课地点的特殊要求。例如，如果你想体验美国大学的一流课程，那么不管你处在什么地方，不需要花费太多的金钱，只要有网络链接与电脑就能够实现。在一篇评论文章中，斯坦福大学校长约翰·L·汉尼希（John L.Hennessy）曾经表达过这样的观点，即由学界大师进行授课的小班学习课程存在的水平依然很高，但是，经过证实，网络课程也是一种能够获得高校成果的学习方式。相比大课，结果也仍旧是一样的。

二、慕课在高校体育教学中的应用

（一）高校体育教学中慕课的应用价值分析

自慕课引入我国以来，已经过了很长的一段时间，许多学校都开始尝试此种新式的教学方法，然而，慕课在高校体育教学方面的应用还非常少。实际上，慕课的教学方式在高校体育教学方面也是非常适用的。

随着社会网络的日渐发达，人们每一天都会上网，不管是对网页进行浏览，还是刷微博，我们都必须要承认的是网络在现代人们生活中承担的责任越来越重要，而对于慕课而言，就是对此种现状进行利用，在学习开展的过程中充分利用网络条件。

除此之外，作为一种学习方式，慕课还具备一定的主动性特征，任何人的监督与强迫都不会对其发生作用，按照自己的个人兴趣爱好，使用者可以选择、学习自己喜欢的运动。同时，慕课所拥有的资源范围是非常广泛的，在高校体育教学开展过程中对慕课进行应用，教师和学生还可以实现对国外高校体育教学资源的分享与使用。

现阶段，学校体育课的开展形式主要是体育教师授课，学生接受学习，即高校体育教学课堂教学中，教师首先进行讲解、示范，之后学生再进行练习。然而，我国大多数中小学、高中体育课的开展时间一般是45分钟，当体育课的准备活动做完以后，由体育教师进行体育技术动作的讲解与示范，但是一堂体育课的时间已经耗费很多，学生们的练习活动无法在剩下的时间展开。对于这个问题，慕课就能够很好地解决。

当体育课堂教学结束以后，学生在课后就能够自行复习。在体育微课视频中包含真人操作与讲解，能够帮助学生对白天体育课堂学习的动作进行复习与记忆。尽管高校体育教学时间长达一个半小时左右，学生能够拥有足够的时间去学习、练习体育运动技术，但是他们只能对每门体育课修习一次，由于基本上每一个学期所要学习的内容都是相同的，但是学生之间会存在差异，因此不利于一部分学生深入学习、练习的开展。

在高校体育教学中应用慕课的教学方式，不仅能够保证学生深入学习活动的开展，还有利于学生自己掌握学习进度。同时，由于慕课中存在的学习资源是非常丰富的，有利于学生寻找到适宜自己的运动方式。例如，对于一部分学生而言，可能剧烈的运动不适合他们，所以他们能够在慕课中寻找比较适合自己的运动，如此一来，不仅能够避免损伤自己身体的情况发生，还能够使体育锻炼的目的顺利实现。

实际上，如今许多家长也比较重视学生的体育锻炼问题，为了保证孩子的健康成长，家长总是喜欢带着孩子开展散步、晨练等体育锻炼活动。然而，这些体育活动的效果能够真正实现吗？大多数的时候，人们通常会认为，只要自己去参加体育锻炼了，就会有益自己的健康发展，然而，需要注意的是，如果人们不能应用健康的方式开展体育锻炼，那么在浪费了体育锻炼时间的同时，还会在一定程度上造成身体伤害。如果在高校体育教学中应用慕课的方式，那么在体育运动锻炼的过程中，就可以参考标准的动作去完成体育锻炼，在这样的情况下，就像是一个专业的私人教练陪在自己身边，并对体育锻炼活动进行正确的指导。

（二）慕课应用在高校体育教学中的未来发展

慕课的教学方式来源于国外，在我国高校中的应用才刚刚开始起步，而且有一些内容对于我国高校而言是不适用的，必须要进行一定时间的磨合才能够同我国的教学理念相适应。

基于这样的形式，我国大部分高校应该按照自己学校的特点自行录制慕课视频。同时，在录制慕课视频的时候，可以是多个学校的教师共同参与录制、讨论，然后再对多个优秀的视频进行选择，并且上传到网上，方便学生们观看、下载、学习。由于不同的教师讲课的风格不同，而教师们录制的慕课中包含多个教师的教学课程，所以学生就能够选择最适合自己的教师。此外，这样的方式能够有效改善学生听课效果不佳的情况。将慕课应用在高校体育教学中，能够使小班教学的目的得以实现。同时，同一学科由多个教师进行录制，能够使比较与竞争更加容易形成，促使高校体育教学质量得到提高。因为慕课在高校体育教学中的应用主要以网上教学为主，所谓的监督制度是不存在的，所以要求学生的自主学习能力比较强。在高校体育教学考核的问题上，计算机考核的方式可以不再使用，体育教师组织学生开展网络学习以后，再安排传统方式的考试即可。只有这样才能够有效避免学生通过计算机检测作弊的情况。此外，还能够对学生通过慕课进行学习的效果检测。需要注意的是，教师与学生应该摆正对于慕课教学的态度。

慕课教学并没有完全解放教师，例如，在高校体育教学开展的过程中，通过慕课教程开展教学的方式是可取的，然而，如果学生出现一些疑问，也只能是对同一个视频进行观看。因此，教师与学生之间的定期交流应该存在，如此一来，不仅能够使教师和学生之间的感情得到增进，还能够对学生的学习产生一定的帮助。尽管我国对慕课的应用还处于刚刚开始发展的阶段，但在现代网络发展的背景下，慕课的发展是一种必然趋势。将慕课应用在高校体育教学中，能够给教师未来教学的开展带来一定的启示。需要注意的是，在使用慕课方式开展高校体育教学的时候，还应该同国内的高校体育教学情况相结合。

例如，在篮球运动课堂教学开展的过程中，不仅要对手指上的动作进行教学，还要对脚上的动作进行教学，更重要的是要将两个教学活动紧密地联系在一起。因此，在制作相关慕课的时候，不仅要将这些动作进行分解，还要有一个规范的整体动作，以便学生学习活动的开展。通过查阅相关的文献资料可知，尽管国内已经引入慕课的教学方式，但是慕课在高校体育教学中的应用还不广泛，如果想要对一个体育慕课的完整体系进行构建，那么就需要具备相关的慕课教程。一般来讲，由国外引入的教学资源通常都是外语，存在大量的体育专业名词，导致学生在理解上出现困难，面对这样的情况，在制作慕课的时候，可以聘请我国国内优秀的体育教师结合具体的教学情况进行制作。此外，针对制作慕课的情况，还要对一定的标准进行设定，如果慕课没有达到标准，那么就不能够使用，这对于慕课的进步与发展是非常重要的。

第六节　高校体育教学中翻转课堂的应用

一、翻转课堂的概念

（一）含义

所谓的翻转课堂，词汇来源是英文词汇"Inverted Classroom"或"Flipped Classroom"，通常是指重新地调整教学课堂内外的时间，从本质上来讲，就是学习的决定权不再属于教师，而是由学生掌握学习主动权。在翻转课堂教学模式的应用过程中，学生能够在课上有限的时间内更专注地开展学习活动，对于全球化的挑战、本地化的挑战、现实世界中存在的问题，教师与学生一起研究、解决。

在课堂教学开展的过程中，教师不会再耗费大部分的课堂时间去讲授信息，但是在课堂教学结束以后，学生需要自主地完成这些信息的学习，他们可以利用的方法有：听播客、看视频讲座、阅读功能强大的电子书，或者是通过网络同其他同学互相讨论。综上所述，在翻转课堂教学模式应用过程中，不管什么时候，学生都能够对自己所需的材料进行查阅。

此外，教师同每一个学生交流的时间也增多了。当课堂教学结束以后，学生就能够自主地对学习节奏、学习内容、学习风格与知识呈现的方式进行规划，同时学生的知识需要少不了教师对讲授法与协作法的使用。

（二）主要特点

在很多年以前，人们就对视频教学方式进行过研究和探讨。最直接的证据是：世界上大部分国家在20世纪50年代的时候就开展广播电视教育。为什么传统教学模式没有受到当年所做探索的任何影响，而翻转课堂教学模式却被人们广泛关注呢？作者认为，是由于"翻转课堂"具有如下几个明显特点：

1. 教学视频的短小精悍

不管是亚伦·萨姆斯与乔纳森·伯尔曼的化学学科教学视频，还是萨尔曼·汗的数学辅导视频，很明显存在一个显著的共同点，即教学视频的短小精悍。即便是较长一点儿的视频也只有十几分钟的时间，而大部分的视频通常只有几分钟的时间。同时，每一个视频存在的针对性都是比较强的，如果能够对某一个特定问题进行针对，那么也就会比较方便查找；应该尽量在学生注意力比较集中的时间范围内控制视频的时间长度，同学生的身心发展特征相适应；在网络上发布的视频存在回放功能、暂停功能等，能够自己控制，使学生的自主学习能够顺利实现。

2. 教学信息的明确清晰

在萨尔曼·汗的教学视频中存在一个比较明显的特征，即唯一能够在视频中看到的就是他的手，书写一些数学的符号，并且将整个屏幕慢慢地填满，在书写的同时，还有画外音的配合。对此，萨尔曼·汗自己的观点是，在这样的方式中，同我站在讲台上讲课是不一样的，这样的方式就像将我们聚集在同一张桌子前面，一起学习，在一张纸上写下内容使人感觉贴心。这也是同传统的教学录像相比，翻转课堂教学视频的不同之处。如果在视频中出现了教室中的各种摆设物品，或者是教师的头像，那么就非常容易分散学生的注意力，特别是当学生处于自主学习状态的时候。

3. 重新建构学习流程

学生的学习过程一般会有两个组成阶段，第一阶段，传递信息。其实现需要教师与学生之间的互动、学生与学生之间的互动；第二阶段，内化吸收。需要学生在课堂教学结束以后自己完成。在学生自己完成的过程中，因为缺少教师的支持与同学的帮助，学生在内化吸收的阶段经常会出现挫败感，使他们丧失掉学习的动机与成就感。

"翻转课堂"的教学模式使学生的学习过程得到重新建构。第一阶段的传递信息，是在课堂教学开始之前由学生完成的，而教师在提供视频的同时，也提供在线的辅导；此外，第二阶段的内外吸收，是在课堂教学开展的过程中，由互动而实现的，对于学生存在的学习困惑与困难，教师应该提前了解，同时在课堂教学开展过程中对学生进行有效的指导，而学生与学生之间的互相交流活动，对于学生内化吸收知识的整个过程，还能够起到一定的促进作用。

4. 复习检测快捷方便

当学生观看完教学视频以后，就会看到视频结尾处出现的几个小问题，通常是四个或五个，能够帮助学生及时检验自己教学内容的学习情况，同时，根据自身的学习情况做出判断。如果对这几个问题，学生的答案不是很理想，学生就应该回放一遍教学视频，仔细思考出现问题的原因。同时，通过云平台，将学生回答问题的实际情况及时地进行汇总、分析、处理，使教师对学生学习情况的了解更加客观、全面。教学视频的另一个明显优势，就是能够在经过一段时间的学习以后，方便学生对学习到的知识进行复习与巩固。伴随评价技术的不断发展跟进，使学生学习的相关环节具有足够的实证性资料支撑，这对于教师真正意义上地了解学生是非常有帮助的。

二、体育翻转课堂的实施策略

（一）做好在线虚拟教学平台的建设

在线虚拟教学平台搭建的主要目的在于为翻转课堂的实施创造前提和基础，这一平台主要包括教学内容上传模块、师生交流与答疑模块、在线测试与评价模块、学习跟踪与监控模块以及学习总结与成果展示模块等。体育教师通过这一平台，就可以将与高校体育教学相关的微视频、PPT、各种音频等教学材料向在线虚拟教学平台上传，还可以借助这一平台实现作业发布、在线测验、监控督促、在线交流、在线评价等；学生则可以通过这一平台进行学习材料下载或在线学习，并同体育教师之间实现及时的交流与沟通。

（二）注重评价机制的创新

翻转课堂教学模式下的高校体育教学评价不能限于传统的纸笔测验，评价内容、评价主体、评价标准和评价方法等都应区别于传统教学，否则，翻转课堂的实施就会流于形式。翻转课堂模式下的高校体育教学评价应该把"以评促学""以评促教"作为评价的主要目的，将学生的进步程度作为评价的主要指标并注重多元化评价的采用，只有这样，评价才能既有针对性又不失全面性。多元化评价主要表现在评价主体、评价内容、评价方法、评价阶段等方面，紧紧围绕促进学生的学和促进教师的教两个方面，最终将提高教学实效作为评价的主旨。

（三）注重提高体育教师的综合素养

无论何种教育教学改革，教师始终是改革成败的核心与关键。作为信息化社会的产物，翻转课堂不仅是一种先进的教学理念，还是一种先进的教学方法，对体育教师的综合素养提出了较高的要求。体育教师既是在线虚拟教学平台的搭建者、设计者和使用者，又是教学视频等学习资源的开发者和上传者；既是学生学习与实践的组织者、引导者，又是学生学习成果评价的设计者和评价者；既是学生在线学习情况的监控者和督促者，又是教学设计的完善者。

（四）追求体育课堂实效，避免翻转课堂异化

翻转课堂作为一个新生的事物，虽然顺应了信息化社会的时代背景，但还没有形成公认的科学实施模式，各个学科对翻转课堂的研究成果较为丰富，但各类研究也存在很多的不足，综合起来主要表现在以下几个方面。

1.避免弱化体育教师的作用而过度强调以学生为中心

翻转课堂模式下，体育教师虽然把课堂讲解与示范的时间让位给了学生，但并不代表教师的作用被弱化了，事实上，体育教师的作用变得更加关键，而不是被弱化。课前教学视频的录制和搜集、教学资料的优化与整合、在线虚拟教学平台的建设与管理，课中体育教师的讲解与示范、学生活动的设计与组织，课后学生学习结果的考核与评价、教学方案的优化与修订等，每一项工作都离不开教师的付出。如果对体育教师的作用过度弱化，学生的学习就会失去系统性和效能，高校体育教学最终难逃沦为"放羊式"的结果。

2.要避免忽视学生课前学习的跟踪和监测而高估学生的自主性

对于翻转课堂教学模式而言，"掌握学习"使其建构的重要基础。翻转课堂的有效实施离不开学生的自主学习性。作为现实社会中的复杂存在，学生在课堂教学开始

之前的在线学习中，并不是每一次都能够针对高校体育教学内容有效的、自觉的学习。因此，教师有必要对学生进行适当的检测与跟踪，它不仅能够对学生的技能学习和知识学习的完成起到督促作用，还能够有效培养学生的自主学习能力。

3. 要避免忽视学科的差异而一味借鉴其他学科的经验

现阶段，翻转课堂教学模式的相关理论研究成果与实践研究成绩，主要是基于其他学科的基础理论。在体育学科的理论等方面的研究还并不十分成熟，在对高校体育教学中翻转课堂教学模式的应用进行研究的时候，我们对于其他学科的实践经验不可避免地要进行借鉴。但是，学科与学科之间的差异肯定是存在的，在其他学科领域比较适用的理论和经验，在体育学科中不一定能够适合使用。因此，在具体实施翻转课堂教学模式的时候，我们应该要把握好体育学科本质特点，应该有选择地吸收、借鉴其他学科的理论与经验，避免生搬硬套。

4. 要避免偏离翻转课堂的本质而过度追求形式

实施翻转课堂教学模式的主要目标是在一定程度上提升高校体育教学的时效性，这一点是毫无疑问的。高校体育教学的存在离不开价值的支持与丰富，体育课程教学的至高境界是对既正当又有效的高校体育教学进行贯彻，如果过分追求形式而对高校体育教学的效果不够重视的话，那么即便是翻转课堂的教学模式得以实施，也不存在任何的意义。

在高校体育教学改革深入发展的特殊阶段，在广大体育教师积极投身于高校体育教学改革的今天，对于翻转课堂教学模式我们依然应该谨慎地对其缺陷与优势进行审视，尤其是要避免偏离翻转课堂的本质而过度追求形式的情况。

三、翻转课堂在高校体育教学中的应用

（一）高校体育教学中实施翻转课堂的价值探析

1. 当前高校体育教学中存在的典型问题

（1）教学指导思想混乱

教学指导思想反映的是体育教师的理念问题，会直接影响高校体育教学主旨的确定、教学方法和手段的选择以及整个教学组织管理过程，最终影响教学实效。"健康第一""快乐体育""终身体育"等各种体育课程指导思想的提出，有力地促进了我国高校体育教学的发展，但也会让体育教师感觉无所适从，众多的体育指导思想让体育教师很容易迷失教学的主旨，最后只能依据个人理解众里挑一并从一而终。可见，混乱的教学指导思想很容易让体育教师片面理解高校体育教学，最终会影响我国高校

体育教学的良性发展。

（2）失去工具性和人文性之间的平衡

对于高校体育教学目标而言，存在三个维度，而里面包含的知识与技能目标能够展示出体育的工具性特征，而态度、情感与价值观目标能够展示出体育的人文性。体育课堂教学所具备的工具性对于实践性与实用性进行强调；体育的人文性对于情感与精神进行强调。

现阶段，高校体育教学能够充分地表现出其工具性特征，然而却忽视了人文性方面的特征，体育教师只是对应该教什么内容、怎么样的方式进行教学、学生如何进行学习、学生能否真正学会等问题给予重视，但是却很少关注在体育课程教与学中态度、情感与人格等方面的发展需求。最终导致的结果是，尽管学生已经对体育知识进行了学习，同时还对一定的体育实践能力进行了掌握，但是在学生的体育实践意识与整体体育素养方面仍需要加强，对于体育课和体育教师，学生往往表现出淡漠的情感，致使"学生不喜欢体育课却喜欢体育""体育锻炼意识与习惯缺乏"的现象时有发生。由此可见，在传统的高校体育教学过程中，轻视人文性、重视工具性的方法存在的缺陷是非常显著的，如果想要高校体育教学的最终目标得到实现，就需要对高校体育教学的人文性和工具性的统一始终坚持。

（3）缺少个性化与人本化

现阶段，我国体育实践中存在有很多的问题，虽然我们已经充分地意识到它们的存在，为了能够将问题解决掉，应用了多种措施，却没能有效地解决问题，导致瓶颈状态出现。在我国高校体育教学中，这样的情况是非常明显的。在高校体育教学活动开展的过程中，体育教师通常从主观意识出发，将"一刀切"的特点表现出来，尽管打着面对全体学生的旗号，实际上却忽略了学生的个体差异；为了能够使传递知识和技能的目的得以实现，体育教师所发挥的作用是至关重要的，这主要是因为体育课堂教学的时间基本上都是在体育教师的示范和讲解中度过，在课堂容量的约束下，学生知识和技能内化的实现根本上是很难的，几乎不可能，更不要说提高学生的综合能力了。

在高校体育教学实践活动开展的过程中，体育教师需要面对非常复杂的学习群体，之所以这样说，是因为他们在性格特征、知识基础、学习方式、学习能力、学习习惯与学习需求等方面会表现出较大的差别，因此体育教师需要深入了解学生的实际情况，同时实施区别对待，展开个性化教学。在传统的高校体育教学中，如果缺少一定的个性化与人本化，那么想要将因材施教落到实处是很困难的，很容易导致学生两极分化的情况出现，即好的学生没有办法更好，而差的学生则是越来越差，在体育课堂教学过程中，学生的主体性与独立性是根本无法实现的，严重背离了人才培养的要求。

（4）学习评价结果的失真

在我国传统的高校体育教学过程中，唯一的评价主体就是教师，而一贯使用的评价方法是纸笔测试与技能考核，在统一的标准下对学生进行考核，在按照相关标准由教师进行打分，这样的评价方法尽管看起来是公正的、客观的，但是实际上对于学生的学习效果与进步程度却很难反映出来，而"通过评价促进学习"的目的更是难以达到。一旦碰到考试，学生就如临大敌，经常出现的现象是：考试以前临阵磨枪，考试以后惶恐不安，课程结束以后就像是逃离了地狱一般。

对于传统的高校体育教学评价模式而言，对于学生的学习效果不能真实地反映出来，同时，学生体育学习的兴趣很难得到激发，其体育锻炼习惯也很难养成，更为严重的是，还会使学生对体育课程学习的抵触情绪得到增加，不存在任何的意义。

2. 翻转课堂在高校体育教学中的核心价值

当前，翻转课堂在我国的兴起已经成为不争的事实，但对于翻转课堂的价值进行深入探讨似乎还未引起理论层面的重视。为了更好地应用和推广翻转课堂，对其在高校体育教学中的核心价值予以探讨。

（1）翻转课堂使高校体育教学与信息技术的有机结合得到实现

在信息化社会的今天，学生的生活方式和学习方式发生了深刻的变化，借助手机、电脑等信息化平台进行学习和交流已经成为日常习惯，为适应学生在行为和习惯上的变化，教学信息化在所难免。

翻转课堂作为信息化社会的产物，使教学与信息技术有机结合，高度迎合了学生的日常习惯，改变了传统课堂呆板的模式和形象，使学生的学习变得更加自然和有趣。体育教师通过上传视频、三维动画、PPT等丰富而直观的教学材料，设置系统有序的学习导航，加上教师对学生客观而有趣的在线评价和在线交流，一个有益于学生身心发展的教学环境被创建出来，这不仅有效增进了师生之间的情感，还提高了学生的学习情趣和自主性，也为体育教师有效组织课中的教学活动奠定了基础，这对提高高校体育教学的实效性是非常有利的。

（2）翻转课堂有助于实现高校体育教学的精讲多练

学生课中学习和练习的时间总量是一定的，新知识、新技能的学习耗时过多，学生从事体育练习的时间势必减少，体育课的健身性以及学生对知识、技能的掌握和内化就会大打折扣，因此精讲多练符合体育课堂教学的要求。在翻转课堂模式下，课前，学生通过观看教学视频，对高校体育教学内容有了初步的认知，对体育学习中的难点深有感受，在遇到无法解决的问题时，学生通过在线交流平台及时反映给体育教师，这样教师就会对学生的课前学习情况有所把握；课中，体育教师依据学生所反映的问题进行针对性极强的讲解或个别指导，不需要每个问题都进行讲解，这样就省去了很多讲解的时间，学生在课中进行体育实践的时间就被延长，精讲多练的目的自然达到。

（3）翻转课堂使高校体育教学要素的优化组合得到实现

从高校体育教学要素的层面上来讲，翻转课堂同传统的高校体育教学模式之间存在的区别并不是很明显。对于翻转课堂而言，它主要是利用科学合理地重构高校体育教学要素来使高校体育教学的效能实现增值的。我们之所以将翻转课堂判定为一种革命性的高校体育教学方式创新，主要是由于此种教学模式在对高校体育教学要素的各种功能进行准确定位的情况下，体育教师与学生的主体性地位得到了转换，使体育课程的资源得到拓展，促进了高校体育教学目的、高校体育教学方法手段与反馈机制的合理调整，对学生体育学习的良好环境进行创设，进而从质的层面改变高校体育教学的形态与结果。同时，需要注意的是，翻转课堂在组合高校体育教学要素的问题上并不是固定不变的，而是动态的，不是呆板的，而是灵活的。在高校体育教学的实践活动中，按照实际的需要，体育教师对各教学要素间的组合关系可以随时进行调整，以保证特定高校体育教学目的的实现。只有充分认识这一点，才能够保证我们能够将翻转课堂作为固定范式看待，进而使高校体育教学中应用翻转课堂教学方法流于形式的情况得到避免。

（4）翻转课堂能够促进高校体育教学中素质教育的实施

素质教育的主要目的是对受教育者的综合素质进行全面提高，而值得注意的是，综合素质的提升离不开人的全面发展，同时，对学生个性的培养，我们也不能忽略。个性的完善，不仅仅是素质教育开展的价值理念，又是素质教育的目标理念，培养个性、促进人的全面发展是素质教育的真谛。

在翻转课堂教学模式应用的过程中，学生的学习目标是一致的，同时，按照学生的实际情况，体育教师可以制定学生的个体目标。通过观看在线高校体育教学视频，可以实现学生自主学习，按照学生的学习能力来确定高校体育教学视频的观看次数，而按照学生的学习基础来由学生自主选择观看的内容；从反馈问题的层面上来讲，通过在线交流平台，学生能够将学习中的问题随时向教师反映，同时，获得教师的及时教导；从学习评价的层面上来讲，体育教师对学生进行评价的根据是学生的进步程度，同时将小组评价和个人评价融入最终评价结果，这种评价模式有助于让学生明确在学习过程中的优点和不足,并时刻感受到自己在不断提高。可见,翻转课堂这种个性化的教学模式对于学生端正学习态度、激发学习兴趣、提高沟通能力、培养正确的价值观以及促进学生的全面发展都是有益的。

(三)将翻转课堂教学方法引入高校体育教学的全新高校体育教学模式

我们常说的高校体育教学模式主要是指在一定高校体育教学理念、高校体育教学思想的引导与高校体育教学理论的指导下,而建立的各种各样高校体育教学活动的基本框架或者基本结构。一般来讲,高校体育教学模式主要包含了多种要素,即高校体育教学理论依据、高校体育教学原则、高校体育教学程序与学习程序、教学资源与实现条件,以及高校体育教学效果评价,等等。将翻转课堂教学方法引入高校体育教学的全新高校体育教学模式,具体包含以下几个方面的内容。

1.高校体育教学的理论依据

在高校体育教学中应用翻转课堂的教学模式主要的思想基础是"先学后教"思想,对高校体育教学活动中学生的教学参与与学生的主体性进行强调。从高校体育教学的特征与行为心理学原理出发,特别是对斯金纳操作性条件反射的训练心理学进行考虑,对高校体育教学的程序进行确定,具体是:利用视频学习——对联系吸收理解——再通过视频回顾——互动反馈——强化实践——学习、掌握,并且在这样循环、反复的高校体育教学过程中,对于行为目标进行有效塑造;同时,按照学习的过程与教学的实际效果、学习主体对体育"教"与"学"的活动过程进行不断的完善与创新,促进预期高校体育教学目标与学习目标的实现。

2.高校体育教学的目标与原则

高校阶段的高校体育教学目标是巩固与提高中小学阶段高校体育教学目标,即体育锻炼的思想、体育能力与体育习惯,引导与教育学生科学、积极、主动参与体育锻炼的行为,对于现代体育科学中的基础知识、基本技术和技能、方法进行扎根;使学生体育锻炼的参与意识得到强化,使其体育文化素养得到提高。

为了能够保证高校体育教学目标的顺利实现,对于将翻转课堂教学方法引入高校体育教学的全新高校体育教学模式而言,而教学原则是体育教师应该遵照学生的认知水平与心理发展特征,加工整理高校体育教学内容,高校体育教学设计、制作通俗易懂,同时还能够紧密地联系到自身已经掌握的认知结构,同时,对于优质的、适宜的高校体育教学视频进行选择;对于一个宽松的、民主的、轻松的交互式学习社区或网络教学平台进行构建,对于学习反馈信息及时地掌握,并能够有效地发现问题、解决问题;在对总体学习情况进行把握的条件下,对于个体学习发展的过程给予重视,将高校体育教学过程中与学习过程中学生的主体性作用充分发挥出来，尽可能地使学生自己发展，对存在的问题自己进行分析与解决，同时对自我认识、能力与技能进行深化、拓展。

3. 高校体育教学程序与学习程序

将翻转课堂教学方法引入高校体育教学的全新高校体育教学模式，其主要基础是优质的交互学习社区与视频资源，因此可以将高校体育教学程序与学习程序进行如下的设计：对于高校体育教学内容进行预习——对于高校体育教学视频有针对性地进行观看，再进行示范、讲解——使学生学习动机得到激发，对学习过程中的问题进行发现——在课堂教学中由教师对新课进行讲授，对于学生的疑惑进行解答，并进行示范——有学生自主进行练习与实践，对体育学习效果进行巩固——对体育学习效果进行反馈，由教师、学生进行评价——通过资源拓展完善、知识和技能结构的扩展，以及反复练习实践对理解与训练效果进行加强。

4. 高校体育教学的实现条件和教学资源

近些年来，慕课教学平台的快速发展与互联网的广泛普及，创造了良好的条件以便于翻转课堂高校体育教学模式的实施。然而，对于现代高校体育教学来讲，我国的高校体育教学相关视频与学习资料还是相对较少的，所以我国的体育教师应该从体育课程与教学内容出发，自行制作与设计高校体育教学资源。对于高校体育教学内容而言，主要有理论教学内容与动作讲解、演示的视频，保证体育练习活动的理解性与课余训练活动的实践性。既要有动作示范的要领分析，又要有训练实践的摄像记录视频，此外，还要有拓展性的教学资源和学习资源，以及专题性的研讨问题等。不仅如此，体育教师在组织学生观看教学视频、开展练习活动和训练活动的同时，还要保证在交互社区体育教师能够对学生的疑惑及时地进行解答、讨论与指导。

5. 高校体育教学效果与评价

将翻转课堂教学方法引入高校体育教学的全新高校体育教学模式，其实施能够使学生体育学习的兴趣得到激发，使学生自主发现、学习、探索、分析、解决问题的综合能力得到培养，同时促进学生技术和技能的提升，同时还能够有效促进学生自主学习能力、社会发展适应能力、互相合作能力的发展与培养，体育教师应该通过交流与活动对学生的学习情况与进度实时地进行了解，还要对反馈信息及时掌握，同时再从所获的情况出发，适当地进行引导，对于学生的学习积极性进行鼓励并充分调动，在高校体育教学与讲解活动开展的过程中，针对不同的学生因材施教。将翻转课堂应用在高校体育教学中的相关活动适宜于小班教学，所以，在大班教学中一般很难实施。而对于学生的评价而言，需要注意的是，它同其他文化课程是不同的，在对其学习好坏进行衡量的时候，不能单纯地将考试成绩作为标准。在学校高校体育教学中，应该对"健康第一"的指导思想始终坚持，还要在体育考试的各个环节中渗透"健康"的标准，对于标准化的项目应该适当地减少技能考试，同时，还要有效改进高校体育教学的评价标准，尽可能地避免学生由于害怕考试而出现的体育厌学心理与逆反心理。此外，对于学生应该积极地引导，使他们加强对高校体育教学的相关认识，使得学生体育锻炼良好习惯的养成得到促进，并且同高校体育教学目标相适应的人性化测试方法要积极构建。

第四章 高校体育教学质量保障体系

第一节 高等教育发展的理论和大众化的质量观

一、马丁·特罗的高等教育发展理论

美国现代教育社会学家、伯克利加州大学的马丁·特罗教授，从20世纪六七十年代开始，就把高等教育大众化作为研究课题，并把重点放在欧美先进国家，先后出版了《从精英向大众高等教育转变中的问题》《精英高等教育的危机》等多篇知名文章，并提出了高等教育发展的"三段论""四条路径说"。他建议：当一个国家的高校毛入学率（高校招收的学生数占到了一定年龄的年轻人的比例）低于15%时，就是精英高等教育。

他认为，由精英向大众的转变，并不代表以前的形态与方式就会完全消亡，只是随着整个高等教育向下一阶段的发展，其作用会越来越多元化。因此，3个层次的高等教育发展是一个连续性的过程。在"大众化"时期，高校中的"精英"和"大众化"同时存在，二者相互补充，但高校中的"精英"职能仍然存在；在普及阶段，精英院校和大众院校同时存在，并互相促进。

二、高等教育大众化的教育质量观

高校的教学质量问题是一个永恒的话题，在各个历史阶段，我们都应该重视自身所面临的问题，并建立起与之相适应的质量观。如果没有正确的观念，就不能正确地解释大学行为的合理性，也不能使大学的功能得到充分的利用，人们对大学的种种期待自然也就不能得到满足。从世界各国的发展历程来看，当一个国家的经济、社会的生产力达到一个相当高的水平时，其人才的素质问题将成为影响高等教育普及化的一

个关键问题。由一元化向多元化，由精英化向大众化转型。教育质量观念是在一定的历史环境中作出的一种价值抉择。随着高等教育步入大众化发展，我们应该从观念上改变对高等教育质量的认知，要将传统的"唯知识质量论"和西方流行的"唯能力质量论"转化为包含了知识能力在内的"素质质量观"，将精英教育时期的简一化的教育质量观转化为大众化阶段的教育质量观。

高校的办学理念的转变必须贯穿高校办学的全过程，才能确保高校办学的持续健康发展。

因此，为使我国高校能够更好地与世界高校的发展相协调，我们应该转变思想，建立一种新的、符合我国国情的、以人为本的教育质量观。21世纪对学生素质的要求是既要有人文科学素质，又要有创新精神，有实际的能力，同时还要有知识和能力。第一是对发展质量的看法。发展是一个重要的原则，它既包括发展，又包括提升。第二，质量观念的适应。高校必须满足人民对人才的要求，才能为人才的发展提供更多的人才。第三，质量的整体观念。高校的教学质量应从多个角度进行度量，不应以单一的指标为标准。第四，质量观念的多元化。对各层级、各类别的人才，不能以一个统一的标准来代替。第五，质量观念的独特性。个性代表着品质，代表着生活。

第二节　体育教育专业办学的规模与基本条件的变化

一、体育教育专业办学规模的变化分析

首先，从体育课这个角度来看，综合类高校以及其他一些独立类高校成立时间比较长，所以在体育课的基础上，如运动课、体育课等都具有很强的竞争力。但是，因为它的教师结构是为公共体育课而配置的，所以不管从师资配置的角度还是从培养体育教育专业的师资的经验来看，都不具有显著的优势。高等职业技术学院在高职高专院校中开设过多的体育专业，不仅浪费了社会资源，而且存在着低水平的重复建设，还会在大学生层次上产生不利的竞争。此外，一般的综合型高校以及其他一些单一类高校也大多具有颁发硕士学位的权力，不需要经过较长时间的本科教育，就能很容易地得到培育硕士研究生的机会。这也是许多这样的学校迫切希望开设体育课的原因，这样的负面效果也会导致在硕士生层次上的恶性竞争。这样的情况，必将给高等职业院校的体育教学工作带来不利的影响。

其次，综合类高校及其他单一类高校，为何如此热切地开设社科类专业？王树宏、李金龙等通过对有关方面的调研，得出结论："大部分高校设置社科类课程，是出于"升级"需要，是出于对社科类课程设置的需要，仅少数高校设置社科类课程，是出于对社科类课程设置的需要；有的学校受到了经济利润的影响；大学在进行学科布局的调整时，很可能会出现一些新的学科。高校之所以设置社科类专业，主要原因在于高校设置社科类专业的必要性，即"其他高校已有社科类专业，我们亦应如此"。若真如此，则不免令人对此问题提出疑问。在开设社会体育专业时，我们要将各个地区的经济发展水平、体育产业市场、体育休闲健身市场的发达程度、以及社会现实中可以提供的工作岗位等因素进行考量。鉴于当前社会所能接纳的这类人才实在是太少了，我们应当减少开设社科系的动力。

二、体育教育专业办学条件的变化分析

从1999年起，我国的高等教育就进入了大规模的招生阶段，这既是我国的高等教育普及化的需要，又是人民群众日益增长的物质文化需要，更是高等学校的稳定与发展的需要。这使得我们的高校以史无前例的速度走上了一个新的台阶，加快了由精英向大众迈进的步伐。我们都知道，事情的发展是有正反两面的。随着高等教育的普及，高校的招生数量得到了极大的增长，同时也极大地提升了高校的规模效益，同时也解决了部分群众上大学、接受更高水平的教育的需求。但是，随着高校招生规模的急剧增加，毕业生的文化素质也变得更加良莠不齐，高校大规模粗放的管理方式必然会对高校的办学品质造成一定的冲击，因此随着高校规模的扩张，高校的办学品质尤其是教育品质问题也变得愈加令人担心。高校办学水平的高低直接关系到人才培养水平的高低。在大众型的教育中，要确保优质的人才培养。但是，目前的实际状况是，我们的高校教学水平还不高，教学水平还不高。

（一）生源的质量情况

学生资源是一所大学的根本，也是一所大学的前提。一方面，伴随着高校的扩大，学生的素质也成了社会和学者们讨论的热点，同时，学校条件也是获得高素质学生的基本条件。教师的教育水平直接影响着人才的素质，是一所大学存在与发展的关键。唯有持续改进，才能获得更多的信赖，才能更好地招揽到更多优秀的学生。高校从精英化向大众化转变，符合当代高等教育发展的需要，但是高校招生规模的急剧扩大，也造成了高校毕业生素质的相对下滑。大学生的质量良莠不齐，以前许多高中都是尖子生上大学，如今却变成了一般生上大学，造成了大学生总体质量的降低。从目前的

研究数据和调查结果来看，因为扩招提高了入学率，导致了高考录取分数线的降低，所以普通高校体育教育本科专业生源质量出现了下滑，这已经是一个不争的事实。生源质量的降低加大了学生之间的基础差异，对教育工作的进行造成了很大的影响，也为保证教育质量增加了很大的困难。

（二）体育师资队伍情况

21世纪是一个从传统的工业化社会向知识经济社会过渡的时代，知识与信息将取代能源与资源成为新的财富来源。科学技术的竞争，经济的竞争，社会的竞争，最终都是人才的竞争。人才的培育是一项综合性、系统化的系统工程，要想培育出高质量的人才，就必须有高质量的师资队伍。一个国家的复兴，靠的是教育，靠的是人才。在教科文组织的一份报告中，我们看到老师们是改变世界的推动者，是沟通东西、沟通南北、形成新一代个性和观念的活跃分子，我们从未如此深刻地认识到老师们在其中所扮演的角色。

1. 结构性失衡

针对我国当前高职院校体育教学改革的现状，许多学者从多个方面进行了探讨，既有优点，也有缺点。比如，马卫平等人的研究表明：在过去的几年里，我国高校的体育学院（系）的师资队伍已经形成了一个相对合理的、具有比较高的综合素质的学科阶梯。[1] 但是，随着国家建设健全的社会主义市场经济体系的需求，以及21世纪高等体育教育的改革和发展的需求，特别是随着高等教育大众化的来临，目前的教师队伍还应该在年龄结构、学历结构、职称结构和上进行全面的调整。从学历构成来看，在普通高校的体育教育专业师资现状中，存在着一个明显的特征，那就是：高学历的老师所占的比重很小，但却拥有很高的职称。当前，在体育学院（系）师资力量的构建中，存在着一个很大的问题，那就是：怎样来优化当前师资力量的学历构成。从亲属关系的角度来看，术科的亲属关系比较单薄，这对教师素质的提升不利，而各专业的亲属关系比较合理，对学生之间的竞争和合作有很大的帮助；其年龄构成总体上是比较合理的，但在50岁时出现了一个非常显著的断层。曹莉等人认为：高等师范院校（系）教师的文化水平构成区域分配不均衡，高等文化水平的人员在华东地区所占比重较大，在西南地区所占比重较小，并且有自东海岸向中、西部逐渐递减的倾向。[2] 刘兴教授在他的论文中认为：从总体的年龄构成上来说，我国高校术科教师正处于教

---

[1] 马卫平，谭广，刘云朝. 从"科学主义"与"人文主义"思潮的融合看我国体育科学研究的未来走向[J]. 北京体育大学学报，2006，29（7）：3.

[2] 杨莉君，曹莉. 高等师范院校本科学前教育专业人才培养模式的重建[J]. 湖南师范大学教育科学学报，2009（4）：4.

学、训练和科研创新的黄金期；[1]教师的专业技术职务和专业技术职务构成存在着"低水平"的问题；高校的学缘结构比较简单，这对高校的教学、训练、科研等各方面的工作产生了很大的影响；各专业的专业老师在教育程度上均显著地优于术科老师，这是由于各专业的专业背景和专业背景较强于术科老师所致；在教学理念、质量、人才和生源等方面，还没有进行深入的改革，在理念上还存在着很大的阻碍；教师职业技能素养的基础与广度有下降的趋势，教师职业技能素养的培养和教育工作的繁重与资金的短缺是教师职业技能素养提升的重要原因；目前，在体育院校中，对师资的培训工作还没有建立起一套系统，存在着很大的随意性，资金投入不足等问题。在对教师进行进修提升方面，仍然以政府和学校两种行为为主。

2. 运动场地与器材

体育类学科的特殊性决定了其学校建设的基本条件，也决定了其在学校建设中的地位。在扩大招生后，各地学校都积极地从各个方面筹集资金，加强了学校的基本教育和教育设备，并在一定程度上提高了学校的办学水平。简而言之，在高校从精英型进入到大众型起步的情况下，高校体育场馆的建设和升级已经跟不上人数的增长。在过去的几年中，随着我国体育教育事业的发展，我国体育教育的教学工作也在逐渐增加。尽管我国的体育教育事业也在逐步发展，但是我国的教学条件、场地、器材等方面并没有得到显著的提高，依然无法适应我国体育专业教学、训练和科研的发展需求，这在某种意义上造成了教学质量的下滑。

总之，在以上的分析和对比中，我们能够得到以下的结论：在经过了多年的发展之后，我们已经基本上建立起了一个相对合理的学科层次和较高的整体水平。但是，在我国构建健全的社会主义市场经济体制的要求及面向21世纪高等体育教育的改革与发展的需要之下，特别是高等教育大众化时代的来临之际，专任教师队伍中数量不足、结构不平衡、高学历者比重较低但职称相对较高、术科教师学缘结构单一、术科教师教育思想观念转变不深入、专业技术素质的基础性和广泛性下滑等问题突显。高校体育学院（系）的教育设备和设备的升级与招生人数的增加不相适应，特别是在运动场地和器材数量上的不足。综上所述，高等体育院校（系）的专任教师的数量和结构、教学设施等与学生人数增加的差距，说明在扩招后，普通高校体育教育专业的教学质量的确有所下降。

---

1 刘兴. 对我国体育院校术科教师在职教育的研究 [J]. 沈阳体育学院学报，2004，23（1）：4.

第三节 发达国家的高等教育大众化历程

美国著名的社会学者马丁·特罗在 20 世纪 70 年代对国外高校的发展进行了综述后，将高校的高等教育分为三个时期，即在大学年龄层中，在大学中受过高等教育的人数占比超过 15%，是"精英教育"阶段；占比在 15%—50% 之间，属于大众化阶段；超过 50% 为普及期。当前，很多发展中国家，尤其是我们的大学，都已经步入了"大众化"的道路。"大众化"既是教育学科中的一个课题，又与人口学密切相关。这是一个用来度量高校普及程度的指标，它的分子是当年受过高等教育的人口，而当年的同年龄人口则是它的分母。因此，在检视一国或一地区的高等教育普及进程时，既要检视它的发展变迁，也要检视它的人口年龄构成变迁。

一、发达国家的高等教育大众化

西方发达国家是世界上先行进入发达社会的国家，其主要特征表现为：较高的人均国民生产总值；较高的社会福利水平；各级教育的现代化及较高的人均受教育水平；人口结构的现代化（包括人口年龄结构从三角型结构向梯形结构转化；从快速数量增长型向稳定型乃至静止型转化）等等。

（一）西方若干国家进入高等教育大众化阶段

从以上国家的人口统计和高校学校规模（用在校生数量表示）的成长情况来看，可以比较明确地看出，这些国家的高校发展是否已经步入了普及的门槛：

由于美国是一个以外来人口为主的联邦制国家，因此一个灵活的、能充分调动地方政府的主动性的大学治理体系，使得美国的大学得以顺利发展。在 20 世纪 50 年代早期，美国在校大学生的数量已经达到 170 万，高等教育的毛入学率达到了 15%。在全球范围内率先普及了高等教育。

第二次世界大战结束后，法国和其他欧洲强国一起努力恢复经济。法国的大学毕业生人数大幅增加，到 60 年代中期，法国的大学教育也进入了普及教育的发展时期。

英国的高等教育发展状况和法国非常相似，在 60 年代中叶，也已经进入了"大众化"的发展时期。德国在 60 年代中叶开始普及大学。在美国的支持下，日本在"二战"后迅速崛起，对工程技术和各种管理人才的大量需要使得日本的大学得以迅速发展，并在 60 年代中叶达到了普及水平。

（二）发达国家进入高等教育大众化时期的经济社会背景

正如前面提到的，20世纪50年代初期，美国第一个步入了普及大学的行列，其后，欧洲的法，德，英，以及亚洲的日本也于60年代中期，步入了普及大学的行列。

下面我们对西方发达国家在进入普及阶段前后经济和社会发展的历史和现状进行梳理。

让我们先来看看20世纪50年代，世界上一些大国的经济数据。美国在19世纪末取代了英国，跃居全球第一位。"二战"以欧洲为主要战场，给欧洲的发展带来了巨大的破坏，而美国的发展却是一马平川。到了1950年，美国的经济已经稳固地成为世界上最大的经济体，然而，欧洲一些重要的经济体还在恢复中。

（三）发达国家高等教育大众化的进一步发展

自20世纪80年代开始，随着欧美各国人口增长逐渐平稳（各个年龄层所占人口比例基本恒定），法，德，英三国人口增长基本恒定（各个年龄层所占比例恒定，而各个年龄层的人数和人口比例也基本恒定值），为研究欧美某些国家的高等教育普及进程提供了条件。

可以看出，美国不但在20世纪50年代初期率先进入了大众化教育阶段，在20年后，美国在70年代初期也率先进入了普及教育的时代。

20世纪90年代之后，法，英，德，日各高校的在校学生所占同年龄层人数比例约为25%—45%。从高校学生人数的具体变动情况可以看出，世界上许多国家的高校学生人数，在进入"大众化"大门前后，都有较快的发展。美国在50年代初期"大众化"以前，曾有一个快速的"发育期"，正如马丁特罗所说，美国的大学在这一时期，随着普及大学的出现，为了适应社会的需要，数百所大学同时出现。十多年以后，有些院校因为经费不足，师资不足，办学条件差，办学质量差，学校毕业生不为社会所接受，入学人数锐减，犹如一家家经营不良的公司，最终只能宣布倒闭。但是也有很多别的院校，一开始就想到了学生所要的，所要教授的，所用的方法，千方百计地招揽人才，使它愈来愈好。最终，在普及过程中产生的优质高校得以幸存。

英、法大学在跨过"大众化"的门槛之后，一直保持着快速发展的态势，不断地向外扩张。德国和日本的高校学生数量占比超过了30%，但是之后他们的发展却几乎停滞了下来。本节对此进行了初步的研究。根据许多计量经济学者的研究，美国已成为全球最大的技术输出国，而其他的发达国家（其中就有日本）则是接受高技术输出国的主要国家。美国是世界上最强大的国家，它的技术统治力一直没有被撼动，要想大量发展新技术,并维持它在军工技术和高技术领域的领导,就需要有一支强大的技术研发团队和技术制造团队。美国拥有数量众多的科研人员,其科研成果的产生离不开大量的高校人才的支持。

英国和法国虽然在经济和科学技术上落后于美国,但是他们并没有放弃对欧洲和世界政治经济舞台上的"大国"的追求。这两个国家不但是世界七大工业国家之一,拥有最先进的科技。科技、经济和军事大国地位的争夺,不可避免地需要作为科技人才的摇篮的高校继续高速发展,直至到达某个极限。

与英法相比,德日在经济和科技上都十分倚重美国,他们的科技和教育开发以应用和民用为主。

二、发展中国家的高等教育大众化

虽然已经有 27 个发展中国家(不含那些没有相关资料的国家或区域)实现了"大众化",但是总体而言,发展中国家的高等教育普及仍然滞后于发达国家。发展中国家存在以下不足:一是发展中国家与发达国家相比,其高等教育属于高端教育,其所需经费较多,而发展中国家的高等教育普及程度较低,这直接限制了其发展;二是由于发展中国家经济社会发展水平低下,难以充分发挥对高等教育"反哺"的作用;三是由于我国的人口构成以年轻为主,极大地限制了我国的高等教育普及。具体体现在三个方面:一是发展中国家的人口总供给水平较高,这导致了国家可以用于教育的资源在国家总资源中所占的比例较小,因此,各级政府难以将教育支出在国民生产总值中所占的比例有所提高。二是大学年龄段的人口所占的比例比较高(平均大约为10%,而发达国家的这个比例的平均值大约为 6.5%)。假设所有的因素都是一样的,那么通过对分母进行同比放大进行换算,就可以知道,只有一个差别,就可以使得发展中国家的大学在校学生数量所占的比例比发达国家的比例要少 25%。三是由于发展中国家各年龄段的人口所占的比例比较大,造成了发展中国家在教育方面的严重不足,而且还要在教育方面投入更多的资金,因此有人把这种现象称为"撒胡椒面"。出于以上理由,大部分发展中国家(其中中国)的高校毕业生与高校毕业生之间的比例很小。

对于那些已经达到"大众化"的发展中国家来说,由于经济、科技和人口三个方面的差距,再加上三个方面的差距,造成了它们之间的差距。

大部分发展中国家以 150—1500 美金的名义以平均国民所得 150—1500 美金的水平完成了"大众化","超前"于发达国家。主要表现为发达国家对我国的知识、技术和经验的外溢,以及发展中国家对我国的追赶作用。

从区域上讲，在发展中国家，普通高校的普及教育可以分为以下几种：

"中—东北非"类型，即其中有埃及，有约旦，有叙利亚等等。中东和北非一些已经"大众化"的国家具有以下特点：一是以原油作为主要的经济来源，二是以人均GDP为基础，三是国民的整体福利；但是，该地区的工业结构比较简单，科学技术发展程度不高，宗教信仰比较普遍。人口的年龄构成特点是：总扶养比非常高，大学年龄段的人口约占总人口的10%，其他学龄段的人口也非常高。在此基础上，本文提出了一种基于社会福利的高等教育发展模式。70年代初期，欧美等国实现了"大众化"，但此后的发展非常迟滞。

拉美及加勒比地区类型：这些国家中，有玻利维亚，哥斯达厄加，巴拿马，智利，委内瑞拉，乌拉圭，墨西哥，阿根廷，波多黎各，厄瓜多尔。拉美、加勒比等已经"大众化"的国家，是世界上最发达的国家之一，拥有最先进的工业结构。当前，本区域的高校学生与学龄儿童的比例是世界上最大的。其中有不少国家早在70年代初期就已拥有很高的高校在校生数量，90年代更是有所增加。

"亚洲"类型："中国"类型。韩国和菲律宾是指已经"大众化"的国家，但第一款和第二款除外。其中还包含了中亚地区前苏联加盟共和国的几个会员国，由于资料不明，本文将不再进行论述。

中国香港特别行政区和新加坡之间的比较。新加坡和中国香港地区"大众化"之路，与韩国和菲律宾不同，是在他们的人均收入很高的时候，20世纪90年代初期，他们的人均收入已经突破了一万一千多美元），他们的"大众化"之路，也是在他们的国民平均水平很高的时候，他们的国民平均水平才刚刚跨入"大众化"的大门。我们都清楚，新加坡和中国香港都是亚洲的新兴工业区域，自60年代以来，他们的经济已经"起飞"，但在此期间，他们的人口生育率却在急剧的降低，他们的人口构成正在快速过渡到近代的稳态化，再加上大量的外派劳工，使得他们的抚养率很低，在全世界都是垫底的，而且各个年龄层的人口比例和欧美各国非常相近。为何新加坡和中国香港的普及教育来得如此之晚？笔者以为，造成这种局面的主要因素是：首先，新加坡与中国香港的经济高度依赖于西方，资金、技术与管理都要向西方及周边国家引进大量的人力物力，这就削弱了本土大学的发展势头。其次，在那个时候，有关部门没有很大的热情去开发大学。尤其在当时长久视香港为"英商天堂"的港英政府，为维持英国相对香港的"人才高地"，对于在香港发展的高等教育，一直持否定的态度；尤其自20世纪80年代起，由于英国的"老龄化"，英国的高等教育出现了持续的"短缺"现象，因此，当时港英政府更多的是鼓励港人到英留学，而对于香港的高等教育，则只得到一定程度的开发。90年代后，伴随着我国社会的转型，以及知识经济的崛起，政府已高度重视高等教育的发展，并明确指出在新的条件下，人才是引进外国资金的一个重要方面，从而使我国的高校发展速度大大提高。

第四节　部分发达国家的高校教学质量保障

一、美国高校教学质量保障

美国的大学有很多种，有很多不同的类型，也有很多不同的培养方式，但其培养的人才水平并不相同。这里有哈佛，普林斯顿和麻省理工大学这样的举世闻名的知名大学，但也有不少水平低下的学校，以及所谓的"文凭作坊"。就像一些教育学者说的那样，全球最好的高校都在美国，而最坏的高校也都在美国。尽管美国的大学体系非常的庞大和繁复，但是它的力量却是世界上最强大的。美国大学的教学质量，主要取决于教师的学术水平、学生的学习质量、以及大学教学管理的质量保证。美国大学的一个显著特点就是在大学内部围绕着大学的质量展开了激烈的竞争的同时，对大学办学质量实施了多种形式的保障与监督。在内部，是指高校自身的质量目标的设计，控制和执行，具体包括：目标，措施，师资素质，教师的精力投入，教学过程管理，学生的参与，课程建设，硬件设施等等。从外部看，是指国家和社会对大学办学质量的监督、评价。

（一）高校内部教学质量的管理与监控

1. 严格的教师聘任升迁制度

美国大学已经建立起了一套规范而严谨的教师任用和选拔制度。在美国，要想在一所学校里当老师，首先要有博士学历，其次才是大多数学校的要求。比如，曾经从事过研究工作，非本校同一年毕业等等。在美国，教授的薪水很高，身份也很尊贵。丰厚的薪酬保障了高素质的教师队伍，高素质的师资队伍保障了高层次的教学队伍，高层次的教学队伍保障了高校在市场上的竞争优势，这就是高校教师队伍建设的一个良性循环。在对师资的人事任命和解除方面，美国实行的是试用制、合同制和终身制并驾齐驱，对年长的人员不设置任职期限，而对年轻的人员则设置任职期限。为了使教师在科研、教学和服务等方面得到持续的提升，多数大学都采用了评价制度。各个大学都建立了比较科学的评价指标，使其规范化和制度化，并将其与老师的去留、职称晋升、工资待遇等联系起来。为此，建立了一套严谨的任用晋升机制，对大学教师提出了更高的要求。

2. 灵活多样的教学方法，突出以学生为中心的教学理念

只有充分调动学生的学习积极性，尽量将新的知识运用到新的情境中，他们的学习效果才会得到真正的提升。美国的教育方法很有弹性，不管是本科或硕士，老师都不会直接向他们传授任何东西，他们会通过实验、个案、讨论和互动等形式来激发他们的兴趣。在每个课程开始之前，老师都会将一份详尽的教学方案发给学生，其中包含了教学进度安排、课程基本内容、思考题、参考资料等。因此，如果学生们在课前就已经做了充分的阅读，就可以在课堂上获得自己的话语权。此外，老师们还十分重视对学生进行独立思考能力的培养，并鼓励他们提出自己的构想，同时也尊重他们学习的多样性。根据不同的学习能力，不同的学习风格，制订不同的教学计划。这既是对培养和开发学生特长的有益尝试，又是对教师教育工作的有益补充，对提升教育教学水平具有积极意义。

3. 科学合理的课程设置

课程是保证教育质量的基本平台。在过去的20多年里，美国一直站在一个民族的发展战略的角度来看待这一问题，并将这一问题作为其研究的重点。例如，美国自80年代以来，一直在不断地对体育师资教育进行着改革，并取得了长足的进步。美国的体育师资是从综合型高校中选拔出来的，并没有全国范围内的统一的师资培训纲要，师资培训的内容也因地区各有不同。而美国则实行了高校评估体系，高校的专业设置必须经过高校评估机构的评估后方能被批准并提交申请。一般而言，美国高校所训练的体育老师，必须在四年的时间里，完成120至140个学分，其课程架构以总则为主，其中总则为专业知识与专业技能实务为主。在美国，对教育性实习非常看重，既有较长的实习周期，又有较强的组织和管理能力。通过由中小学体育教师和大学教师组成的协作小组，对体育系的学生进行培训，既可以让中小学体育教师把丰富的教学实践经验带到大学的课堂上，又可以为大学体育教师的课程规划带来新鲜的内涵和生命力，从而促进了高校体育的教学质量的持续提高。当今美国高校的教学改革，以创新为目标，强调以通识为核心，强化特色教学，同时也强调全球观念和世界观。这一次的课程改革，提出了两大基本目的：①培育有知识的、有能力的、富有想象力的公民，他们可以在自己的生活和工作中，为自己和别人的自由与安全感做出贡献；②开设一系列的基本功，这些基本功包括使学员能够成长为一个具有全球视野的美国人，也就是一个具有全球性的人。综观20世纪70年代以来美国大学的课程改革，其基本特征是：

重视一般教学,重视特殊教学;以理科为主,兼顾人文科学;在重视基本功教学的同时,也重视对学生的综合素质的提高;大学教学计划的国际化。

4. 充裕的硬件保障

以宾夕法尼亚大学为例,每个班级都配备了全套的光学投影仪、实物照相机、数字投影仪、视频录像和多媒体教学设备。不管是200个人的大教室,或50个人的小教室,或讨论教室,或专门的教室,或为同学们提供集体研讨的教室,均与宽频、高速的电脑网路相连。宾夕法尼亚大学拥有15座图书馆,拥有5200000本书籍。目前,我国高校图书馆员队伍中,除了拥有图书管理学学士学位,还拥有相应的硕士生、博士生学历。美国高校的图书馆通常对外校的学子敞开大门,让他们自由出入。高校的实验室等设备也非常发达,一般都不注重内部和外部的布置,只注重其功能性和实用性。

5. 健全有效的内部教学评估机制

美国高校质量评价以两种方式进行:

第一,学校成立了一个特殊的团体。美国大学十分注重对学生进行师资培养和教育。纽约布法罗大学在全国范围内设立了一个教育与研究服务中心,负责提供教学与研究方面的支援、改善教学与研究工作的效能和品质,以及与他人交流和研究成果,并定期组织各种学术讨论和交流。对年轻老师来说,最好的方法就是让他们观看示范课程;老师应该具备多样化的技能与教学方式,这样才能使学生掌握更多的教学方式。第二,是对课堂教学的评价。美国大学在1920年开始实施的学生评估,因其具有可靠、稳定和广泛的特点,可以对学校的老师进行全面的评估,因而保证了学校的教育质量。在美国进入大学普及阶段以后,更多地采用了对学生进行评估的方法。

(二)政府和社会对高校教学质量的监控与评估

1. 政府对高校质量的间接制约和引导

第一,从财政资金的角度对大学进行制约。美国虽然没有对所有的学校进行直接的管理,但是在高等教育中却存在着一系列完善的管理制度,其中最重要的就是财政补贴制度,它的中心是市场调控。这样的制度不仅保障了大学生入学的最根本的物质基础,也为大学的办学目标和办学品质带来了新的挑战。

第二,学校的基础素质得到了保障。建立一所由国家批准的高等院校。经过学校的认可之后,对于所选的科目也要经过严格的认可,仅有学校认可而无科目认可仍不能录取。

2. 社会对高校教育质量的评估与认定

美国的高等教育质量评价体系是以"学院评定体系"和"学院等级"为基础的。

（1）国家组织的鉴定体系。我们都知道，由于美国的文化、历史、地理、政治和经济的原因，它有着与其他国家不同的特征，而它的大学证书体系也是非常特殊的。在美国高等教育分权制和多元化体制下，这种体制不仅是一种行之有效的行政体制，也是一种保证和改善高等教育的方式。简言之，高校资格认定是基于高校自身评价与同人评价，以满足公众责任与提升高校教学品质为目标的一种途径。美国的证书体系经历了近百年的发展历程，其体系分为"院校认证"与"专业认证"两类。认证机构是民间性质的非营利机构，可划分为区域性、全国性和专业性三大类。

美国现有80个高等学校的职业资格鉴定组织，主要鉴定大学各学科的资质；目前，全国共有6家区域内的高校鉴定组织，为本区域内的高校鉴定提供鉴定服务。目前，美国的高校认证标准、认证程序、认证内容和认证标准都已经实现了"法制化"。随着全球自由市场和民主政治的发展和高等教育的扩大，世界各国纷纷效仿美国大学的教学品质保证体系，其主要内容是通过证书来保证教学品质。

（2）传媒类大学排行榜。在美国，对大学进行分类排名的方法多种多样，但这些分类排名的主体基本上都是与政府部门和高等院校无关的、自给自足的媒体和出版界。《美国新闻与世界报道》创刊于1983年，发布有目前国内最具权威性的大学排行榜，其排行榜主要依据的是各校自己的资料，标准依据的是美国卡内基教育推广基金（Carnegie and World Report Foundation）1987年发布的高校分级标准。传媒大学排行榜因其能方便地为人们认识大学而被人们所认识。对于相关部门来说，大学排行榜可以从另外一个层面反应大学的相关信息，帮助其做好大学的宏观管理与政策制定；对于高等院校来说，与其他高等院校进行比较，可以让他们认识到自己的长处与短处，从而促进自己的发展；对于社会大众来说，可以比较直观地了解一所大学的整体实力，以及各有关领域的水准，为其选择学校提供帮助。但是，在大学排行榜中，大众传媒所起到的影响很小，它并不能全面地反应大学的整体状况，只能在参照的基础上，进行比较性的评价，并不是一个绝对的标准。

简而言之，美国大学的教育质量保证，就是大学内部和外在环境的相互协调和促进，使大学自身发展和提高。

二、日本高校教学质量保障

二战结束以后，日本的高教事业对世界高教事业的发展起到了举足轻重的作用。日本继美国后进入了普及的高等教育阶段（1963年，全国高校及短期高校的入学人数为15.4%），东京、京都两大高校跻身于全球知名高校行列。日本在实现高等教育的过程中，走上了一条依赖民办高校发展的道路，这条道路与欧美国家所走的道路是完全不同的。日本在实现普及化的过程中，注重的是"量"的扩大，而忽略了"质"的提升，造成了"量"的快速增长，"质"的下滑。日本大学普及教育的特点可以划分为两个时期：1950年至1980年，以数量的增长为主；从20世纪80年代中后期到现在，主要表现在质量和制度上的变化。尤其是20世纪90年代以后，日本的大学教育得到了快速的发展，大学入学人数不断增加。日本文部厅曾对高等教育进行过一次大规模的教育变革，旨在解决因量质不平衡而导致的高等教育质量下降、高校纷争等"危机"，建立适合大众需求的新型高校与高校体系。其中，日本大学在保证本科教学质量方面所采取的一些做法，具有很大的参考价值。

日本的品质保证，首先是由"高校标准学会"于1947年成立。该学会一建立，便立即制定并发布了《大学基准》，这一准则包括11个项目，用以对各高校进行统一的评估。经文化部官方颁布，命名为《大学设置基准》，于1956年通过该法。自文部省于1956年发布《大学设置基准》（《基准》）以来，日本高等教育的质量保障体系已初具规模。新《基准》于1991年颁布，加大了大学教学大纲的开放程度。《基准》在1999年又作了一次修订，把对高校的"努力义务"改为对高校进行自我评估，并要求高校进行评估，评估的结果也要公开。因此，日本就有了一套独特的教学品质保障制度，即由文部厅负责设定认证，由高校参照学会负责品质评估。前一阶段所采取的各项举措，保障了高校最低水平的教学品质；而对大学教育的重视，更是推动了大学教育的发展，为日本大学教育提供了一大批优秀的教育资源。

（一）追逐时代步伐，加快课程建设

为了满足新世纪的要求，日本在20世纪70年代以来，先后三次对大学的教学大纲进行了修订。新《大学设置基准》（《新基准》）于1991年颁布实施，进一步扩大了高等学校自主办学的范围。比如，高校可以依据自身条件自行设定专业，而《新基准》则只是确定了必须完成的专业知识。在普通和专门的教学方面，《新基准》提出，应让高校自行确定四年一贯性教学与普通教学的关系，并将二者结合起来。回顾日本大学在二战结束后数十年的课程改革过程中，对保证大学教育质量起到了重要作用。它的发展特征是：①以个体为中心。②实施综合性的教学方案，开设综合性的学科，开设综合性的学院。③强化信息技术，提高教学质量。④国际化。二十一世纪，日本为了在科技和经济上占据全球领先地位而进行了激烈的竞争。20世纪80年代以来，日本大学积极推进大学国际化进程。⑤在教学方式、相关体制等方面的弹性。⑥对原有的课程进行改革，增加新的课程。

（二）改革教育方法，保障教学质量

在新一轮的教学中，教学方式的变革也是一个关键环节。日本高校为了改善办学条件，采取了以下几种方式：①开放课程表；在教育改革中，多数高校都会有老师提出教学方案，然后将老师们的教学方案编印成书出版，以供同学们阅读。②多个学期制，将一个学年分为几个学段，每一个学段都以一个学段为终点。短期的集思广益，提升了课堂效率。③实行小班授课。以学生为主，实行小班教学，也就是 20 个人左右的高校扩招。④加强对同学的辅导。随着高中教育改革，教育课程的弹性化，选修科目的增多，对本科生进行了大量的调研，发现超过 32% 的本科生在进入本科之前没有学习过本学科的基本课程，从而导致了他们在本科阶段的学习比较艰难。因此，对此，高校纷纷采取了对此类学生进行补习的措施。⑤由学生对课堂上的授课进行评估。让学生对课堂上的学习情况进行评估，并将评估的结果反馈到教学中。各个大学的评估项目存在差异，通常情况下，具体内容有：对授课的满意程度、授课内容是否形成了一个体系。很多高校都会将评估的成果记录下来，并在每一学期内制作成一份评估报告，以供师生阅读。⑥重视创新的培养。

（三）建立多元化的评价系统

随着高校的开放，不但要放开高校的管制，还要对高校自身承担责任，要对整个社会承担责任。日本在这一进程中，也不能完全放任高校发展，只能通过一些"附带条件"来解决高校发展中出现的一些问题。新《大学设置基准》中有一条清晰的要求："一所高校，为改进其教学科研工作，实现其办学目标，履行其所承担的社会责任，应当对其教学科研工作情况进行点检与评价。"也就是说，每一所高校都有"自我检查与评价"这一职责。校委会建议的自我评估内容，涵盖教育理念和目标，教育活动，科研活动，师资队伍，设施设备，国际交流，社会合作，管理和财务，以及自我评估系统。但是，因为自身评估的客观存在，有些高校在评估中往往只强调自己的成就，而忽略自己的缺点与失误，这种做法并不利于保证与提升教育质量。针对这些问题，高校评审委员会建议引入第三方评估系统，也就是成立一个第三方评估机构，专门负责对高校评估的结果进行评估。

（四）提高教师素质

要想提高教学质量，充分发挥教师在教学中的重要地位，提高教师自身的教学素质至关重要。作为一名优秀的老师，必须关爱学生，不断地加强自己的业务素质和实践指导的能力。为了更好地发挥学校教育的功能，必须增强广大教师的敬业精神。因此，应从教师的政策措施、教师的培养与任用、科研与进修、评估四个层面，来全面地讨论教师的发展。采取多种选择教师的方式；将新教师的试用期从半年延长到一年；建立了一套有组织的岗位更新制度，保证了每个老师到了规定的工作时间都要更新一次；政府与都道府县与市町乡村共同承担对师资的补习任务，建立健全师资补习制度。临时教育审议会通过了"提高教师质量"的基本政策，也就是要对高校的师资培养过程进行更深层次的改革，使师范学生拥有成为未来教师所应有的素质。同时，也要增加对新人和在职老师的学习，改善对老师的聘用方式，以及对老师整体素质的提升等问题。

三、英国高校教学质量保障

英国拥有全球最先进的高等教育体系。20世纪60年代以来，由于政治、经济和人口结构等因素的作用，对英国的高等教育理念和体制产生了巨大的变革，《罗宾斯报告》(《高等教育：1961—1963年首相委任的以罗宾斯勋爵为主席的委员会报告》)，以及"二元"体制的确立，成为英国高等教育体制改革的重要内容。罗宾斯的研究成果为英国大学的发展提供了理论依据，并对大学的发展提出了178条具体的政策措施。在这些政策中，最有名的就是所谓的"Robins原理"，它认为只要是具有一定的素质和成就，并且愿意接受更高层次教育的人，都应该接受更高层次的教育。《罗宾斯报告》的出版标志着二战结束以后，英国高等教育进入了一个新的阶段。

英国高校具有自主办学、注重素质的优良传统，是世界著名的"精英教育"。自20世纪60年代起，英国开始加速推进普通高校的普及，到了70年代，普通高校的总入学率已经达到了15%，进入了普通高校普及的大门。但是，英国的大学发展具有一种保守的特点，趋向于单一的大学质量观念，造成了大学种类单一，学位标准单一，录取标准严格的现状，大学发展缺少了多样化。在此基础上，以此为导向的普通高等教育，实际上成为一种"放大版"的"精英型"教育，其后果不仅是学生人数的增长，更是对"精英型"教育产生了巨大的影响。随着经济和科技的发展，人口和就业结构发生了改变，人们对多规格、多方面、多水平的人才的要求，同英国高校的封闭和精英传统之间的冲突越来越明显，而传统的以学术和理论为主的高校的教育模式已经不能适应不断增加的对专业性和实用性的要求。这种现实的冲突使我国的高等教育受到了越来越多的重视，提高我国的大学教育质量的呼声也越来越高。面对这样的情况，英国为保证大学的教学质量，制定了一套相应的对策。

（一）健全的高等教育质量保障体系

1. 高等教育外部质量保障

英国对外的质监制度是由国家一级高校质监部门对高校质监部门进行统一管理。英国的高等教育在20世纪60年代就已经开始了初步的构建，它的主体是全国学位委员会（CNAA，1964—1992年），以及协助政府对其进行质量监管的"皇后巡逻队"。

由 Majesty 公司、高等教育质量保证机构（QAA，1997年成立）和全国职业资格考试机构（NCCQ）等构成。英国在20世纪七八十年代，国家经济不景气，高等教育的发展出现了一次低谷，但是很快就出现了复苏，这种复苏与QAA在1997年的建立密不可分。QAA的主要任务是向学生、学生家长以及其他有关人员确保高校的教学品质，同时与其他高校共同努力，以维持和提升高校的教学品质，下面将对QAA的教学品质进行详细的描述。

QAA的质量保证措施具体包括了质量控制、质量审计和质量评价三个方面：所谓质量控制，就是各个大学为了维持和提升其教学质量而实行的教育质量水平监督机制，它的具体内容包括了三个方面：学生入学质量控制、教学过程质量控制和学生学习成果的质量控制。"品质审核"是一种由大学以外的同级及有关方面监督大学品质的制度，它具有与之相对应的检讨与评议的内容。主要由三个步骤组成：检视校内行政档案、查证档案、撰写稽核报告。教学质量稽核的结论通常是不对外公开的，目的是为了使大学更好地认识和提高教学质量。质量评估是根据某一专业和学校两个层次的教学质量，学生的学习成果和经历以及学校的管理情况，对某一专业的教学质量做出的评估。高校的教学质量评估，既要对高校进行公开，又要对高校的整体实力进行评估，进而对高校的办学水平、办学效益等产生重要影响。QAA质量评价依据其发展历程可以分为4个层次：学术评价、学科教学评价、管理质量评价和研究课题评价。①学术评价源于1980年代《大学学术标准》，其内容涵盖了学术水平评价、学生学习机会与质量评价、学术管理评价三个层次。在进行学术评价时，以大学的自评为主体，大学在进行了自我评定之后，会产生一份评估文件，QAA的学术评审团队会对这份文件进行分析和核实，最终作出判断。评价标准分为学科层次和学校层次两个层次。②根据高等学校拨款委员会的教学质量，提出了学科教学质量的评定标准，并对学科的教学目的，教学计划，教材的编写，学生从中获得的技能，教学组织情况，教师的授课水平，学生的学习情况，学生的学科成就进行了评定。③高校认证机构对高校的认证工作进行了深入研究。它的主要内容有：高校的外部审核制度评价、内部审核制度评价、教职员和学生申诉制度评价、学生就业和生活方面指导的评价、对残疾学生在各个方面的照顾情况的评价、招生入学制度评价、财务管理评价、高校管理人员的业绩评价等。④由 HEFC 的科学研究成果转化为科学研究成果的科学研究成果。从项目说明书、项目管理制度、资金的有效使用、项目申请、研究生参与项目、成果的质量等方面进行了调查。对上述四项内容，各有侧重。

2. 高等院校的自我监控

高校自身的教育质量监测是英国高校教育质量保障制度的一个主要内容。高校普遍注重自己的素质，努力保持并提升自己的素质。主要体现在：①健全完善的质保制度；这个系统包括了学院和系部两个层次的质保组织。②建立并实施严谨的学业规范。评价指标体系是评价高校办学水平的一个主要指标，英国各高校都非常重视建立符合自身办学水平的指标体系。③营造学校素质教育的良好社会风气。通常的作法是，透过广为传播，让每一位教师和学生都知道本校的学业水准。④强化对教师的内部评价。英国大学内部的教育评价是确保教育质量的一项主要手段。⑤做好对学员的引导工作。英国各大学对研究生的入学考试均有严格的规定，而且通常不会降低入学考试的分数。所以，很多英国大学都会进行严密的自我监督，因为他们清楚地意识到，如果一个大学没有一个好的品质，那么它将无法长久地占据很大的市场份额。

3. 民间监督与评估

在英国大学的教学质量保证进程中，社会力量的参与和评价机制的发展也日益受到重视。在众多的媒体和社会团体中，《泰晤士报》的影响力是最高的，它包括了《金融时报》、商业公司、专业团体等。《泰晤士报》一年发布一次英国大学排名，这是一份由专业人士制成的榜单，榜单排名公之于众，以此来衡量一所学校的教学水平。因其具有良好的设计、可信的资料（来自于官方统计报告、高校年报等）、更加公开透明、具有更高的科学与社会信任程度，已成为英国政府、民众乃至世界各国评价英国高校办学品质与水准的一个主要参考标准，极大地推动了各国高校办学品质的提升。

（二）高等教育的准市场化发展

英国的高等教育在 20 世纪 70 年代出现萎缩，这与不断衰退的经济环境和对"人力资本"的质疑密切相关。由于学生数量的下降，国家对高校的资金投入也越来越少。英国大学普及发生在一个特别的时代，大学教育资金大幅缩减与大学教育的"准市场"变革相辅相成，共同组成了这个时代大学教育变革的主题。何谓"准市场经济"？这是由于在此之前，英国虽然对高校给予了一定的资助，但对高校的自治权没有任何权力，这种权力在高校中有着深厚的历史渊源。1979 年，英国保守政党上台后，对政府与大学之间的关系进行了改革，从而减弱了大学的自主性，增强了政府与市场之间的联系。但是，国家并不能以强化行政权为途径，更应该以经济为途径，利用市场机制，发挥其作用。因此，在英国，高等教育的"谁市场化"是由国家主导的。英国的"准市场化"大学办学模式有三个特点：①引进市场竞争，促进高校之间的"内部竞争"；《1988年教育改革法》的基本宗旨是追求优质教育，而实现这一宗旨的首要方法则是通过竞争。在新的教学制度下，高校和中小学校都必须要不断地提升自己的教学水平，以保证自己的教学质量。②英国高等教育以市场为导向，提高了人们对教育品质的重视。在这种半市场化的教育制度中，大学的使用者，学生、家长和地方团体，其选择的权利大幅提升，同时，社会对大学事务的干预也更为显著。③高校对社会的需要非常重视。在这一点上，英国有自己的特点，它的大学教育形式和课程设置，以及它的课程内容，都非常注重适应市场经济的需求。

（三）建立多元化课程设置，注重教学实践，培养适应型教育人才

英国的普通高校为英国的中学提供了大量的教学、研究、训练和比赛管理等各个领域的专业人才。通常情况下，体育教师的大学教育周期是三年，在大学阶段，他们会学习到大量的基础知识，会把自己所学到的东西与他们所掌握的分析的技巧相融合，并撰写自己的研究和阅读计划。这些活动是以社团的方式进行的，只要完成了所需的学分并完成了毕业论文，就可以得到理科或文科学位。其课程设置方式可分为三大类型：一是以"教育本科"（BED）为典型，采取的是一种学科学习和教育专业培训同步进行的培养方式；二是面向大学毕业生的"毕业文凭"项目；三是为高中毕业的学生设计的合作学习项目。第二次世界大战结束后的50多年间，英国大学的专业设置呈现出基本型、综合型和选修型的特点。简而言之，将一般必修课与特殊选修课相融合，注重并强化基本教学，增加专业课中的选择比重，适度缩小专业课内容，开设多门交叉的综合课，是英国大学的教学改革发展方向。

英国教师培训方式在注重学校和学校建立"伙伴"的同时，也注重对学生实践教学的训练。以我国高校体育师资队伍建设为例，强调了"以中小学为基础的师资队伍建设"。第一种形式，是指一所普通的中小学跟高校的体育部门签订了培训合约，在挑选学员方面，中小学拥有自主的权利，学员在某一所学校接受培训，并按照自己的标准和要求来考核，而那些经过考核合格的学员，一般都会去接受培训的那所学校执教。而在后者，则是由一所高校与一所地方的几所中小学签订一份培养协议，双方可以一起挑选出一名来自体育系的学员，然后再由一所高校来对学员进行训练，一般情况下，学员可以按照各自制定的标准来进行考试，并对其进行评估。

（四）加强师资队伍建设

取消高校师资终身制是《1988年教育改革法》的一项成果。这项举措允许学校在特定条件下解雇老师和研究员，并以一般劳工法构架下的契约制度代替了对老师的终身制。因此，高校教师的合同制有长期、定期、短期以及小时付款等多种方式，但是一些教师的工作不稳定，必然会造成教学质量问题。另外，由于高等教育普及程度的提高，学生与教师之间的比率也随之提高，20世纪70年代后期，学生与教师之间的比率约为12∶1，现在，学生与教师之间的比率已达到16∶1，有的地区甚至超过了20∶1。但为了保证和提高英国大学的教学质量，仍然非常注重对大学的教师进行培训。在教师聘任上，不允许出现学术上的"近亲繁殖"现象，刚刚取得博士学位的老师，在被聘用之后，要经历3到4年的实习期，在期满之后，只要符合条件，就可以被提拔为讲师。对于老师的职称晋级，有着一系列的要求和程序。聘用采取三至五年的合约方式，期满后再签订新的合约。注重师资的培训与提升。各大学采取的方法和手段也不尽相同。比如，有些高校要求老师要搞科研，一种课程不能超过3到5年，过了5年就要重新开设。为在职的老师提供教育学与教育心理学方面的培训，鼓励并资助他们参与国际与国内的各类学术活动。

四、德国高校教学质量保障

德国是一个具有悠久历史和传统的国家，其学风在国际上一直以严谨求实著称。德国的高等教育曾经以教学与研究相结合的"教学与研究"而闻名于世，被誉为19世纪的最佳教育范本，为各国所效仿。但是，随着德国步入了普及的大学阶段，由于一系列外在因素的改变，过去的成功经验受到了极大的冲击，因此在国家层面上，在联邦、各州、高校的通力合作下，德国的大学教育制度变革虽有所进步，但与美、英、法、日等国家相比，已出现了明显的区别。

（一）院系评估，特色突出

德国已经步入了普及阶段，对大学的评价也给予了高度的关注，通过评价促进改革、促进建设，保证大学的教育质量。在德国的高校评价体系中，学科级评价是最主要的一种评价体系。从广义的角度来看，德国高校评估有多种形式，主要有课程评估、毕业生评估、教学报告和评估报告等。而每5—8年开展一次的系统性的评价，主要是针对高校的院系、专业或学科，并不是针对整个高校。20世纪80年代末至90年代中期，德国的大学教育领域才真正开始重视对大学的评价。评价的目的在于推动高校的素质建设，使被评高校有更多的主体动力，更多地发挥自身的能动性，更多地发挥自身的作用。

一次全面、系统化的学科评鉴，大致分为4个阶段：校内评价、校外评价、内在评价和外在评价。内在评价可划分为两个时期，即预备时期和自评时期。首先是自评前的筹备期，校外的专家评量单位应为各科提供全方位的指引与支援，以协助校内的自评工作高效地进行。其次，在自评环节，不需各学院自行编写评价资料，而是由各学院及各学院的专业人士共同组织的自评团队进行，并由各学院自行组织；而自评组则要求学生在完成自评时，不但要搜集资料，而且要完成整个自评程序。一个自评估团队要建立一个自评方案，对从外界评估组织中得到的准则进行学习，对问卷、指导性指标等在我院各个部门中的适用性进行考察，并在此基础上对这些指标进行修订或者发展，以此为基础，确定出一个与各个部门的具体特征相适应的评估指标，并在一定的时间内对这些指标展开深入的采访，搜集到大量的二次数据，最后将这些数据写成一份自评报告，并将其提交给院长、校长和评估机构。该自评团的成员包括学院的专业人士和系部的管理人员。所以，他们可以在自评的过程中清楚地认识到，院系的实际情况、自身的优势和不足之处，在那些领域中，必须要确保基本的品质，他们可以持续地提高自己，从而使自己成为一个有特点的人。在这种情况下，他们不仅可以获得一种进行自我检查和自我诊断的方式，还可以提高自己的自我管理能力。自我评价报告及已收集好的有关资料和资料，为随后的外聘专家评价提供依据。

外部评估是由专业评估机构组织，由与被评院系无人事、具体业务关系，在相同或相似学科领域享有名望，并由具有评估经验的专业人员组成的同行专家组具体开展，以自我评估为依据，提出改进意见的评估。对外评价的关键在于行业内专家的质量以及专家组成员的构成。专家组的成员是从各系中挑选出来的，但是要满足评估组织设定的选拔条件，比如，学术水平、评估经验、综合素质、学科领域、地理位置、与被评系的关系等。通过准备阶段、同行评审阶段、交流讨论阶段和撰写报告阶段4个阶段，在预备期，即在学生自评完成之后，各专业的老师收到学生自评，于6周内研读该专业的学生自评，并结合相关的辅导资料，思考后续的面谈问题与方式。实地考察时限为2日，以面谈、研讨为主。第一日，由同级别的专业人员进行面谈，对被评估院校的有关工作做一个初步的考察与理解。第一部分与校长面谈，内容包括：第一，学校整体发展情况，被评院系在学校整体发展中的地位和作用，以及校长对这次评价的期望；第二，通过与各院系领导、自我测评小组成员及各部门负责人的面谈，了解各院系的教学情况、教学协作情况、专业发展目标及管理协调情况；第三，向负责考试的主管部门、质量管理部门和教学管理部门了解考试的内容和手段，以及考试的管理和质量的保证；第四，通过对各学习水平的调查，调查了学习目标、学习成绩、考试成绩、学习支持、自我评价等方面的调查；第五，通过与一线教师的面谈，了解一线教师的教学素质和教学现状；在此基础上，笔者通过与这些专家的面谈，了解他们的教学情况、教学管理、教学手段、国际合作等方面的问题。第二日，对所评估的系作全面的、系统的了解，如设备、架构等。主要以参观和观察为主，并与其他系领导进行交流，以获得他们对本系的印象。在同行中，通过对访谈情况的讨论和交流，最终形成了报告的大体架构，并对其进行了初步的评价和建议。与各院系讨论了有关的意见和建议，就今后工作的改进和发展提出了建议和对策。经过面谈、讨论和观察，对自我评价报告进行检验和综合，最终完成评价报告。考试成绩将于本校网页刊登。

在进行了一次对外评价后，各学院将评价的结果公布出来，然后在2—3年内，各学院将会按照自己的实际需要，编写一份评价报告，并向学校汇报。在5—8年后，进行下一次评价，评价周期缩短，评价费用降低，评价方式简便，评价重点放在评价前一次评价的落实和影响上一次评价的实施和成效上，并将评价的成果应用到各学院的综合评价中。综上所述，德国大学的院系评估是在一个真实而全面的评估中找到各个学科的发展方向、优势和特点、不足和需要改善的地方，并对这些领域进行了持续的追踪和改善，最终实现了各个学科、专业或学科的教学品质的提升。

（二）重视教师整体素质

德国以持续提升教育水平为目标，非常注重教师队伍的建设。德国的高校一般都是由国家设立的，而国家的老师可以说是州的公共服务。德国高校教师的职务有很多种，等级也很多，如西德于1985年修正后的《高等教育总纲法》所述，大学教师由教授、学术助理、高级技术助理、大学讲师、学术助理和美术助理、特殊任务教师组成。在大学里，教师没有任职期限，但在试用期间，一般都会以终身制的形式被任命。在高校中，要晋升为教授，需要达到的要求和步骤是：拥有博士学历，参与教授候选资格的测试，在高校中任职5年，上交一定数目的学术文章或专著，经其他学院的教授们讨论并一致通过，方可获得教授候选资格，一旦出现了教授岗位的空缺，则由系、院推荐，由国家指定。老师一般都是从学校以外聘请，这样可以保证老师和学生在学校里的交流。在教授享受终生职务之外，通常情况下，学校要求讲师有6年的时间，高级助教4年（医药6年），高级技师6年，学术助教和美术助教各3年。同时，在师资队伍的专业、结构、年龄、培训等方面，也都十分注重。举例来说，有些州在聘用大学老师时，除了要看他们在学术上的表现，还要看他们在教育上的表现。在"洪堡精神"的作用下，高校的科研人员不仅要有一定的科研能力，而且要有一定的专业素养，才能从事科研工作。要保证学校的教育质量，最根本的就是教师的素质，因此加强学校的教育管理，改善学校的硬件设施，加强各项教育措施的改革，对学校的发展起着举足轻重的作用。为此，每一所大学都会对教师进行严格的选拔、聘用和培养，以保证教师的总体素质。只有如此，才能保证教学的质量。

（三）加强课程改革，适应时代发展

德国的大学是一个动态的、不断发展的、不断完善的过程。特别是 20 世纪 60 年代后期，德国在经历了从精英教育向大众教育过渡的过程后，与其他一些西方发达国家一道，对本国的高等教育进行了深刻的变革。在这些变化之中，最关键的就是课程的改革，而更多关注的是教育质量保证问题。在大学里，通常有两种科目，一种是必修科目，另一种是选择科目。按照德国高校在其教学大纲中所采用的教学大纲，一般分为基础课和专业课两个部分。基础课主要讲授各个科目的基本内容，而一般情况下，不通过期中考核，就代表着没有修完基础课。针对某一领域进行专门的教学，当学生通过全国统一的测试，或通过毕业证书测试时，学生的学业也就完成了。

自 20 世纪 90 年代开始，随着世界政治、经济和军事格局的深刻变革和欧洲一体化的不断推进，德国的社会、政治和经济发展面临着许多新的问题，这些新的问题给德国的高等教育体系带来了新的挑战和需求。为了适应当今政治、经济、科学发展的需要，以及适应当代年轻人对教育的需求，高校的专业结构与课程体系的全面变革，是高等教育变革的基本举措与关键步骤。从整个过程来看，这一过程具有以下特点：①基本课程的设置。德国高校的基础课决非一般的文化课，它以特定的职业需求为依据，力求在传统和近代两方面的共同作用下，走向专业化的基本道路。②专业的教学方法。大学专业的课程设置，是大学从学院型的"象牙塔"走向"现实"的关键一环，也是大学专业的一个发展方向。德国大学专业和基本功的融合是其专业发展的一大特色。③学科体系的整体性。德国大学的综合课程设计，是将人文科学和工程科学结合起来，这样可以扩大学生的专业范围，丰富他们的知识面，同时还可以提高他们对工作的多种适应性。

五、经验与启示

纵观世界上各个国家的大学教育质量保证活动，各国的大学教育普及化进程因各国历史、文化和社会发展条件不同而有所不同。在叙述时，有些侧重于对其进行了宏

观上的阐述,有些侧重于对其微观上的阐述。无论是从宏观层面上,还是从微观层面上,我们都可以看到,不同国家在品质提升的途径上,尽管有不同,但也有许多共性。

(一)政府对高校教学质量发挥间接的遥控作用

尽管国家并没有直接介入到大学教育评价中,但是许多国家都以某种特定的形式介入大学教育评价,从而对大学教育质量起到了间接调节的作用。举例来说,在美国,即使是非正式的大学,也需要通过国家的批准来获得其权威。而国家对高校的"间接控制",则为高校的自主调整提供了很大的余地。国家在高校评价工作中的职能是通过法律法规等手段,规范评价组织的构成,监督和规范评价工作的开展,确保评价组织的权威和公正。

(二)各种专业组织、社会团体、行业协会等社会力量参与质量保障与评估

大学作为一个庞大的、多维的、多层次的、与之相关的学科,在大学中的作用不可忽视。20世纪90年代之前,国外许多国家都视高校为"顾主",并将高校建设作为一种经营方式来经营高校。自20世纪90年代以来,随着各发达国家相继实现了高等教育的大众化,高校的办学水平以及教学质量已经不仅仅是高校和政府之间的事情,而是整个社会都在关注的事情。在各国高等教育投入持续增长的背景下,人们越来越关心高校投入的合理性与效果,并提出高校应负起的义务。企业既是大学生的用人单位,也是很多科学研究计划的赞助商,他们希望知道学校的教学品质和资金运用。高校学生是高校服务"购买者",其所承担的费用与以前相比有了很大幅度的提高,他们对自己所购"商品"的价值有了充分的认识。与此同时,高等教育也在不断地受到生源市场、劳动力市场、资本市场等方面的影响,尤其是在各国的大学招生年龄不断降低的情况下,很多大学都出现了生源问题。一所大学既要向人才市场输送充足的人才,又要保证人才培养的质量,为一所大学赢得好名声。而其较高的知名度也为其提供了较高的办学条件和较高的办学经费。在此基础上,除了政府和高校,还有各类专业机构、社会团体(特别是媒体和商业组织)和其他社会组织(特别是媒体和商业组织),也都纷纷加入到了高校图书馆的质量保证和评价中。社会力量的参与可以及时地将社会对人才培养的需求、毕业生的就业现状以及其他相关的信息,及时地向学校反馈,从而让学校能够及时地了解并关注社会经济部门和社会市场对人才培养的需求,从而保证高校的教学质量能够朝着社会需求的方向发展。为此,世界各地都十分重视发挥专业机构、社会团体在品质保障方面的作用,以提升品质保障的公信力和标准。

（三）强调外部保障和内部保障相结合

大学教育要想获得高水平的教育，必须从内外两个方面着手。教育质量应当由高校自身来确保，但是仅仅靠高校自身的"内部保障"显然"缺乏保证"，高校还需要借助外在的力量，并在内在和外在两方面进行有效的整合。随着我国高等教育的普及，西方大学在保证教育质量方面，都十分注重内部和外部两个方面的协调。同时，在高校自主与学术自由的基础上，注重高校自身的评估与学科的评估。总的来说，在高校的内部，更多地注重投入和过程的操作，重视教学人员、教学流程、后勤设施、图书馆、科研设备等，以达到规范和质量的要求为重点；外在的品质保障主要是指学校的产出成果，也就是学生的整体品质和对不断改变的社会的适应能力。透过用人单位调查、学生反馈与社会评价，以提升大学的教育与教学品质。

（四）高校课程体系改革与发展的特点

近50年来，世界高校的专业建设经历了一系列的变迁。高校在进行改革和发展时，其改革的内涵是多方面的。它不仅包括宏观层面上的高等教育规模、结构、组织和管理等层面上的更新，也包括微观层面上的课程、教学方法、考试和评价等层面上的更新。美、日、英、德这四个国家的大学在进入大众化阶段后，其大学课程的变革和发展给我们带来了许多先进国家在大学教育领域的成功实践，同时也反映出了世界大学教育的某些共性和发展方向。

1. 注重课程设置的综合性

在第二次世界大战之后，这4个国家的大学课程体系的改革，有一个显著的共性特征，就是它们一改过去根据人文科学、社会科学和自然科学来对其进行分类的传统做法，而是用一种交叉学科的方法来对每一门学科进行组织，而不是用一个层级的结构来进行。力求在教学的人文化、科学化和社会化之间维持一种动态的平衡，这将有助于将科学教育和人文教育有机融合起来，使各个学科的相互关系和完整性得到最大发挥，降低因为知识被人为分割而导致的知识割裂与世界整体的冲突，使学生能够与当今社会中日益综合化的各类问题相适应。以日本大学的综合教育为例，它的综合教育包括：教学内容的综合性，实施综合性教育，设立综合性的专业和学院。在经济、科技与社会发展和变革的大环境下，加强课程内容的综合性；实施综合教学规划，就是要将一般教育与特殊教育进行有效的融合，采取四年一贯制的方式，让不同的课程在内容上互相渗透，废除那种将一般教育与特殊教育完全隔离开来的教学规划。德国大学的"综合性"是指将人文科学和工程科学结合起来，这样可以扩大学生的专业范围，丰富他们的知识面，并对他们的工作进行全方位的训练。

2. 注重课程设置的国际化

为了跟上时代的脚步，大学要走出国门，就需要进行教育的现代化，大学的课程国际化是大学教育的一个重要方面。"国际化"的目的在于使学生能够从一个更为宽广的国际角度去认识具有不同文化背景的人是怎样观察当今社会，处理世界事务，以及怎样对待自己国家的文化。在当今国际教育发展趋势下，美、日、英、德4个国家都把"国际教育"纳入了自己的专业建设。举例来说，日本为了在21世纪的科技和经济中占据全球的优势，20世纪80年代之后，开始推动大学的国际化，并将培养具有全球通用性的日本人和富有国际性的日本人当作主要的发展方向。在这一方面，对学生进行了历史等方面的知识普及；重视外语教育，重视异域文化的教育，重视对外交往。在教学内容方面，在强化外国语言教育的同时，也开设了许多与国际相关的科目，为日本人民提供了一大批对其他国家的相关知识和专门知识，并拓展了国际间的学术、文化、教育和经济方面的交往。美国在大学的教学内容上，既有大量的国内议题，又有大量的国际议题。

3. 强调课程设置的选修化

在教学大纲中，普通大学都会有一门必修课和一门选修课。选修课是为了满足学生多样化的学习兴趣，使他们能够更好地发挥自己的特长，对他们的人格发展起到有益的促进作用，这也是"以学生为本"的教育思想的最好体现。各个大学一般都提供了广泛而灵活的选修课，以供学生选择。第一，重视每个人的个性差异，有利于对每个人进行个性化教育；第二，要尊重他们的个性爱好，这样才能拓宽他们的视野，发挥他们的特长；第三，基本没有年级和科系的限定，各专业的同学都可以选择各专业的交叉专业；第四，不需要形成系统的知识结构，便于对当今科学研究中出现的新课题和新成果进行比较和灵活掌握；第五，有利于优秀人才的选拔和培养；第六，对激发老师的学习热情起到了促进作用。

4. 注重学生的全面发展

通过对4个国家大学的课程体系分析，我们可以看出，各国大学在开设这门课程时，都遵循着以下几个方面的基本原则：不仅要掌握本学科的基本理论，而且要掌握较为宽泛的基本理论；不仅要有科学性，而且要有人文性；在教育教学中，应加强对人才的教育，重视对人才的教育，重视对人才所应具备的基础素养与能力的教育。

5. 注重学生实践能力的培养

为了满足经济的快速发展，高校要培养出具有实用技能的人才，而要让高校从学院式的象牙塔走向现实的一个关键步骤，就是要强化对大学生的实用技能的训练。这一点，在各个国家都体现得淋漓尽致。举例来说，美国由高校和中小学校联合组建的"协作团队"模式，不但让中小学老师把鲜活的教学实践带到了高校，也为高校师资教育的课程规划带来了新的内涵和生命力。英国教师培训在注重学校和学校建立"伙伴"的同时，也注重对学生实践教学的训练。比如"大中专师资培训"。

（五）注重高校教师队伍的质量

世界上许多国家的大学都非常关注师资的培养，以保证大学教育的质量。美国的大学已经建立起了一套规范而严谨的教师聘任和选拔制度，进入大学的教师普遍具备博士学历。德国的高等院校也一样，因为教师的薪水很高，所以聘请他们的要求也很高。日本大学将新入职的教学人员的试用期从半年延长到一年，并建立了一套有组织的岗位更新制度，要求每个老师都要在规定的时间里进行一次更新。英国大学教授的职务任命、升迁有着一系列的规范和程序，它不允许学者之间存在"血缘关系"；注重加强师资队伍建设，一些高校要求师资队伍同一课程最多开设3至5年，超过5年就要开设新课程；为在岗老师提供教育学、教育心理学方面的专业知识，并为其提供经费，以促进其参与国际、国内各类学术活动。德国的大学对老师的选择、聘用和训练都很严格，他们相信，老师的素质才是保证教育的核心，对老师的素质的要求要远远超过学校的设施和先进的教育方法。

从四个先进国家在普及阶段的大学教育的一系列质量保证措施来看，我们可以得出以下几点结论：第一，普及阶段的大学教育的质量保证是大学教育发展的先决条件。大学如果不能提高教学质量，那将丧失教学的价值。第二，注重外在保证与内在保证的有机统一。大学的教育质量保证是大学教育系统中的一个重要组成部分，是大学教育系统中的一个重要组成部分，是大学教育系统中的一个重要组成部分。第三，"量"与"质"的冲突是客观存在的，但也是可以解决的，很多时候，"量"与"质"是无法兼顾的，有的时候强调"量"，有的时候强调"质"。第四，在保证大学教育质量方面，除了经费问题，教师数量与质量问题，课程设置问题，学生问题，硬件设备问题，还需要强化监管，并且监管要做到一丝不苟。加强对学校教育的监督管理，是保证学校教育质量的根本。

第五章　体育专业产学研训生态合作创新模式构建

体育院校既是创新体育人才的集聚地，也是体育创新成果的策源地。最重要的是要坚持科学发展，促进产学研训的生态合作。

产学研训生态合作体是指体育院校与企业、其他院校、其他单位之间联合创新的产学研训合作实体，追求共同利益，共享资源，优势互补，共融文化，共建师资，共定课程，共管专业，共建平台基地，共商合作目标、合作期限与合作规则，共同参与，共同投入，共享成果，共担风险。

产学研训生态合作是通过运动队、体育企业、体育院校、体育科研机构之间的广泛生态合作，以获取、开发、交换各种体育健康知识、体育信息情报和体育资源而进行的体育技术、战术、技能创新活动。产学研训生态合作模式把政府、企业、专业和体育科研院所集合在生态创新价值链中，发挥各自的作用。

第一节　体育专业产学研训生态合作机制构建

体育专业产学研训合作机制是指在产学研训不同生态位合作过程中，专业合作的生态因素结构、功能及其相互关系，以及专业生态因素、专业功能发挥过程和原理及其生态运行方式。

一、体育专业生态组织联盟机制

产学研训合作的组织联盟机制就是宏观上对产学研训合作的生态系统行为方式进行重新组织、全面推广、深入研究、生态管理的联盟组织机能，是实施产学研训合作研究、运行、发展、优化的根本组织保障体系。建立专业的产学研训合作创新机制与方式，必须先建立完善的产学研训合作发展的相关制度，使政府与学校成为推进专业产学研训生态合作创新的"领导者"与"指挥者"；政府负责校与校间的专业合作，学校负责内部专业生态合作；分别建立外部与内部的生态合作联盟机构，保证产学研训生态合作过程中的多重联合方式、全方位生态联合进程均按相关生态联合制度的程序及规范标准开展；研究制定体育专业产学研训生态合作方案；在专业产学研训生态合作联盟领导小组的全面指导与协调下，整合专业生态力量，形成生态合力，注重生态效率。生态合作主体中的体育院校、科研机构及其它教育机构均应设置相应的产学研训生态合作项目平台机构，将产学研训的合作摆在十分突出的位置，使产学研训的合作不断步入法制化、规范化、科学化、生态化的发展轨道。

二、体育专业生态位利益共享机制

专业产学研训生态合作联盟的形成、发展都与专业的利益驱动力高度相关。生态位利益共享机制是指从生态位角度来均衡专业绩效及利益的分配共享方式和调适比例关系，坚持第三方评估，把专业生态发展义务与生态位权益结合起来，明确专业产学研训生态合作各方（专业群）在整个专业生态发展过程及生态位形成与发展中所承担的义务与职责。在专业产学研训各方合作运行中，一定会遇到利益分配问题，需要适当地调整归属权、专利权、转让权、使用权、开发权、享用权、分配权、定价权、生态位提升权。

三、体育专业产业化机制

体育专业产学研训生态合作面向社会、面向大众，一方面需要投入大量资金，存在较高的体育创新风险。教育部门需要创造更多有利的生态条件，使产学研训生态合作能在区域生态空间内实现多源头、多渠道、多层次筹措研究资金、训练比赛资金、体育康复产业资金，通过政府适当投资引导，主动吸收民间资金，设立体育科技创新园，建立产业启动发展专项资金，建立和完善高度专业化的体育创业、体育产业、体育科技服务体系，为产学研训广泛的生态合作提供有力的指导与支持。

四、体育专业互动平台与全息沟通机制

产学研训生态合作中，存在着专业效率、专业利益、生态位提升的空间与好处，体育院校专业的选择与社会生态的选择并不一定同步，体育企业文化和体育院校专业文化也存在较大差异，教育生态与社会生态的对接需要广开门道：政府或体育行业组织为体育企业、科研（院）所与体育院校搭建专业沟通互动平台，建立全生态方位的正式往来和非正式信息交流共存的平台对话机制；全生态空间内打通体育院校、体育

科研（院）所与体育企业间生态资源的全流动渠道，真正发挥博士后流动站的体育竞技术科研创新能力，让专业体育教师带着专业项目找生态空间，主动与社会生态接触；进一步加大院校对社会生态的影响力度，进一步发挥教育生态智力库的专业优势、科研优势作用；把社会生态中高水平体育人才请进来，与专业队伍进行全方位信息沟通，寻找体育科学技术创新支撑点，为社会生态、体育生态持续发展创新注入永恒的动力。此外，还要建设生态空间站点，如网络空间，进一步缩短社会生态、教育生态、体育生态与专业生态间的距离。

五、体育专业生态站点建设

加快体育科技、体育产业、健康产业、康复产业中介站点建设，各体育院校推动产学研训区域生态的合作发展，加速"两型"城市社会生态建设；直接参与社会生态、体育生态、教育生态技术创新过程的创业服务中心、体育工程技术研发中心、健康促进中心、体育训练产业促进中心；主动利用体育技术、战术、体育管理、体育市场、康复医疗等方面的知识和能力为社会生态与体育生态提供体育与健康的咨询服务，并成立相关评估机构、体育情报信息咨询机构、体育知识产权事务所及其他体育与健康服务咨询机构；促进体育专业生态资源在区域内有效流动，合理配套与整合，统筹体育产业与科技市场、人才市场、交易中心等的协调发展；促进生态空间主体日益多元化，制定区域内专业生态发展战略，为体育科技、体育产业等中介行业的发展注入新的活力。

六、政府专业生态角色的转型

专业产学研训生态合作在生态资源上共享，在生态空间中交易，生态主体在合作过程中需要尽量发挥生态系统作用，降低专业发展成本。作为唯一具有生态规则制定与统筹能力的主体，政府部门需要转换角色，研究、组织、协调、规范、激励与引导产学研训专业生态合作，推进产学研训工作，首先要大力宣传生态合作的社会氛围。其次是要强化组织生态协调机制，构建统一协调的区域生态管理机构与平台。还需要加大对专业产学研训生态合作的投入力度，为专业生态合作提供条件保障。更加需要建立完善的全方位技术信息网络，拓展生态空间与生态系统功能。最后，进一步加强产学研训生态合作中的生态站点中介服务体系，全面充分调动和发挥体育人才资源在产学研训生态合作中的地位与作用。

第二节　拓宽体育专业产学研训生态合作途径

　　面对体育科学发展的新形势、新环境、新要求，我们需要集中社会生态资源，从生态理念思路、生态体制机制、生态系统内外力等方面进一步发挥系统优势，挖掘生态潜力，努力以体育专业产学研训的生态融合来激发体育院校专业在生态创新实践中提升专业办学水平和质量，实现服务社会生态、担当人才培养质量责任的目标。

　　毫无疑问，政府重视生态，生态政策扶持是体育专业产学研训生态合作走向深广的前提。体育院校作为体育发展和文化建设中的优秀分子，其发展需要社会生态、教育生态系统的大力支持，其成果需要社会生态与教育生态的双重检验与认同。体育专业产学研训生态合作执行协同创新计划。在政府的政策支持和引导下，各体育院校、各专业都积极参与区域协同创新实践，体育院校与政府、其他体育院校、体育局都存在协同创新，使体育教育服务社会生态与体育生态、回报城市文化与健康均落到实处。政府应营造良好的创新、创业生态环境，支持中介体育服务机构协调体育专业产学研训生态合作，承接体育技术、体育产业转移，扶持体育创新创业。

　　社会生态、教育生态的全力支撑是体育专业产学研训生态合作走向深度与广度的保障。体育专业是体育人才创新与实践的阵地，也是战略性体育新兴产业发展的最前沿阵地。各体育学院要充分认识和了解专业的技术需求和资源优势，发挥专业科研优势、专业优势，克服专业成果束之高阁的弊端，摆脱体育产业发展"无米之炊"的困境，通过协同创新产生新的生态优势和生态能量，改变社会生态、教育生态发展多条平行线无交叉的状况。以社会生态需求、体育生态需求和支撑为基础，发展体育专业产学研训纵横生态合作，快速实现专业成果的转化，联合开发、咨询服务、共享信息、实践实用，使体育专业产学研训生态合作的近期效益和长远效益达成统一。

　　组建区域内多种专业联盟、学科联盟、资源联盟是体育专业产学研训生态合作走向深广的途径。在政府支持、产业支撑的协同下，体育院校应积极参与组建有影响力的体育、健康、康复医疗产业技术创新战略联盟、专业发展同盟，聚集社会生态与教育生态的多方面的创新生态资源，形成创新的生态合力。在区域内不断提倡与发展绿色、智能和可持续为特征的新一轮生态革命，开拓生态能源、生态体育、生态物联网，通过协同创新来不断抢占先机，实现与学科的生态跨越式发展。集成联动，聚集目标，强化体育院校服务社会生态与教育生态、体育生态的能力。

生态观念变革、生态系统机制的创新是体育专业产学研训生态合作走向深广的动力源。生态创新是社会生态、教育生态与体育生态发展的主要驱动力，体育健康知识创新、体育科技创新是体育竞争力的核心要素。体育科技创新来源于生态发展理念的创新，生态系统体制、机制的创新，生态管理创新。体育专业产学研训生态合作是高等院校为体育服务、社会服务的主渠道，是进入社会生态、教育生态与体育生态主战场的有效形式。体院应以创新的生态机制和模式，寻求积极的生态合作成效，以城市体育文化或者体育康复医疗为突破口，促使体育康复专业产学研训生态合作顺畅运营，制定"两型社会区域市场体育康复需求牵引、资金投入保障、首席责任人负责、专业联盟或产业联盟联合管理"的机制，专门成立各校康复专业生态管理协调委员会，由分管科技的副校长挂帅，给联盟注入"强心剂""活力剂"，初步形成"多个圈层"的生态合作模式：第一个大圈层为区域政府共建的区域联盟，如研究院所或体育康复产业联盟。"大圈层"主要针对本区域内康复产业转型和康复技术创新的需求，分设多个重点康复研究所（院）与产业中心，成为区域内生态创新的综合服务平台。第二个圈层为体育院校、企业之间联盟合建的专业研究中心与产业中心。以康复产业为基础"量体裁衣"，领跑康复技术生态创新。第三个圈层为体育院校内部康复专业产学研训全方位生态合作共同体。

第三节　体育专业产学研训生态合作展望

体育院校均已经成立国际学院、外语学院，搭建了国际化交流合作平台，扩大了体育专业生态空间，提升了体育专业产学研训生态国际合作的质量与水平。体育专业产学研训生态合作不断进入佳境，拥有各种运行模式和机制的合作平台、合作联盟如雨后春笋般涌现，专业生态空间不断扩大，生态位不断提升，各类体育专业产学研训生态合作产业化科技园、养生园、英语角、国际化期刊陆续出现，前景可观。

在不断参与国际化竞争、努力增强学科专业核心竞争力、占据新一轮生态位的背景下，各体育院校需要更加开阔更高远的视野，随时瞄准国际前沿，搭建国际化生态合作平台，推出专业生态创造成果，积极融入新一轮生态革命进程，着眼发展战略性新兴体育产业、康复产业，不断提升体育院校的自主创新能力。国家加快发展体育产业的步伐，提倡促进体育消费并推动大众健身。政府简政放权、放管结合，盘活并用好现有体育设施，积极推动公共体育设施向社会开放，更好地服务群众的同时提高自我运营能力。系列产业政策的出台对提升体育专业自主创新与体育产业发展是一个极好的机遇。

围绕建设高水平体育专业的生态可持续目标，进一步拓展体育专业产学研训生态合作的内涵。围绕建设世界高水平体育专业的发展目标，我们需要在形成生态体育观念、提高人才质量、创新人才培养机制等方面下功夫。不同生态位的体育院校，有的教学生态位高，有的表现在科研生态位上，有的体现在竞技生态位上，但所有高水平体育专业的建设集中反映了人才培养、科学研究、社会服务、文化传承创新等生态整体水平的提高。具体到体育专业产学研训生态合作上，需要培养创新型领军体育人才，推出体育教育、竞技体育创新成果，并在创新成果转化为成绩与健康服务的同时转变方式，带动区域内体育产业结构的调整升级，在创新驱动中实现体育科学健康发展。

一、产学研训的社会生态空间

由于专业资源越来越稀缺，与外部社会之间的互惠合作对于专业本身来说变得越来越重要。专业发展与经济社会、体育发展的关系越来越密切。一方面，经济的发展需求影响并赋予专业新的要求；另一方面，专业在促进经济、体育发展的过程中也实现着自身的内涵发展。专业与外部社会生态的合作往往通过专业产学研用一体化的方式来开展，从而促成了专业与专业、专业与企业、专业与产业集群的深度融合，逐步实现专业与外部社会生态在资源生态、信息生态、人才生态环境方面的良性互动，专业应该成为社会生态服务的标志，社会生态为专业提供强大的支持。

专业的产学研用合作模式已经取得了相当大的成就，主要表现在：相对完善的合作体制与机制的保障、科学合理的合作创新制度设计与执行、开放灵活的合作机制与模式的运行、追求卓越的合作文化理念与方式。协同创新发展中心模式的成功之处在于开放的政策，先进的技术转化支撑体系，专业学科群的集合，突出创业、创新、应用的教育特色，快速社会科技需求，多渠道资金支持，政策的法律保障，相依相伴的生态区域布局，信息纽带的校友生态网络空间。

专业在社会生态生存中存在诸多问题，主要表现如下：一是体育院校科研体制的制约。体育院校现有的学科、专业设置、科研组织和管理方式、人才培养模式等与社会生态需求结合并不紧密、及时。二是专业评价体制的制约与滞后。体育类体育院校还没有真正建立面向应用的专业考评机制，科技人员服务社会、服务体育、服务生态的积极性不高。三是科技转移条件与机制不够成熟。科技产权的归属、成果的转化、利益的分配都各成体系，激励专制与奖励效应不够明显或落实不到位。毫无疑问，更新专业生态观念、突破专业生态环境体制制约、创新生态空间合作制度、探索区域内适宜的合作途径是解决上述问题的有效措施。更重要的是需要政府、院系、企业、社会其他组织等主体之间的生态合作意识以及相互生态空间与生态位的认同和服务。

体育专业设置与体育发展、社会进步有着密切的联系。专业不断实现高校体育教学、科研、社会服务、文化传承的功能，为社会生态发展提供高水平体育人才，为社会生态的良性循环或改进提供新的战略发展方向，为地方拓展体育、教育全方位空间服务；通过集群形成新的合力，为体育、健康与人类社会高度发展服务，成为幸福的直接驱动力与城市发展的动力源。

二、体育教学与专业生态发展

社会生态、人类健康发展在很大程度上是由科学技术进步与生态保护所驱动的，不管是体育发展还是环境保护都需要高技术人才。体育服务业和健康知识的发展无疑也离不开技术与技能的发展。体育专业可以创造满足体育与健康需求和体育进步的新产品、新方法，进而满足社会生态对体育人才层次的需求。有体育教育工作者、体育工作的领导者、体育新闻工作者、心理培训师以及培养体育战略分析家和体育评论家（如体育学家、体育社会科学家、体育文学家、运动营养师和体育保健师、按摩康复师、武术文化大师等）专业培养各种层次的专门人才，形成体育与健康的生态环境。对于体育表演和充满运动活力、健康创造力的体育家、表演家、艺术家、媒体专业人员（如奥运会开幕式、闭幕式），融文化、体育、教育于一体，集体育文化娱乐、人生哲学于一身的体育活动作出了独一无二的贡献，这些特殊体育人是全世界青少年的榜样，对年轻人有着"团结、和平、友谊、进步、发展、环保、绿色、科技"的广泛性教育，能帮助更多的人为美丽人生增添生命的意义和追求更高的生命档次。

三、体育科研与专业生态发展

体育科研带来的体育知识的进步和新体育技术、战术、技能的创新与发展，提高了身体素质与体育文化，提高了劳动效率，提高了人们的健康质量、生活档次，提高了文化标准，提高了体育服务的水平。专业体系在创新领域扮演重要角色，专业实验室、基地、研究平台也在发挥新的作用。生态环境为体育专业未来的发展方向与理想结果提供了新的生存空间，专业的研究不带有明确的功能性，学术性很强，存在不确定性、高风险、不可盈利性，可能束之高阁。体育专业在研究和理解体育人生与健康世界方面扮演了更为重要的角色。

体育学院在竞技体育运动中发挥着重大的作用：他们使用最新的科学检测手段为科学控制训练提供指导数据与情报；随队医生负责监控与防治运动创伤；研究并指导实施先进技、战术；研制营养药物与健康食品；进行长期的心理诊断、心理训练与心理咨询；不断收集情报、分析信息、市场调研；进行青少年运动员科学选材。竞技体育已经成为体育院校的办学特色，在培养高水平体育后备人才上下大功夫，形成了从小学、初中、中专再到体院的"一条龙"培养模式，形成了一条完整的生态链，这与业余体校—省队—国家队模式不同，形成了高校体育学院特色的四级培养模式，即业余体校（竞技体校、业校）—体院—省队—国家队的新模式，为大学生运动员文化学习提供了新的机会。

上海体育学院也先后承担了国家科技部、国家体育总局和上海市科委20余项重大奥运科技攻关课题，涉及不同学科、不同专业和不同运动项目。创建了体育科技服务团队，真正整合了学院学科优势资源，打破学科、专业的生态界限，不断加强交叉融合，鼓励并促使教师主动融入体育科技服务团队。他们以"体育科技创佳绩，服务社会促和谐"为主题，抓住科技服务这个载体，围绕中心建设一流科技创新团队，统一团队目标、树立团队正气、培育团队创新文化。由于"奥运科技攻关"项目主要是为优秀运动员提供服务保障，注定了幕后研究人员是一群无私的奉献者，甘于奉献、不计名利。不同学术背景、不同年龄、不同学历、不同职称结构的成员集聚在一起联合攻关、交流沟通、协调工作、团队有序高效运转、成果喜人。为国家游泳队、击剑队、羽毛球队、乒乓球队、沙滩排球队等10支国家队备战伦敦奥运会提供科技支撑服务。

四、体育社会服务与专业生态发展

体育院校专业对体育发展、社会发展有直接的贡献，一部分是直接为竞技体育服务，另一部分是满足社会健身需求——对地区体育、市民健康或城市文化起着越来越大的作用。例如健身服务、户外拓展、健康咨询、私人健身指导、志愿服务等，不胜枚举。

上海体育学院科技园2009年11月29日正式挂牌成立。这是体育行业首个命名的"体育科技示范园"，是全国首家体育类大学的科技园，还是上海体育学院大学生创新创业的基地。它是国内首个集体育院校教育资源、体育赛事资源、企业资源、体育人才资源于一体的集成性产业高新区，把教育生态智力资源与社会生态优势资源结合，探索集群一体化的实践模式。科技园承载着打造体育行业产学研一体化的优质创新服务平台的使命，其目标是面向竞技体育和全民健身，通过五年左右的时间建设成为全国体育产业聚集的高地，并力争在若干方向上成为体育产业制高点。定位是一个中心、四大基地：知识科技创新的中心，创业企业孵化基地、科技成果转化基地、创新人才培养基地、国家级大学科技园辐射基地。它是体育产业的引领者，也是体育科技的航母，把体育产业与民众生活、身体健康、娱乐休闲紧紧地结合起来，力求打造健康之路、生态之路、未来之路。

毋庸多言，体育教学、科研下队和体育社会服务对社会发展、体育发展、文化交流的重要性，国际化的奥运会历史进程与体育文化的全球发展值得探讨。一个文化的盛会、一个教育的盛会、一个体育的盛会、一个全球人的盛会。大型的竞技体育比赛无疑为城市发展、人类发展提供了动力与健康的保证，其重要性已无可辩驳，从体育、文化、教育的角度，人生哲学最终是人们广泛称道和为大众所接受的理念或追求的目标，团结、和平、友谊、进步、发展等口号早已深入人心。伴随着奥林匹克体育的全球传播，全球志愿者、体育者、爱好者、热心者、关心者、支持者层出不穷，络绎不绝。

体育专业技术、技能所传授与研究的知识内容必须以适应社会生态与教育生态、体育生态需要为目的。体育专业传授体育与健康的理论，传授体育与健康的方法、手段及应用。转向体育与健康的实践与咨询，体育与健康服务的形式变得越来越多样化、实用化、个性化。体育教育的大众化和开放化进一步推动了体育专业的深刻变革，进而提升了体育院校社会服务能力。城市体育资源极其有限，政府一方面允许大众进学校参与体育活动，但对体育院校并没有明确的要求，高等体育资源要对外开放。体育专业的科研成果转化为服务行为还需要进一步得到政府与社会的广泛支持。

过去专业资源的流动性、变动性较差，专业生态位等级也缺乏动态流动，专业活动受到种种规制，特别是专业资源（社会影响、发展资金、专业课程、教师和学生、专业选择等）结构极其死板，从而限制了"特色专业"的发挥。

开放体育院校设施和体育资源。体育院校对外开放后，周边社区与附近居民可以充分利用体育院校的设施和接受体育指导。只有体育专业与场地的开放，体育教育、运动训练、康复医疗和体育设施、健身设备才真正地开放：①开放健身与接受体育教育的机会。体育院校体育开放主要是针对体育需求开展健康培训、健身指导与公益活动，以及开放的体育课程、公开的体育健康讲座、互动的比赛形式。吸收社会人员入校、设置讲座教授、客座教授。②开放率与使用率必须研究与调整。研究对外开放的时间、空间、项目、人群、培训人员、培训费用等，全生态范围内综合考虑、统筹安排。

第四节　点式、链式、网状式多样合作

体育专业与企业、行业、体育局在产学研训等方面合作，多以文件形式存在，真正从师生主体参与合作的程度看，还不够深入。以往是点式合作或者是链条式合作较多，主要是院校与院校、科研院、企业的点对点的单个主体之间的合作。合作多以项目为主，形式简单、时间短期、一次性合作为主。但点式合作简单灵活、成本低，因而大部分体育专业产、学、研、训生态合作是以点式为主的。

总体上看，点式合作和链式合作都存在明显的不足：点式合作虽然能产生一些高知识含量、高科技产品，往往只解决一般性的、临时性的问题，长期攻关的产业共性问题与技术难以找到共鸣点，因而无法长期合作。而链式合作拓展到体育院校学科链、产业链，一条龙形成产业链，仍然无法解决或者彻底解决中长期利益。

体育产业关键技术、共性技术战略性强，投入也大，需要双方形成学科链、院校链、政府链、资本链、产业链等，各链环环相扣，形成网状结构，紧密联系，分工有序，网式合作能产生强大的规模效应与溢出效应。此模式可由政府牵线，围绕区域重大产业技术关键和共性发展问题，联合攻关，由合作主体生态合作战略层次出发，立足体育产业未来发展，为合作提供"集成式"服务。这种真正意义上的产、学、研、训合作形式，有效地集合本地区学科、专业、科技生态优势，充分利用区域生态资源，更好地服务城市体育健康与区域经济的发展。

要构建真正意义上的产、学、研、训合作方式，其一，各合作方要创设网状生态合作制度。形成体育院校、科研院所、企业等共同合作机制，以体育产业研究、开发为主，所有成果合作共享。其二，是建立委托研究开发制度。如省、市体育局、体育中心、运动队委托体育学院开展这类研究项目，以应用性、开发性、实战性为主，直接为地方体育与经济发展服务；其三，是可以建立特殊的人才委托培养制度。对现职体育工作者、技术人员、研究人员、教师、学生等，进行合作式培训，以提高他们的全面素质，并逐步扩大到人文、社会方面的人才培养。其四，通过区域合作全面综合地提高体育效益。在区域内创设合作创业与突出成果奖金，鼓励全面合作、主动合作、创新合作，鼓励集团、集群创新。其五，实施"创造性集群合作推进活动"。主动打破专业、产业、学科的生态界限，重建流动性合作平台，充分发挥集群合作的独创精神、合作精神。目前，体育院校主要与运动队、体育局、康复中心合作，成立合作发展中心，形成集群合作体与社会生态、教育生态联系的窗口。在体育企业、体育行业间开展共同合作项目和委托项目外，还为广大师生提供产、学、研、训的机会和技术咨询。

第六章　中国特色生态体育专业评估体系创建

生态体育专业建设需要一套系统、全面、科学、便捷的指标体系来参与评价。指标体系以评促建，明确建设方向与发展方向，便于统筹调控，有效针对、战略指导专业生态学发展，还能有效地进行专业绩效评估，激励专业的可持续生态发展。指导专业进行生态性专业管理，人们首先想到的是绿色大学、生态友好校园。一般优先考虑的是校园风景：绿树成排、樱花成景、赏花游园、湖边风光、健身特色、养生文化、整洁优雅、生机勃勃；自然人文、建筑与环境、历史与学术，相得益彰，协调和谐；整体布局合理、学习训练生活错落有致，方便实用。生态体育课堂、生态体育专业、讲生态的学生、讲文明的校园、节约的习惯、环保的行为；专业生态区域扩大、专业生态空间成果无限分享，从现实到虚拟，从校内到校外、从学校到社会，共同分享区域可持续发展成果。

生态体育专业评估体系的创建需要始终围绕体育人才生态培养核心，坚持可持续发展理念、专业生态原则，开展专业生态性活动，融入专业生态过程。从体育专业生态教育、生态环境、生态实践和生态学习、社会生态五个方面着手，重点建设生态型体育专业。

按照专业生态目标、专业生态建设和专业生态测评三个层面构建体系。体育专业生态设立三大目标：一是达到专业生态的可持续发展；二是全方位与社会、与实践接轨；三是专业生态系统平衡、统筹和谐。三大目标是体育专业的发展方向，是理想的结果，是未来的定位，是生态水平的体现。看当前，还看未来体育专业发展速度、质量及专业创新生态趋势。体育专业三大目标的设立一是考察体育专业自身不断发展的能力与水平；二是考察体育专业与社会生态的一致性和对社会发展的贡献度；三是考察体育专业内外系统的平衡性、和谐性、统筹性、生态性。从专业规划到实际建设，完整设计专业生态化水平与未来，从质量、结构、效益、特色上反映体育专业人才的综合素质、水平、能力、后劲、潜力、适应、创新。

体育专业生态建设核心指标层面。是生态教育、生态环境、生态实践、生态办学、专业社会生态五大一级指标构成。每个一级指标下面有若干二级指标，二级下面设有具体测试指标。

第一节 体育专业生态教育

包括绿色教育、环保课程、生态体育课理念、生态主题教育活动、体育生态课程教育，从理念到课程，从课堂到活动。进校伊始，开展专业生态教育，让学生及早形成可持续的专业价值观、发展观，学会把专业生态保护与可持续发展观落到实处，全方位地学习和实践。

生态化体育专业教育与人才培养：注重体育人才培养，实施生态化体育教育，抓住生态体育专业建设的核心，真正落实学生的和谐发展、全面发展、因材施教与生态发展理念。体育教育专业成立多年，发展已经比较成熟，但随着时代的发展，专业系统要素需要生态更新，从而提高专业管理的整体综合效应，围绕专业生态的价值主体——教师、学生、管理者、家长与社会，全面提升专业生态管理绩效。通过专业生态化教育与管理，具体解决专业发展的种种矛盾与困难，扩大专业生存空间与范围，形成区域整体、集体团队、集群整合的动态平衡，创造最优效益，真正促进体育专业人才的身心全面发展、和谐发展。

体育专业内部环境的生态化：体育专业的内外环境系统构成了其成长的"生态位"。衡量专业规模、专业模式、专业规划、管理体制、专业层次、专业资源、专业标志性成果、专业社会影响、专业文化、专业大师、专业环境、专业队伍、专业人才等共同遵守的价值观、行为观，构成了师生专业的学习情境、训练场景、科研环境。体育专业始终保持着对体育、对健康的自身追求价值、运行体育独有的规律、寻求专业动态平衡、维护所在关系与比例的和谐，形成良好的专业环境、育人环境、生态环境，潜移默化和谐共生。生态化体育专业教育将专业所有活动联系、整合成一个有机的生态整体，融合与优化物质、能量、信息、情报；整合人力、物力、财力、管理等专业资源的有效配置与合理使用，提高专业的整体效益、效率。

专业内外关系的生态化平衡：体育专业是一个开放的、平衡的生态系统，体育专业各要素通过融合各种专业资源、专业能量、专业情报信息，借助专业平台、信息系统、学术交流、国际开放活动完成交流、交换、共享、提升，让体育专业与社会环境、教育环境、人才环境有机地联系起来，实现有效的互动、互惠。体育专业系统的内外平衡与和谐发展是十分必要的，真正要实现体育专业系统的内外生态平衡还是有困难的，体育专业发展必须做到面向世界（国际化）、面向社会（社会生态）、面向未来（时空），开放交融、共享共生。专业的社会服务能力与要求在不断变化，专业要真正成为社会的"孵化器""服务器"，让体育专业辐射体育、辐射健康、辐射文化。体育专业的国际化办学方针各校都在实施，体育专业间的国际交流、国际合作越来越频繁，包括国际体育比赛、文化交流、出国访问专业资源的网络共享、学术资源的交流等形式，体育专业的国际市场不断拓展，特别是像武术、中医保健等专业提供了全面的对外教育与服务，拓展了专业发展新的空间。国际武术学院的成立，继承、弘扬武当武术文化，发挥武术、养生、旅游、中医、综合生态区域特色，构建起多元化的知识体系、文化体系、旅游体系，形成了整合一起、集群作战、开放整合的大生态体系。

生态体育专业建设与外部联系越来越密切，人们更加强调专业参与社会服务、支持地方发展"双一流"的可持续发展的实践活动，体育专业示范区、集群效应能直接为社区健身、城市文化、区域经济、专业特色服务。传播生态可持续发展体育文化，推进区域、城市、专业的可持续发展，积极主动参与社会服务的可持续发展的生态体育专业实践，才能实现生态位的动态发展。

体育专业培养目标与途径的生态化：体育专业培养目标与途径始终指向学生。目标是体育人才培养的生态定位，途径是培养体育人才需要采取的各种具体培养模式和分类细化手段。专业生态已经迫在眉睫，首先要教育学生提高社会生态责任感，树立生态新观念，把生态教育、绿色教育、环境教育渗透到各专业教学、实践中，让每位学生都体验专业生态教育，每个学生都要掌握生态知识、生态技术。

从体育专业生态发展的角度来看，可持续发展理念是其理论基础，无论是立足于专业长远的可持续发展还是短期的快速发展，体育专业的组织与实施需要保持可持续发展的动力与潜力，需要可持续的专业资源。体育专业生态化的可持续发展战略需要否定再否定、连续创新、反复交流、和谐统一。其建设过程要求生态的理念、生态的设计、生态技术（保护专业生态环境，减少生态环境破坏；专业人才效益与社会效益有机统一；人才培养周期成本与效益的平衡，体育专业基本知识、技术、技能的统一），不断减少专业资源、专业信息、专业能量的递减与浪费（如专业学非所用）；合理利用生态空间，组建各种生态群体，减少人才培养的浪费，追求体育专业资源与专业条件的最优化配置和合理使用；开发区域的、群体的、专业生态的管理手段，探索新的最优教学、训练、产业的生态管理模式。

体育院校建设生态体育专业内容体系：把握好专业生态教育的重要途径，使生态体育教育与人文教育内容统一起来，紧紧围绕专业生态教育内容。体育专业生态教育内容离不开专业环境、专业知识、专业文化、可持续发展理念，为师生提供参与生态实践体育与健康的知识、技术、技能；从文化生活、学习训练、生存空间、体育道德、运动场所、竞赛方式，培养师生可持续的生态观；不断养成师生探求生态专业发展的进取精神、生态教育意识、生态管理方式，对体育人才与社会可持续发展的荣誉感、责任感。专业生态环境教育需要使用先进的体育科学技术，严格、科学的生态管理手段，优化专业学习环境（图书馆的噪声、污染的校园、拥挤的空间、浮躁的心态）保持专业环境清洁整齐、优美大方，使生态体育文化与专业环境、校园环境融为一体。

将可持续教育纳入素质教育，让生态教育、生态理念成为必需品。积极开展专业生态主题实践活动，与社会生态、教育生态紧密相联，在全校范围内，践行生态实践活动，建设绿色、环保、生态、和谐的校园。

第二节　体育专业生态环境

体育专业生态环境包括专业生态教研室、师生生态空间、专业国际化空间、专业区域空间、环境保护相关活动、绿色校园、人文自然景观、专业良好的学习环境。从自然到人文环境，整洁优美，合理布局，专业生态空间扩大，自然与文化协调，人际关系和谐，团队集体凝聚力强，生态活力高的教学、训练、科研、产业相互促进的生态环境是体育专业需要的理想环境。野外课程与户外活动、社会调查与体育实践频繁，实践中体验生态环境保护的必要性、迫切性；亲身参加生态、环保活动，节约专业资源，参与生态专题实践活动。各体校应致力于建设环境宜人、学术深厚、体育人文优美的环境；保证良好的绿色植被、鲜花覆盖；卫生舒适的环境，从路面到教室，从宿舍到食堂，从室内运动场馆到户外运动场地，干净整洁，卫生环保；人人节约、自觉文明就餐；节能、节水、节电、节资源，招标严格，执行预算，效能至上，人人遵守，自觉有序。

第三节　体育专业生态实践

保障师生人均活动区域（以下简称人均），如人均运动场馆、人均运动项目、实验，人均体育比赛、人均体育实践活动，为师生提供更多的应用创新环境与服务。师生一起进行生态实践活动，自觉、积极、主动、示范、合作、指导、创新、共享，共同促进专业的可持续发展。要有一定的生态社会实践数量与质量保证，保证师生参与生态实践的比例；鼓励并广泛发动师生利用多种形式积极参与专业生态实践。

第四节 体育专业生态办学

生态办学主要包括专业生态规划、专业生态课程、教授人均开课量、人均拥有核心成果、科创活动与质量、师生共同研究、教师特别指导、教研室有品牌、师生共同竞赛、生态体育教学、训练等区域内外生态位。体育专业生态办学的目标一是生态化体育专业教学，尽可能降低专业教学的成本、减少重复专业、减少人才浪费、避免专业（校园）环境污染；二是提高专业生态管理水平与方法，扩大专业生态管理空间（师生共享平台、区域平台、师生合作）与对象（集群、团队），减少专业资源的损耗（人均用电量、用水量、用资源），提高专业管理效益；建立专业区域生态机构（除行政化的生态教研室、专业区域联盟、校际联盟），有序地进行专业宏观生态的调控（规划、课程、实践），实施体育专业生态建设；建立专业生态发展制度，落实可持续发展创新思路与行动。实现管理、环境、经济、社会效益（分类计量、分项管理、节约能源、节约资源、系统调控）的统一。

第五节 体育专业与社会生态

各种体育创新活动、体育精神文明创建工作、城市文化推进工作为体育政府部门、为社会培养各类体育人才。体育人才交流实践通过体育专业生态五领域的建设，把体育专业变成教育生态培养人的基地，真正成为体育环境服务的中心、能掌握可持续发展技术的摇篮、体育人才可持续发展的生态圈，为城市、社会、体育、教育实施生态化文明做好示范与推动。

体育专业生态测评指标层。用具体可测试数据来快速反映体育专业的发展历史与现状，可横向与纵向比较同类专业、同层次专业，全面、重点且操作性强，选择平均指标或相对指标进行生态测评，真正地反映专业与人群的生态空间、生存质量。

体育专业评价指标体系是在专家支持下，围绕生态理念、三轮反馈建立的评价系统旨在进行生态化管理,建设生态化专业与健康生态校园。创建活动,实现生态体育专业价值追求,让理想的期望与现实紧密结合,把建设与评价结合,拓展了专业生存空间,实现了动态的创建、生态的评价。综合地反映体育专业的生态水平、生态位。核心指标相当于一级指标,建设指标相当于二级指标,评估指标是可操作、可测量的二级指标。选取指标体现在综合全面、代表典型、层次丰富、合理和谐、重点突出和现实可测等方面,体现专业发展的现代化、信息化、生态化、可持续发展。

评价体育五个板块"生态教育、生态环境、生态实践、生态教学、社会生态",每个板块均设计100分,可单独评价;综合评价需要计算彼此的权重与各单项得分,并求和,计算平均分。综合得分65分以下为不合格,65～80分为合格;平均80～90分为良好;90分以上为优秀。有专家提出,不同阶段权重应该有所区别,如生态专业发动阶段,以生态教育为主,此时其权重应该要高一些;后期主要是生态实践成果体现,生态实践、生态学习与社会生态权重应该大一些。

期待指标体系与要求能转化为体育专业建设者的实际需要、主动需要、主动评价、主动创建。当然首先要有生态体育评价的认识,通过学习、研究与培训,让专业生态主体成为真正的主动者,认识体育专业的生态价值,实现生态体育的长远价值;将生态体育专业指标体系作为建设性方向、行动的纲领,成为专业绩效考评的依据。

当然,体育专业生态评价的核心需要全方位地收集被评专业的信息、成效,参照指标给予判断,沟通交流是必要的,熟悉与诊断专业优势与不足,尽可能准确、科学。

第七章 "一流体育大学"内涵、指标体系及生态位的提升

第一节 "一流大学"内涵及生态位

"一流大学"应该是一个动态发展的概念，但可以肯定的是，世界一流大学都具有共同特征，世界一流大学首先必须是研究型大学，以研究作为自己最突出的特点。从这个标准来看，目前世界上所有单科性质的体育院校可能都不是"一流大学"。其生态位是世界的还是亚洲的或者是中国的"一流"，人们对一流的理解与评价是不同的，其生态位与生存空间、位势是不同的，通过"一流体育大学"相关评价，分析体育大学体育专业生态位、生态空间，进一步提升专业生态可持续发展。

武汉大学中国科学评价研究中心首次公开提出"中国一流大学"，其标准是"五个一流，一个研究，一个重点"：一流学者、一流学科、一流成果、一流效益、一流管理，研究型、重点大学。"五个一流"指标，中国研究院的许多研究所都能达到，加上"研究型重点大学"后，与其他系统区别开来。按这一标准，北京体育大学也不能入"一流"，更别谈其他体育学院了。

各大体育学院分别将"世界一流""亚洲一流""中国一流"纳入同一评价体系与标准。这些标准的出现，显示了各大体育学院生态空间与生态位的不同。根据这一标准中的"必须是研究型大学"，该课题组还提出了中国大学类型可划分为研究型、研究教学型、教学研究型、教学型。按这一标准划分，经过指标评估，北京体育大学、上海体育学院、武汉体育学院与成都体育学院均属教学研究型大学，其他体育学院属教学型。

从以上"一流大学"的概念梳理，说明"一流大学"的界定是围绕大学的职能进行的。"一流大学"绝不是自说自话自封的，它是需要评定的，而且是在被评高校的排序中脱颖而出的。邱均平教授认为，任何定义为"一流大学"的大学，都是通过某种系统的标准进行评定排行产生的，简言之，排在前列的为"一流"。邱教授进一步

认为，经过他们制定的较为科学的系统标准对世界各国主要大学加以客观评定，可以定义前 300 名世界一流大学，其中前 100 名为世界顶尖大学，101～200 名为世界高水平著名大学，201～300 名为世界高水平知名大学。北大、清华在前 200 名，属"世界高水平著名大学"，中国已有 7 所大学进入前 300 名，也就是说中国已有 7 所大学是世界一流大学。武汉大学科学评价研究中心的这一评定结果，也许在国内尚未达成共识，但通过排行才能认定"一流大学"却几乎是不争的共识。

第二节　"一流大学"指标体系

在前面对"一流大学"内涵的阐述中，已援引了广东省社科院武书连课题组的评定标准和主要的指标体系。此外在国内影响较大的还有武汉大学中国科学评价研究中心和中国校友网大学评价课题组的评价体系。中国校友网大学评价课题组的评价体系如下：

（1）"科学创新基地"包括知识生产基地和技术创新与成果转化基地。

"知识生产基地"由国家实验室、国家重点实验室、国防重点实验室、教育部（含部省共建）重点实验室、国防重点学科实验室、教育部人文社会科学重点研究基地等组成。

"技术创新与成果转化基地"由国家工程研究中心、国家工程实验室、国家工程技术研究中心、国家地方联合工程研究中心和工程实验室、教育部工程研究中心、国家技术转移机构、国家大学科技园、大学文化科技园等组成。

（2）"基础科研项目"由 973 国家重大基础研究项目、国家重大科学研究计划项目、国家自然科学基金项目和国家社会科学基金项目等组成。

（3）"重大科研成果"包括"国家级奖励成果"、"中国专利奖"和"Nature & Science 论文"。

"国家级奖励成果"由国家最高科技奖、自然科学奖、技术发明奖、科技进步奖、中国十大科技进展奖、中国高校十大科技进展奖、国家社科基金项目优秀成果奖、中国高校人文社会科学研究优秀成果奖和国防院校科研特殊贡献等组成。"中国专利奖"由中国专利奖金奖和优秀奖组成。"Nature & Science 论文"是指高校被 Nature、Science 杂志收录的论文数。

（4）"学科水平"由"高校学科创新引智基地（111 计划）"、国家一级重点学科、国家二级重点学科、国家重点培育学科、博士后流动站、二级学科博士点、二级学科硕士点和高等学校特色专业建设点等组成。

（5）"师资水平"由中国科学院院士和中国工程院院士、国外院士、杰出人文社会科学家、国家教学名师、国家级教学团队、长江学者及创新团队带头人和国家自然科学杰出青年基金获得者等组成。

（6）"毕业生质量"是指高校毕业生中杰出的政治家、企业家、科学家、文学家和艺术家等，还包括获得各种奖励的优秀学生。

"杰出政治家"是指国家级正职领导、国家级副职领导、省部级正职领导，中央委员及候补委员等。

"杰出企业家"是指国内外上市公司、国资委直管中央企业、国有重点企业、国有商业银行、股份制商业银行等企业领导者。

"杰出科学家"是中国科学院院士和中国工程院院士、国外院士、杰出人文社会科学家、长江学者及创新团队带头人等。

"杰出文学家、艺术家"是指全国金话筒奖、国家级电影、电视奖获得者，鲁迅文学奖、茅盾文学奖获得者等。

"优秀学生"是指全国优秀博士论文奖获得者（含提名奖），全国大学生创业计划、课外学术科技作品竞赛、数学建模、电子设计竞赛、英语演讲竞赛获得者等。

（7）"国家声誉"是指高校是否为国家副部级高校、985工程大学（含985工程优势学科创新平台建设高校）、211工程大学、国家重点大学和国家重点建设西部地区高校，是否设有研究生院等。

（8）"社会声誉"由国内新闻媒体对参评高校新闻报道数组成。

重点大学评价指标体系中新引入"大学网络影响力"三级指标：学校的网站规模，网站被链接数量，网络显示度，网站内容丰富度，网络学术影响力。非重点大学评价指标体系中没有"学校声誉"一级指标，其余与重点大学相同。

教育部第四轮学科评估指标体系在第三轮稳定的基础上有了进一步的改革与完善，在数据采集上更加注重"人才培养质量"，更加注重"特色与成效"，更加注重"国际化"，更加注重社会服务。

第三节　体育专业生态系统设计与共享

一、体育专业共享的生态资源结构系统

体育院校承担着体育专业生态资源的传承、创造、应用等职责，并被委以培养体育人才、科学研究的重任，为体育事业、为社会提供服务。为了更好地研究并发挥"体育专业生态资源动力站"作用，必须努力激发动力站的作用，为体育生态、教育生态、社会生态作出更大的贡献。

体育专业生态资源通过信息平台能广泛复制、连续增长、创新增值、成倍递增，区域内体育院校共享体育专业生态信息资源、课程资源、人才资源可以使更多的学生受益。体育专业生态资源共享对高等体育专业发展意义十分重大。把体育专业生态资源有效地转变为联盟平台的共享资源，可以获得持久竞争的生态优势。创建体育专业虚拟生态空间与资源，探索推动专业发展的催化剂与新手段。全体师生可以借助专业信息平台，相互交流、全生态沟通，激发火花，创新资源，以此提高专业联盟成员的信任感、合作感、共享感、快乐感，使专业集群合作、专业联盟更富有凝聚力、创造力、竞争力。专业生态资源共享、拓展、创新是联盟可持续发展的重要保证，联盟专业生态资源广泛共享、交流后才能更加赋予生命力。

二、体育专业生态联动目标与建设实践

体育专业生态合作共识在不断拓展与深化，区域内合作、校际合作、体育院校合作等多种形式的合作是必要的、紧迫的，也是有成效的。从战略高度来统筹高等体育教育资源，形成快速联动共享平台，不断优化高等教育结构，从而充分地发挥体育院校的优势，整体提升高等体育教育的办学实力和水平。

从宏观上加强统筹协调，搞好服务，从政策、项目、资金等方面对高校给予了大力支持与指导，建立了项目库、设立资助岗位、实施奖励政策、及时总结表彰，积极探索有效的合作方式和途径，共同提高，共谋发展，实现互利双赢。这对高校在教育教学改革、人才培养、队伍建设、学科建设、科学研究、资源共享等多个方面给予了协助支持，已经取得了良好的效果。

体育专业生态平台与资源的快速共享，在高等学校教育教学公共平台建立了一个

非常好的公共服务平台，在教学工作动态、教学改革与研究成果及大学生科研、专业建设与管理、图书与教材建设、专业课程建设、实验教学与竞赛活动等建立多个窗口，专门为教学服务，为专业建设提供了好的全方位的服务。

国家精品课程资源网同样为我们提供了一个更加专业的信息平台与课程资源库，促进了资源的共享。《精品资源共享课建设工作实施办法》保证了精品资源共享课建设工作的顺利实施。其中涉及本科课程、课程培训、课程专区、开放课程、信息快报、课程建设、热点专题、高教纵览、教学课件、电子教案、教学录像、教学设计、教学案例、实验实践、例题习题、文献资料、名词术语、试卷、媒体素材等多个栏目，应有尽有，十分丰富。各种视频公开课全新上线，为专业教学、训练拓宽了渠道，开阔了视野。

中央财经大学的"微课堂"非常有特色，为更多的学生打造了微信课堂、科研助理、坐诊式答疑、讲座辅导、专业提升的工作坊等学术专业形式，帮助全校本科生提升经济学专业素质，打造经济学英才，也为广大学生提供了一个全国性的经济学资源平台。

国家精品开放课程"本科教学工程"建设与共享主要有"精品视频公开课"与"精品资源共享课"，是普及共享的重要资源，反映了现代教育思想、教育教学规律和先进的教学方法与内容，不但汇集了中国著名高校原汁原味的名师课程，还汇聚了高校名师优秀的教学成果，每个学生可以随时随地走进名校、名课堂，领略大师风采。此举开辟了知识探索新领域，走入学习、科研的新生态系统，获得个人提升的新动力，迈进了成功的新境界。

体育院校专业建设综合改革试点工作开展得如火如荼，在体育专业人才培养模式，专业核心教师队伍，校本教材，分层、分类体育教学，生态管理等关键环节都要进行综合的系统改革与探索，不断加强专业内涵建设，为专业建设提供改革的示范区和试验田。

如武汉体育学院新闻传播学院改革的力度就非常之实实在在。该院结合现代信息手段，组织系列精品视频公开课，广泛传播最新专业成果，展示专业先进的教学理念、独特的教学方法，并实现了专业资源共享、升级改造、完善，大幅度提高了虚拟生态空间与服务能力。在改革中创建的快速访问和个性化服务方便快捷、全面共享用、优质高效、交流创新。

视频公开课、精品资源共享课均强调了大学教师作为服务主体，面向社会生态中的学习者共享各门课程。面向社会生态群体免费开放专业与学术讲座。全面系统、有力地推动了虚拟生态空间的开放、交流、共享，弘扬了主流文化、教育思想与方法，弘扬了社会主义核心价值体系，还广泛、快速、多样地传播体育文化，系统提升科学素养、服务社会能力，增强体育在虚拟生态、国际生态中的影响力。

实验教学示范中心也加大了内涵建设、成果共享与示范引领，加强了生态空间合作与共建，创建了新型的校外实践教育基地，并围绕体育人才开展创新、创业、实践训练。

"网易公开课"也是一个非常好的资源平台系统。平台通过登录/注册opencourse@163.com，实现了国际名校公开课、中国大学视频公开课、TED、可汗学院、赏课、COURWERA、公开课策划，丰富多彩的栏目引领着大家爱上公开课。公开课视角、赏课专辑、趣味课堂、百科青年、"师说"微访谈、活动专题、合作内容、周末会客厅、我的课程、播放记录、我的笔记、我的讨论等栏目加强了师生互动环节。

"尔雅通识学习系统"也为师生提供了一个自由学习空间、自我学习训练平台。这些系统均拓展了学生的体育生态空间。此外，还有"网络课程排行""课程总访问""网络辅助教学平台""精品课程""任课教师""教学资源库"。这些平台紧紧围绕"课程教学"，大力支持课程动态建设，充分实现了教学资源的空间生态积累与共享，还可进行教学过程系统跟踪统计与学习反馈，成功地实现了教学过程与评价展示相结合的模式，为全体教师提供了一个强大的在线备课系统与网络施教共享同步生态虚拟环境，及时提供师生合算互动过程，极大地拓宽了体育教学生态空间与学习训练能力。

研究型教学平台支持案例教学、课程设计等教学新模式，支持情景的创设、问题的提出、自主性学习、协作式讨论、多元化的评价等全部专业培训环节，突出强调了师生快速地互动与全面地协作，真正培养了学生高层次的学习能力、沟通协作能力。

课程建设专业模板和网站自动生成工具能全面帮助教师与学生在最短时间内、以最为快捷方便的方式创建主干课程网站与共享初始资源，还可随时追踪、随时维护和快速更新专业课程、特色专业内容，将师生从烦琐的课程专业网站建设中彻底地解脱出来，实现了快速创新。

专业与课程建设平台完全从本专业建设新高度出发，根据专业生态系统，对本系统内全部课程实现统一建设、统一管理、统一标准、统一展示、统一共享，真正实施专业与课程的一体化共建，体育资源动态的积累，多种专业培养模式生态虚拟空间广泛创新应用。

三、体育专业资源共享的生态机制

社会生态环境在加速变化，专业与社会生态、市场的联系也越来越紧密。社会对专业质量的期望不断提高，上升到公平、公正、人民满意的高度。体育专业有其特殊的资源与"影响力",如北京体育大学与武汉体育学院的管理专业曾经为体育部门培养了大量的体育管理与经营人才,70%左右的干部都在体育系统或者在地方体育局工作,对体育的贡献功不可没。体育专业生态资源在发展中得到继续传承、创造与共享。专业联盟结构由封闭、内向走向开放、外向,在体育院校之间、企业之间、用人单位之间、中介联盟、政府部门之间构建了一个完整的体育专业生态资源服务链,形成一个体育专业生态资源、体育健康情报信息互补和共享的网络系统与平台;拓宽教研室专业建设的弹性,让专业的校际边界模糊一些,让更多优秀的体育专业生态资源在共享活动中突破校园生态边界,到校际生态圈、区域生态圈、体育生态圈、教育生态圈、社会生态圈子,甚至跨国专业生态圈,体育专业生态资源共享和合作创新成为专业发展新的生态战略选择。

(一)构建体育专业内部共享的生态机制

(1)体育院校专业联盟合作是一个"松散自由结合的生态系统"。其专业目标具有模糊性,管理控制具有多重性,专业权利非制度性,专业生态层级也具有混乱性。通过体育专业联盟实现传递方向的多维化,扩大体育专业生态资源共享的群体,打破教研室与校际边界框架,让体育专业资源(现在主要是优质共享课程)在联盟内竞相开放与流动,通过多向流动与多样共享推动专业发展的灵活性、创新性。专业联盟结构压缩层级,向着高效和精干的方向发展,实现联盟网格化,凝聚体育专业生态资源传递的时间和空间,提高体育专业生态资源联盟共享的效率。

跨出学校行政权利范围,建立校际学术、专业权利,实现专业首席负责制,重大事务主要由专业联盟委员会决策,各位教授享有建议权、决策权,席位与人选由联盟内部轮流担任或由教授委员会选举产生。保障更多的教授参与学术管理、专业评估。

(2)创新体育学科专业制,奠定发展的微观基础。教师往往被固定在一个特定的院系长期工作,学生也是进入某一个专业(系)后"从一而终",这限制了学术思维和专业视野,不能形成专业之间共享体育专业生态资源机制。新的体育专业共享生态机制将按照教学和科研职能相对分离设置相应岗位,相对稳定的教学联盟与灵活多样的研究联盟相结合,重建体育专业结构。教师的专业教学与质量评估均以院系为主进行,而科研(含教学研究)联盟合作则按照学科专业交叉融合原则组建多种形式团体,努力实现体育专业生态资源共享。院系一定要有专业方向的研究所、教研室,一定要有特色的项目团队,也可以组建产学研训相结合的多种群体或联盟,组建跨学科的专业研究团队,科研工作由首席负责人完成。以网络信息平台为基础,组建许多个网状的联盟结构生态系统,提高体育专业生态资源共享的效率与质量。所有教师必须加入某个群体或加入联盟，鼓励在个人奋斗的基础上强调团队的合作攻关，形成专业特色与方向，形成强大的团队与标志性成果。特别是新教师需要有一个稳定的、基于学科专业的联盟结构，来帮助他们尽快地提高共享的效率。流动性的科研团队联盟（新闻的、经济的、管理的）有利于不同学科专业背景的教师之间交流与体育专业生态资源创新，从而提高共享质量和效果。

建立体育学院学科专业制，围绕体育学科专业、项目任务与科创平台等要素构成基本框架。学科专业是体育人才的中心。每位教师都参与所属学科专业，归属到学科专业管理体系中，成为其中的一员；各位师生汇聚一堂，占据不同的平台，完成各自的项目与任务，师生是体育专业生态资源团队骨干，体育项目与任务是学科专业合作的核心；科创平台为体育项目与任务提供有力的生态支撑。学校统筹安排、宏观调控、服务监督、协调评估，掌控学科专业联盟的"决策中心"，而学院要负责具体的合作工作的展开与协调，做好专业联系的"桥梁"，负责专业规划、人事、资源分配、质量控制等，专业联盟成为拥有一定权力与职责的民间实体。

体育专业内部联盟具有学术性、民主性以及松散性特性，能够使专业权力结构有机地统一起来，有效地提高体育专业生态资源的产出能力，保证学术专业决策的自主性、自由性、创新性，实现体育专业生态资源的有效保存、传递、应用与创造。

学科专业联盟将教学训练、科学研究、竞技体育、社会服务集中在这一集群载体上，从而大大提高了专业资源的使用效率。过去教研室偏重于教学，很难完成学科专业建设的重大任务；科研院所强调的则是课题研究，却远离教学训练、社会服务一线，不能承载专业建设的重要使命。专业联盟、专业集群将打破行政体制，采取学科专业首席责任制，合作团队将承载新的职能，真正融教学、研究、文化、服务于专业平台，从而降低专业建设的成本，减少内耗，实现专业联盟功能和效益的最大化。

学科专业制管理除行政化后，将按照体育专业本身的生态资源结构、专业队伍年龄结构、职级结构重新组建集群团队、合作团队、联盟团队，打破校际关系，打破教研室、师生界限，有效地组成新的生态团队。促进合作主体的自我生态成长，提高专业生态自主创新能力，达到生态区域内的广泛互动、交流与合作。学科专业带头人、首席教授、项目或专业方向负责人制，形成一个层次丰富的梯队，从横向到纵向的，跨方向、跨区域、跨专业合作。松散的专业方向通过各种团队集群形成新的合力，加强各集群、各团队成员之间、联盟之间的有效协作，努力实现专业集群与联盟管理中的"垂直"和"水平"联系，按生态网状系统有机地组合，既平等又合作，平常是各自为政的直线管理模式，大型专业建设活动则是合作分工的联盟结构。

打破教研室建构，实现学科专业联盟生态化。解构现有教研室、研究所结构，以学科专业方向为依据，建构新的生态专业联盟、集群或团队，促进专业生态资源的区域汇聚、交流、共享、融合与创新。这样做有利于体育专业生态资源创新，有利于资源的交流、共享和融合，有利于实现重大成果的突破，有利于多学科专业的交叉研究，有利于思想创新源泉的形成，有利于体育专业人员的流动、交流、提升。根据前瞻性、前沿性、科学性、产业性研究方向来设计若干个教学训练、研究、产业发展的团队，首席负责人（课题负责人、项目负责人）围绕学科专业，设置未来发展方向，将专长互补、志趣趋同和不同层次、不同年龄教师有机组合成团队，鼓励大家集体作战，带动一个研究室、一个基地，围绕一个方向，培养一批人，在一个共同专业领域相互碰撞、相互促进、取长补短，形成新的专业生态资源、新思想、新技术。毫无疑问，学科专业联盟是有明确的专业方向和领域的，可能是课题，可能是少儿足球项目，可能是一个武当武术文化方向或体育风险管理，但始终是围绕专业的方向，始终反映专业发展的前景，每个方向上设有首席负责人、首席指导教授和相对稳定的团队或联盟。

整合后的专业团队（或联盟、集群）生态结构应该是学科专业团队，中层管理是学院，顶层设计是学校，组建学校—学院—学科专业方向联盟或团队集群模式，形成一个完整的动态生态链。围绕团队、专业与学科，实现人与人的链接，专业方向与专业方向的链接，人与专业学科的链接，省略中间服务环节，通过互联网实现万物链接模式，把教学训练、科研、产业资源有机结合，通过师生手机、电脑等实现无缝对接。正如运动训练的诊断通过移动设备进行评估诊断，并给出合理的、科学的、针对性的运动处方，每个师生都可从接口中获得个性化指导与帮助。通过手机、电脑来实现家中控制学习平台与信息沟通。每个师生交流的情况通过二维码来识别判断。通过各种"界面"来努力实现体育专业资源的开发与共享，形成全息化界面，在学习圈、训练圈、交友圈等实现"说唱听写"一条龙服务。信息化透明、快速连接，培养新的学习、训练、产业、比赛、交友等多种形式的族群式生态圈，形成各种"发烧友""体育与旅游的驴友""体育与健康的球迷""亚文化活动团体""师生共享活动"群体。

学科专业首先要承担所有体育课程的教学、科学研究、训练竞赛等任务，还有日常管理的各项工作。具体到学位点、重点学科、实验室、基地等；科研项目、创新团队、学术交流、检查和评估一样不少。集群或团队需要创造生态资源的层级增长与人才晋升机会同等重要的运行机制，让每个团队与成员伴随专业共同成长；努力实现团队交流、合作共享生态虚拟环境，提出专业设岗建议方案；根据学校任职条件和要求推荐应聘岗位、受聘人选；成立学科专业咨询机构或学科专业评估机构，开展社会服务、体育服务。

这样一来，学科专业建设与发展的重要任务完全脱离了教研室，变成由学科专业带头人及其学科专业团队具体完成。同一学院旗下可能有4～6个专业，由于学有所长，术业有专攻，院长也不可能担任多个专业的责任人，必须设立若干相关的一级学科专业方向或学科专业群（方向或项目），院系的职能负责学科专业带头人的聘任、考核与服务工作，抓好专业与教学训练、产业与科研的质量建设。学校进一步重视学术权利的人人参与，不仅仅是教授治校，而是人人参与学科专业建设。不是简单的个人奋斗与独树一帜，而是一个院系必须有自己的品牌、自己的特色，形成一校一景，一系一景。学校随时依据社会生态发展的要求，提供社会生态、教育生态、体育生态的信息，研究联盟、合作团队政策，引导评估，为专业提供资源、管理、技术支持与服务保障。

（3）不断完善学科专业团队的职能。依照体育专业生态资源配置优化要求来筛选、提升、配置学科专业带头人（责任人）、首席教授、学术专业骨干、团队成员及配套的实验技术人员与服务人员，包括在读高层次人才以及国内外访问学者等。学校统筹配备专业设备及资源，构建一个有利于体育专业生态资源创造的人力资源战略团队、"实践活动联盟"，形成一个完整的生态链，提高团队集体智慧，提升整个联盟、团队、集群创新能力。

（4）实行学科专业带头人负责制。学科专业带头人不仅仅是一名教授，应当是具有领导才能的学者，是熟悉本学科专业领域的专家，也是具备该学科专业发展的战略思想家，同时又是专业大联盟生态合作的攻关协调者。学科专业方向带头人一定要全面负责学科专业的总体发展规划和懂得学科专业资源配置与有效使用。场馆不用，就成了废品。首席责任人要熟悉学科专业未来发展方向、前沿领先课题，把握专业战略设计、决策，还要热爱专业，有使命感、责任感、专业心、进取心、生态心，具有较高的学术地位，视野开阔、触角敏锐以及具有专深造诣社会影响力，此外，还必须具备较强的民主意识、较高的联盟协调沟通能力，积极竞争、合作意识与宽容精神。

这一角色与作用越来越重要。从专业联盟的结构、功能到专业发展政策、策略、规划、愿景，从宏观到微观，能正确把握学科专业的生态位与生态空间，能促进成员对专业联盟的了解，并积极发挥成员主动性、创造性；能集思广益，高瞻远瞩，善于用人，高效使用资源，有效创造，统筹整合。在学科专业制的创造过程中要建立普适的、公平的、民主的、透明的决策机制，在集群、联盟中不断积累、改革、充实、完善，赋予其合理性内核，在实践中体现出其生态性，长久地保持学科专业制的生命力。

（5）创建新平台联盟与生态空间、生态位。独立的体育学一级学科，原来包括四个二级学科，体育教育训练二级学科的专业涉及几个院系，有体育教育系、运动训练学院等，体育学的平台无疑与相关体育学院系、相关专业、院系研究所之间存在密切的横向合作关系。此类平台联盟在学科专业点的建设、成员交流、研究生培养存在诸多合作，这类平台与基地有的放在发展规划处，有的放科研处，有的放学位办，有的放学科办，由学校统一管理。专业人员与创新平台及相关院、系、研究所之间的联系是横向联系的基本单位，联系方式通常是松散的、最为常见的是契约化合作联盟模式。依据学科发展主要方向，还可以形成模块结构模式，与相关院、系、研究所之间采取的是纵向联系。上海体育学院科学研究院是一个专业的科学研究机构，其致力于组织、协调和推进交叉学科，专门培养跨学科研究团队开展原始创新研究，形成新的研究方向与优势学科。将几个相关学科专业的院、系、研究所整体纳入新的创新平台，成为一个联盟结构模式。相关人员是院系的人，也是创新平台的人。成果是共享的。

平台建设的参与者在心理上缺乏对创新平台可持续发展的稳定发展期望与激情。对创新平台长远发展的心理预期不够充分，有的创新平台就是一个项目而已，有的是虚拟的模式。还需要进一步完善。

创新平台一般实行"学术特区"制度。创新平台一般在方向组成、经费支出、奖励等方面享受特殊的优惠政策，民主、自主决策权较大。可与相关院系联合聘任校内外人员。项目管理是平台运行主要机制。创新平台有首席责任教授负责制或首席带头人负责制。各团队具体负责子项目的实施。

体育院校体育专业的制度保障。学科专业结构的创新必然会引发管理体制与机制的创新。学科专业团队与联盟结构的设计是一个综合系统的生态工程。创新的平台、创新的制度、创新的团队、创新的联盟，迫切需要良性的运行动力。

（6）学科专业管理重心下移。学科专业的权力中心集中在学校，但却没有人来执行，强调的是重申报、轻建设，重检验、轻服务，各种权力均集中在学校，头重脚轻。看上去好似有利于专业的计划性和行政效率，但缺乏灵活性与创造力，执行力度不够，专业化程度不深入。专业团队与联盟的管理相对性应该是更强一些，专门的人来管专业的事，专门的团队发挥集体的力量，关键是能激发出整个生态的活力，将学科专业应有的职能统筹安排、具体实施，调动所有生态主体的积极性、主动性与登记性。学校着眼大处，落实国家大政方针、引导学科专业发展趋势、制定整个生态链制度框架、规范精细管理程序、做好学科专业服务评估，改革共享机制。而要把学术事务，专业建设，科学研究的管理、活动、权力都移交给微细的团队与联盟中心，归还给体育专业，从而确保团队成员与体育专业的活力。

（7）建立弹性的学科专业团队与联盟绩效考评奖励制度。学科专业制出现后，团队与联盟的作用越来越大，学校不再直接针对每个教师个体进行管理、考评，不再一刀切。重在团队编制和联盟岗位、优秀人才的管理上，体校在进行专业机制建设时应主动适应学科专业、训练、科研、产业团队与联盟的动态、开放、灵活、松散、变动特点，着手建立固定的与流动的团队、专职与兼职结合的师生团队，关键把握科研、训练各项成果的产权性质，隶属哪一个团队或联盟，一律进行标注；探索团队发展与绩效评价的管理服务体系，引进高层次学科专业人才，建立适应团队或联盟学术、专业发展的宽松的生态和谐环境，保护生态团队不断凝练的学科专业创新方向、产业发展方向、项目或基地；由学科专业的过程管理向专业学科团体目标管理的大转变，鼓励一个团队、一个基地、一群人，强调团队或联盟整体的效益、水平、贡献和成果效益的考核；重新建立适宜于团队贡献与发展的成果分享机制，强调培养并促进团队成员之间、团队和团队之间、联盟与联盟之间的密切合作，并积极探索新型联盟结构下多种薪酬制度与奖励的改革。

建立学科专业资源共享交流平台。学科专业建设也迫切需要建立"体育成果市场化发展规划""体育学科专业成果分享"良性机制，实施新的、共享的、互动的资产和资源管理制度，主动对各类体育资源进行登记、整合、共享、使用、评价，鼓励拓展新资产、新资源；抓好学科专业大型专门仪器设备的共建、共享、开放、绩效使用的新型激励制度，鼓励探索仪器设备的开发率、使用率、成效率；运用学校大数据，建设各种开放性的微信系统、科研数据库、学科专业数据库、资源信息库、图书文献资料共享库，实现数字化、网络化、共享、有偿化；制定教学、科研、实验、人才培训、运动场馆等资产资源有偿使用和效率、效益评估奖励办法。

（二）体育专业外部联盟共享的生态机制

体育院校校际战略联盟是指两个或多个体育学院为了体育发展战略目标，组成优势互补、风险共担、多向流动的松散型、资源共享的网络、网状合作联盟或集群。校际战略联盟是自发的、独立的，无明确的边界和层级，具有一定的模糊性、契约性、联合性，打破了院校的地域界线，是对体育专业资源进行全生态方位的优化配置，变恶性竞争为统筹协调，互相交叉、取长补短、你中有我、我中有你、共享合作的生态战略联盟式竞争模式；学科专业联盟的关系是松散的、独立的、协商的；学科专业联盟行为是灵活的、快速的、区域性的。时聚时散、项目合作、便捷灵活；学科专业联盟运行是高效的、整体的。核心体育资源共享，集中学科专业绝对优势，快速、灵活地获取外源性、互补性、共享性体育专业资源与帮助；学科专业联盟是非常广泛的、大生态空间的合作，形成很多生态圈。有跨国的、有跨区的、跨行的、跨校的、跨专业的。

战略联盟能发挥体育专业资源最佳效益、低成本、少浪费的作用。实现专业优势互补、专业强强合作、比较优势充分、资源共享共创；能享受优秀教师共享教学；能够组成良好的生态联盟团队，承担更多、更大、更复杂的攻关项目，为专业发展提供更多的服务；能够提升体育院校专业核心整体竞争力，在激烈竞争，特别是合作中取得优势生态位。融合联盟核心能力，提升聚集效应，扎堆多选，有助于促进体育课程与体育教学的丰富多样性、活跃性、拓展性。资源合作共享不是简单相加、重叠交叉，而是开放多样、相互激励、创新交流、凝聚合力、团队力量、生态整体、聚集效应，各取所需。

联盟共享能够提供独特的学习、交流、创新、启发机会，并有利于获取多方的隐藏性生态资源，合作并创造出新的体育能力和技术、战术，突破地域限制、空间位置、专业位置，进一步拓展生态空间，提升整体生态位。

（1）推进城市圈（或区域）高等体育专业生态联动机制。积极启动城市圈内体育专业生态综合改革，进一步完善城市圈内体育生态合作机制。首先要快速推进城市圈（或区域）内高等体育专业生态联动发展计划，强化城市圈内体育专业生态联运的整体规划，推进城市圈内体育专业资源共享建设，着力打造城市圈内体育专业特色品牌。

体育专业联盟需要对专业管理诸要素进行合理选择、重整排列并组织活动，充分实现联盟的专业价值追求。校际体育专业联盟受制于本校专业管理者对各专业性质与职能的理解和重视，体现学校外部环境变化对专业变革的现实要求。专业联盟不仅是一个静态的元素排列的系统，而且是一个动态的、全方位的生态系统。校际体育专业联盟首先应进行管理理论与机制的创新,探讨学科专业席位制来保障新型联盟结构与功能的有效运作。联盟存在合理配置新的区域性权力,有分权也有集权,有的主张采用联席会议制,轮流换岗,各取所长,为体育专业生态资源共享提供必备的生态环境。提高专业联盟的联动效率,始终围绕学术专业事务发展,运用民主的、学术讨论的方式,营造百家争鸣的自由学术氛围,为专业生态资源联动共享提供良好的土壤。

(2)建立城市圈体育专业生态联动整体规划机制。紧紧抓住体育专业生态战略联动规划,做好专业深度顶层设计,整合城市圈内体育专业资源与力量,强化体育专业、卫生健康、教育等领域生态合作与全方位的交流共享,着手研究并制定城市圈内体育专业生态合作及联动发展的具体规划与详细方案,明确体育专业生态联动生态发展方向、生态战略目标、生态共享思路、重点项目、工作步骤及配套措施等。

在专业合作常态化期间,在联盟共享之始,联盟民主管理构架就已经被创建出来。很显然不能完全依靠政府行政力量来推动这一生态合作,也不是仅仅只靠校长的一时兴趣,联盟及其制度化有一个历史发展的过程。比较成熟的院校联盟一般设有专门的管理机构与秘书联络处,主要采用轮值主席制,由主席轮值单位来负责协调联盟各项工作。校长担任联盟轮值主席。秘书处可设在轮值体育院校教务处(教务部)。负责每年一届校长联谊会、主题研讨会。

联席会议制。依托重点学科专业建设办公室、研究生教务部、校办、规划办、教务处、学工部形成对应的联席会议机制。但民间联盟氛围并不是很浓,主要是管理审批太严,建议教学联盟与专业联盟可放宽政策。

健全城市圈内体育专业联盟共享机制:打破校园壁垒、专业界限,在更大的生态圈内优化体育专业配置,大力推进体育专业课程、实验设备、实习基地、图书文献、优质体育资源的开放与共享,提高城市圈内体育专业资源的开放率、利用率、更新率,避免重复、减少浪费、优质精品、跨校选修、跨校讲座与学分互认、学术交流、校际合作、人才流动、提升水平、拓展生态发展空间。

把推进体育院校体育专业生态合作及联动发展模式作为改革试点,努力在体育专业生态发展领域取得突破性的进展。通过体育专业品牌,提升城市和谐文明与竞争力,提升城市圈内体育专业国际竞争力,优化城市圈内体育学科专业建设、优化体育专业资源整体布局结构,增强体育专业可持续发展的能力,提高体育专业生态位与综合竞争力,打造城市圈内最有活力、最生态的体育专业联盟共享机制。

创建城市圈体育专业联盟集群品牌提升机制:一校一品,一校一景还不够,需要做大、做强城市圈内体育专业的大品牌、大精品、大联盟、大合作、大交流、大共享,创新的广度与深度在不断拓展，鼓励跨校、跨区、跨专业的流动与整合，重点建立高水平体育专业与项目协作群和优势学科专业创新平台与基地。强强联合、专业互补、联考招生，联动平台、共享资源、学分互通、弹性学习、教师互聘、课程互选、训练分层、科创联合、交叉培养和成绩互认，多渠道、多途径，提升专业水平和人才质量。同类院校联盟、同类专业联盟、双师型教师联盟、精品课程资源库和实习实训大基地、毕业生就业培训指导联盟，全方位合作。主动适应与统筹指导城市圈体育专业结构、层次、类型、结构，建立动态的生态位调整机制，重点扩大应用型、复合型、高技能体育人才培养规模，加快特色体育专业体系建设，要造就学生创新、创业、合作联盟培养模式与集群品牌。

建立城市圈内体育专业生态改革机制：在城市圈内率先建立"省际体育专业协作改革试点""跨区体育专业协作机制"，与教育部门、新闻单位或其他相关部门共建"体育专业综合改革试验区"，尝试专业管理体制改革，优化学科专业布局与优质资源共享，各类体育人才分层分类培养体制改革，体育考试招生制度改革，专业队伍建设改革以及国际生态位、生态空间探索与试验。推进城市圈内体育专业发展方式的生态化转变，努力打造生态改革的先导区。

完善城市圈内体育专业生态合作模式：制度化联盟机制建设非常重要，但在实践中困难很大。没有牵头的体育专业，没有改革的动力，没有建立联盟的威信。可以尝试进行联盟必要的常设性联席制度、制度化的磋商和专业性的沟通机制、主题性合作机制、城市圈内体育专业会商机制、联合试验机制，探索解决体育专业生态发展的重要问题。政府可以先设立共同基金，鼓励联动发展、专项投入激励配套、主动协调、项目依托，实现联动共享。与此同时，还需要充分发挥政府、体育院校、联盟联动机构等多方面的积极性，建立符合城市圈内体育专业特点的治理多元协调结构和推进机制。松散灵活的体育院校专业发展战略联盟主要有以下几种合作模式：

（1）政府主导的生态合作模式：政府要承担起体育专业协调发展、生态合作的引导责任。由于体育专业或者项目的具体情况是千差万别的，生态主体诉求与利益各不相同，院校之间自发的沟通与交流行为难以服众，实际成效不大，需要政府相关部门强有力的激励、指导、推动及评估保障。鼓励联动发展，形成良好的生态合作机制，实现生态管理运行制度的创新。深化体育改革的信号已经"喷薄而出"，如管办分离等改革，足球再次充当"改革前锋"，"协会实体化"改革加速推进，体育管理体系与模式需要变革。过去中国体育的生态定位在于金牌，其价值体系很高，为国家服务，为少数人服务。但社会组织、民间团体很少吸纳、参与，体育生态网络没有形成与广泛使用，又管又办，管办争利，行政权力与体育资源垄断。出现了腐败滋生、乱联赛、矛盾深深、博弈不公、体育生态空间不畅等问题。

（2）体育专业联盟资源共享模式：体育专业资源永远是稀缺的、短暂的、时效的，高水平体育大学需要巨大投入，各种体育资源的共享共创能在一定程度上缓解某些体育资源紧缺的情况，让体育专业资源能够发挥更大的用途。

体育专业联盟合作目标：建立城市圈内体育专业协调联动发展机制，加快推进一体化、共享化，努力构建与城市圈发展相适应的新的生态体系。整合统筹资源，打造体育专业新的生态发展空间与提升生态位，构筑区域内体育专业高地。

体育专业联盟合作的重点需要打破省际、校际、院系壁垒，打破学科、专业界限，促进各类体育专业资源跨城市、内跨区域流动创造共享，优化配置，以改革促进生态联盟合作。重点推进城市圈内共享体育专家库合作项目、体育教学资源共享合作项目、体育人才互换交流合作项目、研究生联合培养基地项目、一体化就业网络信息及计划项目、社区体育健康培训与卫生合作培训项目以及体育专业联盟门户网站等。

电子图书馆的合并使用会让体育资源更高效、更富有、更广泛。图书、资料、孤本、善本、信息、交流、取经都变得十分容易、快捷、方便、全面，学生选修互补、全面，体育资源得到有效配置与使用。

（3）体育院校（或体育专业）合作办学模式：体育院校的主体地位非常重要。体育专业与体育项目的联动力主要力量来自院校自身。体育院校要建立合作办学模式就要打破院校及体育专业的行政壁垒、专业封闭，建立城市圈内体育专业生态发展指导委员会和体育院校联盟，抓紧自主、民主的商机制与对话平台。体育专业联盟合作的步骤需要立足未来，着眼专业发展远景，制订好长远规划、运行总体框架，注重联盟合作的战略性、前瞻性、集合性、生态性；围绕具体协议注重联盟合作的有效性、针对性、可操作性。

大力提倡并发展合作办学模式，充分有效地利用区域内优质体育专业资源。各体育院校要在体育教学、专业师资培训、体育教学改革、科研攻关、合作创业等方面实现全方位、全人员合作，合作扩大到本科人才培养、师生交流机制、特色人才培训、学生实习创新等领域。建立专门的管理信息网站、设立专栏。培养人才，提升专业。校际协作发展、区域联盟向我们展示的是一个与众不同的、成就卓越的生态发展模式。

（4）专业学分互换、学位互认模式：学分互换、学位互认，适应专业平台交流与合作，为人才培养提供方便、提供渠道。

（三）推进城市生态圈体育专业联盟发展

体育专业联盟是以其生态资源结构和发展脉络来进行的联合构架，表现方式以学科专业为细胞开展活动、整合和发展。

学科专业联盟的专门化发展是非常重要的，不同区域、不同学校、不同领域、不同专业、不同部门之间的联系交流也变得越来越重要；专业改革一个重要选择就是跨学科专业的合作、学术联盟、信息交流、共享创新，使学科专业联盟成为校际联盟体系中最重要结构与功能。基层学术专业团队（或联盟）中横跨2个以上院系或专业的合作机构应该不少于20个，挂靠在院系研究性团队或机构应该有30个左右，跨校合作的联盟至少有4个以上（专业的、研究的、产业的、竞赛的）。跨学科专业的指导委员会、专业联盟协调委员会、基层学术单位专业机构（团队）不得少于体育学院现在教研室或者项目。

建立体育院校专业战略联盟应该注意的问题：转变观念，正确认识联盟的生态作用。体育院校专业联盟要求放弃校本位主义思想，做到求大同存小异，借助生态联盟整合各专业优势与资源，强调的是大战役、大手笔，协作、合作，共同制胜、联盟双赢。大合作小竞争，合作但不排斥竞争。联盟合作是为了更好地提高整体效率，与世界竞争、外部竞争。各联盟要一改以往的竞争思路，坚持"合作共享、双赢策略"。创造并分享不断成长的更大生态发展空间。解放思想，更新观念，探索规律，迎接生态、解决问题、促进发展。跳出团队、集群抱团模式，全方位的开放、合作、整合、共享，形成合力、抵御风险、增强活力、挖掘潜力、提升实力、优势互补、合作共赢，缔结联盟，推进发展。

正确的专业生态联盟发展规划：（1）制定专业生态发展战略。主要确定专业联盟发展任务，规定专业联盟目标，制定专业发展大战略。（2）评选方案。运用专业生态发展战略寻求超前发展，评估联盟效益，选择发展方向与行动方案。（3）设计联盟发展类型。根据实际情况确定联盟的主要形式和活动类型，增强整个世界生态位的竞争力。（4）选择合适的联盟合作伙伴。联盟选择关键因素在于合作伙伴。形成合作关系的前提是有可行性研究基础、合作素质好、能互补、能相容、能双赢、能共享、可生态、能发展。（5）联盟谈判签约。平等互利、互相尊重、积极沟通、一致同意、签约实施。

培育联盟的核心能力：专业生态联盟实际上是空间各种核心能力的重新组合。合作伙伴分工协作、优势互补、积极投入、突出核心能力。有限资源整合使用、科学分析、联盟优势、避免浪费、提高效益。联盟发展要循序渐进，联盟要保持和强化竞争优势，积极创造与国外体育院校建立各具特色的战略性联盟合作的条件。调查研究、摸清层次、优势劣势、知己知彼、确定重点、竞争合作。联盟要认识和把握合作代替竞争的实质，联盟在合作中提高竞争力、在竞争中增强合作。

建立理想的联盟合作体系：联盟目标、管理、协调、文化、利益、竞争等存在诸多差异性，和谐与共享、矛盾与冲突并存。成功的联盟需要有特殊的合作、需要完整的信息网络、共享创新的体系、优质的资源能、迅速反应的体制、能战斗的团队、协调完成联盟各项任务的能力。理想的联盟管理系统需要一个真正的生态战略决策层，例如校长联席会议、联盟董事会、执行委员会、联盟管理人员、指导委员会及项目委员会。

体制障碍要突破，办学自主权要扩大。院校隶属关系、投资渠道不同，一些高校合并后的物理距离虽然近了，但心理距离依然存在，以至于体育师资、情报信息、教学课件、科学研究、精细管理等资源无法真正共享、共用，条块分割、纵向管理环节过细；领导层墨守成规、坚守自身利益、行政色彩浓厚，战略联盟难以真正实现。体育院校联盟化是一种发展趋势、必然路径，需要各方为此付出努力，积极推进。

生态联盟需要处理好几种关系：政府主导作用体现在政策引导上、管理与服务上；政府职能在不断转变，城市圈内合作，多元治理，多重协调机制。建立常设性的城市圈内共同利益的中介机构，形成生态联盟共识，中介机构或协调机构可能会成为博弈和决策的场所，全力推进城市圈内体育专业一体化。各种生态圈比较多，如省级体育专业联盟、城市圈体育专业联盟、校级之间联盟。各项关系矛盾交叉，行政区局限性较大，造成了集聚发展与整体提升的关系也难以处理，很多专业扎堆发展。联盟会集中专业优势促进整体的全面发展。集中主导专业、体育产业集群和具有创新、竞争能力的优势专业，辐射并带动整个城市圈内专业共同的发展。体育专业资源自发集聚共享还是远远不够的，政府的引导和联盟的大力推动，是非常必要的，能促使体育资源通过联盟主动汇聚转变、创新，促使体育专业整体水平快速提升一个台阶。

国际化视野下体育专业合作联盟的创建：高等体育专业联盟必须加快推进国际化进程，必须进一步扩大开放，努力打造国际体育专业与体育人力资源开发中心，拓展更广阔的生态空间，提升体育专业联盟的生态位。

做好城市圈体育专业一体化实践准备，为国际化做好准备工作。城市圈体育专业结构出现调整，一批效益不佳、专业质量不高的专业会走上兼并、重组之路，甚至淘汰。在今后改革中必须放弃和废止区域行政性市场壁垒，率先引进国际体育专业资源，给予国际体育专业资源和谐的生态环境。联盟体育专业面临着难得的发展机遇，也面临着前所未有的国际挑战，包括体育专业市场竞争加剧、国外商业化思潮冲击、中国体育公益性质、国际化程度不高、留学生净输出、大量优质生源外流、国际化意识不强、体育专业品牌不亮等。组建体育联盟，提升体育专业国际形象，为国际生态位提升创造条件，组建跨国体育院校联盟、专业联盟，创建世界一流体育专业团队成为今后体校改革的方向。

体育院校间课程合作应注意的问题：加强联盟体育课程的开发研究与共享。体育专业应该以经济建设、体育产业、体育创新与发展为主要目标，联盟体育专业一体化发展围绕体育强国、体育强省做文章。对城市圈现有体育水平和体育专业、体育产业发展、竞技体育结构发展趋势、速度、未来目标进行研究和决策，对高等体育专业市场、人才市场进行预测，积极开展国际体育专业合作研究，解决技术问题和可行性问题。

建立高水平行业特色型战略合作联盟：新形势下组建体育专业开放式的、动态的生态联盟是必要的、及时的。这便需要联盟拥有开放办学的思想，实现实验室、图书馆、相关体育资源的共享、互补；共同承担支柱性体育康复产业与健康服务，自主创新、国际生态，推动体育健康产业结构的生态调整。

政府介入，体育院校专业联盟走向深入：校际联盟逐渐向城市圈联盟、大联盟合作转移，政府部门主导作用越来越明显，城市圈内外体育院校联盟，生态合作的规模范围更大。城市圈内体育专业创新计划越来越多，出现合作项目、成果互检抽检、互访互研、博士论坛、暑期集群、省级重点实验室、学科专业竞赛、互相交流、进修等新模式、新机制。政府主管部门在管理过程中应积极引导，协调社会中介，调控政策、精心扶持、扩大服务、搭建平台、创造环境、支持跨越，如成立专业联盟委员会、产学研联盟委员会等。

体育专家资源库、电子图书馆、大型仪器设施、年轻老师等体育专业资源的共享越来越重要，同时将展开专业体育、国际体育专业等方面的深度合作。共建城市圈内体育专业综合改革试验区。城市圈联盟集群有利于充分利用学术资本、专业资本的聚集效应与可共享性，避免专业的恶性博弈、无序竞争。区域内的大联盟、生态合作，实际上是竞争优势的生态整合，生态合作下的主动有序竞争。

联盟需进一步创新合作机制，深化生态合作领域，健全生态合作机制。激发联盟动力、联盟意识、主体意识与竞争意识。树立开放办学、生态合作的理念，避免资本、人才的恶性竞争，避免内部争斗、重复建设、资源浪费，鼓励联盟实现共赢。联盟合作需要摒弃门户之见，形成联盟发展战略、优势资源、整体力量、协作制胜、联盟双赢。

体育院校联盟发展模式是不同类型，不同层次，不同策略。研究型、学术型、两者兼顾型均要在各自优势领域合作开展学术前沿研究、尖端体育技术开发、杰出体育人才培养等合作；体育专业教学生态合作联盟要不断开展师生交流、优化体育资源、资本配置，逐渐拓展生态合作领域。理顺体制、激活机制、重点保障、顺利推进、协调运作生态管理、共享创新。

四、体育专业生态战略联盟的价值判断

创新学科专业生态发展模式、突出科学生态发展、实现专业质量飞跃、提升生态管理水平，形成专业生态发展的主旋律。（1）首席制订专业联盟、专业集群的生态战略目标。生态合作需要长远的目标。（2）基于生态价值链联盟整体效益：专业战略联盟合作是基于生态价值链上的共同经营管理行为，专业共享只能在联盟价值环节中进行，也可以在不同的价值环节中展开。合作式的竞争性关系，合作形成各自的"净生态竞争优势"或生态位。

体育专业生态联盟是体育生态资源的生产、传播与保存的新联盟，体育资源的发现、应用、改造、传授、管理、共享、再发现，形成了一个完整的生态价值链。生态合作项目可以扩大和共享体育专业资源、提供师生生态区域共享培训、分享体育专业与运动训练计划、科研合作，进而实现办学资源共享、优势互补，达到共享互赢的目的；促进体育专业者更好、更快地发展；提升专业办学质量与管理水平；增强专业办学实力与专业办学效益。

体育专业资源的优化配置首先要加快管理体制改革和政府职能转变的步伐，宏观调控、放权放手。资产适度剥离、职能分开，明确各自职责，转向"舵手"。鼓励合作、互通有无、共享资源、避免重复，最大限度地实现资源共享，提高效益。资源配置方法要科学、公开、透明、效益、共享、创新，经济、公正、综合。

综上所述：体育院校体育专业生态模式会直接影响到体育教学、管理、科研、创新等多方面，建立新时代的联盟管理模式、合作模式、团队模式，需要进行社会生态、教育生态与体育生态的改革与创新，需要从体育专业生态模式与资源优化配置两个方面同时进行。

建立教育生态与社会生态的监督问责制、开展人民满意度调查已是大势所趋。体育专业生态资源联盟模式在人才培养和学科专业建设中凸显其不可替代性和优越性，符合了体育院校现代大学管理的时代性。现代体育院校目标的实现需要内外部（团队）联盟管理结构的完善，需要联盟生态资源本位的厚实，需要效率为上、学术为本的支持，需要专业联盟战略视野开阔和效益问责并重生态管理模式。

尊重学科专业自下而上的发展路径。建立学术追求、体育发展和社会责任承担、人民满意之间的平衡机制。联盟模式淡化了行政权力系统，而是从保障行政服务与联盟规划一体化系统的实现来落实学术权力的施行，从而推进体育专业联盟生态资源的可持续发展。体育专业联盟（团队）被赋予了更大的自主权，承担更多的学术和社会责任。管理层营造生态环境和协调促进学科专业交叉发展，构建一种新的体育专业生态资源本位模式的学术基层联盟（团队）。

联盟需要集体追求共同的生态目标。追求联盟合作的策略性选择，需要适当的激励机制，追求长期的成员自身利益和联盟整体利益。城市圈联盟可能是政府用理性的追求和一定目的性的方式创造和实施的。有的是基于"985 工程"，有的是打造中国精英集团品牌，有的是两校局部合作结盟，但新的联盟方式对同型竞争战略、资源争斗战略、生态位竞争战略等有适度的制衡，提倡的是一种在同一大联盟内和联盟场域层次上对生态合作、资源共享、专业价值观、专业规范等进行的有意识的制度化、生态化、精细化，改变体育院校独立办学的行为，真正实现全生态空间的办学模式；该模式有机地把政府、社会、学校结合在同一生态域中竞争、发展，以此做大做强。

宏观生态环境的构建在联盟场域中十分重要。体育专业联盟是在"建设世界一流大学"战略背景下催生的，自愿抱团队，组建各种联盟，反映战略需求与现实需要。在中国宏观生态环境下塑造有中国特色的体育院校联盟（团队）。

联盟利益走向联盟价值，联盟共享实体才有了制度化建设与共享实体的存在。联盟忠诚合作度有赖于合作协议制度化建设。首先要有正式联盟结构来合作共享提供制度性的保证框架。作为利益共同体形成联盟目标、规则、协作机制、交流共享渠道与利益评估分享等，基本实现初步的制度化。在利益共同体基础上追求理念价值实现体，在信任基础上建立生态位价值共同体，提升整体生态空间与生态位。各联盟需要精细化管理，固化联盟规则、程序、创造共享行动仪式，具备生态和谐合作竞争意识；强化生态理想价值认同，形成统一联盟大目标；把联盟嵌入社会生态、教育生态、体育生态，实现生态化管理制度的扩散。体育院校都有自己的追求，联盟集体共享行动难上加难；体育专业联盟需要寻找共同利益，需要奉献精神，需要利他主义伦理，凝聚联盟核心作用。

体育专业联盟不同于一般的产业市场，需要建立依法治校机制。体育学院提供公共体育服务，联盟又提供了高度的自治领域，系统治理、联盟的合作、资源的共享需要协调的机制来引导，防止内部的恶性竞争以及生态资源与人力资本的浪费。

体育院校联盟行政权力弱化，必须要强化生态价值、文化价值、大战略认同。联盟内部出现的问题不是行政权力能解决的，也不是一般的激励能约束，需要共同的理想，共同的价值、理念认同，依赖于道德约束、协商制度安排为主、治理强度较弱的管理模式，才能充分发挥体育院校联盟的治理功效。这就需要扩大和落实联盟办学的自主权，为体育院校联盟的生态和谐发展提供良好环境。联盟需要必需的物质基础、发展动力、治理精英和相关共享条件，需要制订新的行业规范、共同利益代言和专业化服务，拓展联盟与体育院校生态发展的空间，促进现代一流体育大学的建设。政府积极支持体育院校联盟，并实施有效监督，为体育院校联盟自律性提供合理的生态自治空间，要把联盟作为实施城市圈发展、教育强省、体育强省、体育公共服务的平台。

五、体育类本科专业与生态位竞争的最佳选择

生态位是指在生态系统或者群落中，某一物种与他物种相关联的特定的时间顺序、空间位置及其功能地位。专业生态位概念的生成既表达了专业在社会生态环境或者教育生态环境中的生存空间的特性，也包括了专业在其中的生物性特性，如专业能量来源、兴旺时间、专业发展以及不同专业间的生态关系、相近专业优胜劣汰、同质同类专业的平等竞争等。专业生态位概念不仅指专业在教育中的生存空间、位置或知名度或排名，还主要强调专业本身在其教育群落、体育院校群落或体育专业群落中的机能作用与实际地位、核心竞争力，特别是与其他群落的互助与竞争的生态链关系。因此，在教育生态中，亲缘关系密切的体育院校、社会需求或专业人才习性非常接近的体育专业，通常分布在不同的地理区域或在同一地区的不同栖息地中抑或采用其他生活方式以避免竞争，也有如职业体校或体育中专等差异性选择，或者季节活动上的专业区别、专业强项的区别等。

正如生物自身生态位的形成过程一样，体育专业生态竞争一般也会遵循竞争性原则、趋适性原则、平衡性原则和开拓性原则。体育专业的竞争往往发生在不同专业之间、同质同类专业对各种资源（如学生、教师）和生存环境等的激烈竞争。趋适性原则是体育专业出于自身内在的可持续发展需要而选择或追求最佳的生态位，体育专业的趋适性行为会导致专业彼此所需教育资源、体育资源的合理流动与内部整合。体育专业生态平衡性原则是指作为一个开放性的体育专业教育生态系统，总是会尝试缩小现实生态位与理想生态位之间的差距，尽力缩小与最佳生态位的专业差距，尽量减少生态位势，扩大自身专业的生存空间。体育专业生态位势如果相差太大，会引起专业生源的不稳定、不确定，甚至会出现很大范围的流动。体育专业的开拓原则需要体育专业积极地开拓新的生态空间和占领生态空间的最佳合适位置，为了充分利用空余的

生态位资源，各专业都试图独出心裁，别树一帜，人无我有，人有我新。体育活动本身就是竞争与趋适相结合的活动，反映了体育专业竞争与合作的方式，这是体育行为的根本，团队需要竞争活力，更加需要团队的和谐与合作。各体育院校在进行改革时要不断开拓专业的生态领域与空间，主动创造性地改变专业的失衡状况。提倡体育专业的平衡性原则，从社会生态与整个体育生态角度看需要专业动态的布局与评估调整，对整个生态空间的因子关系取得一个合适与最佳的状况。整体生态布局明确各校体育专业在整个教育生态系统、体育生态系统、同类体育专业系统适宜的生存与发展的生态位与生存空间，各体育院校都需要寻找最恰当的体育专业生态竞争策略来选择或达到最恰当的生态位。

体育专业的情况与生物界生态位的选择十分相似，不同的体育专业也都逐渐形成了自己的"生态位"。许多规模较小和实力弱小新型体育本科专业也能够与老牌专业、品牌专业、知名专业较劲，与历史悠久的庞然大物的体育教育专业在市场中共同生存和发展，其根本原因就在于这些专业拥有新的高生态位起点。同样是体育教育专业，有的选择了体育院校人才培养，有的选择了中小学体育教师队伍建设，有的培养高级体育专业人才，专业目标与定位决定了生态的方向。

体育专业在教育过程中会经过多种选择，形成特定的形态与功能，在教育生态、体育生态与社会生态空间中会占有自己特定的生态位，形成专业生态系统的多样性。在专业生态系统中，难免会出现一些生态位重叠的专业，也会出现专业生态位的激烈竞争，专业生态竞争的目标就是争夺最适宜专业生存与发展的生态领域。专业生态位实际上就是专业主体能有效获得和充分利用的专业生态资源空间有多大、多远、多高，专业生态位越宽泛，专业人才的适应性也就越强，可利用的各种资源、再生资源也会增多，专业的社会生态竞争力越强。

体育专业与一般的自然生态系统有相同之处，也有差异。体育本科专业一般来说在其发展过程中没有形成特定的形态，有物质的有形资产，也有影响力的无形资产，可以发展为经营的体育行业与体育产品，专业人的无限主动性与创新性能创造出专业生存与发展所需的各种生存空间。因此，体育专业竞争生态位选择表现为现有生态空间中的生态位选择和生态空间创新的再选择。

体育学科与专业建设绝对是体育院校建设和发展的核心，专业建设成效充分体现了学校的整体办学综合实力、生态地位与生态核心竞争力。体育专业生态建设的内涵主要包括：体育学科专业的生态布局、各生态位专业组织的完善、专业生态队伍提升、体育专业生态层次及方向的确立、体育专业建设项目的设立以及建设体育专业生态基地、建立体育专业生态系列制度、营造专业生态良好环境等。

现代体育人才培养方案的设计需要教育生态、体育生态与社会生态的有机结合；科研为主的体育院校支撑体系更加体现各专业生态位对应的教育地位、社会地位与生存空间与生态位；现代体育专业服务社会、服务体育的生态实践更加注重体育教育与体育技能、体育技术、体育竞赛的生态整合；体育专业更加强调打造品牌，形成亮点、特色，关注生态建设、调控生态环境、维护生态系统、维持生态平衡，提升体育专业的生态位与生态空间。

从多元角度审视体育院校专业发展是非常必要的，而强调从生态角度审视体育院校专业建设的价值与路径，提出体育专业生态价值观与生态观也是现实需要的。不可否认的是，当今行政权力对体育专业依然具有一定的控制性、压制性。体育专业制度的运作及专业在建设过程中往往蕴涵着诸多的权力控制、干涉与不良影响，可能会引起体育专业的兴衰进退、分层分类，致使生态位与生存空间变幻莫测。

建立体育院校专业新的适应性生态系统是一个复杂的过程，也会有进化、发展，平衡与不平衡等。体育学科群的演变是由专业生态演化的必然规律所决定的，物以类聚，是体育学科专业群团发展的必由之路。各体院在优化专业建设的过程中要把握体育学科专业群的生态本质，从专业实际出发，确定体育专业生态发展的道路，充分发挥体育学科专业群的拓展功能。

上海体育学院首创体育科技园，对体育专业创新建设有着非常重要的生态拓展意义。体育专业、产业群对体育科技园的影响直接反映在提升体育科研水平、优化体育学科专业生态结构、完善体育学科专业组织、丰富体育学科文化上。科技园拓展了体育专业的生态空间与可能的生态位。体育专业方向的进一步凝练与拓展，需要从大生态空间，如网络虚拟空间来进一步拓展体育学科专业的生态研究领域、发展方向，从而不断繁荣体育专业学术生态环境、比赛生态环境、体育产业生态环境、体育科技环境，从生态位上进一步促进体育专业团队和梯队建设与发展；需要改善体育专业、学科发展的各种人均生态条件，提升体育学的研究与开发的创新能力；需要完善新时期体育人才培养新的生态体系，促进高生态位体育创新拔尖人才的生态培养，更快地适应大生态环境。

体育院校专业群建设是一个崭新的改革发展与创新突破。新时期培养创新体育人才的"学科群"是指体育院校为了适应现代社会生态、科学技术生态及体育专业生态发展需要，若干相关学科围绕体育这一共同专业（如重大项目、平台、基地、团队、梯队）打破教研室建制，以专业方向团队或专业联盟、项目联盟而采取集群结合方式而形成的体育学科大群体，包括交叉群体、跨学科研究团体、虚拟共享联盟、信息共享平台基地等。

不可否认的是，体育院校"专业集群"建设是很复杂的工作，人们首先得接受生态集群理念，其建设路径是多样的、复杂的、创新的、多维的、生态的。"专业集群"建设打破了专业的单一维度，打破了专业管理的"行政化"。从生态学维度全方位、全人员、全空间进行专业建设，站在生态大系统的角度来全面生态地建设学科群。运用生态学理论，做好生物与周围环境的互补互摄与协同进化，保持其平衡性、和谐性、整体性与多样性，使之成为体育专业建设与发展借鉴的重要方法论，广泛渗透于专业群建设的诸多领域之中。毫无疑问，生态学的整体性、多样性、平衡性、和谐性理论与方法为体育专业群生态建设提供了崭新的视野与实践依据方式。

体育专业是体育院校发展的最基本的建设单元。专业建设的好坏往往会直接关系到学校教学、科研、训练与产业能否上新的水平、新的层次。毫无疑问，随着我国市场经济体制的不断完善，体育院校面临新时代国际生态范围的激烈竞争，特别是人才竞争。现代科学技术革命、体育专业生态资源文化建设和体育技术创新对学科专业提出了新的要求，人们不断尝试用集群方式来扩大学科专业的影响力。体育教育专业很显然已经不适应当今科技新发展的变化趋势了。同时，新一轮体育院校内涵建设、质量工程及内部管理体制的深度改革与开放，体育院校逐步实行了新的学院制，系、教研室(研究室)中心及教师岗位都面临着重新调整和改革变化，体育专业从形式到结构、性质到任务及专业素质要求成为需迫切研究并重点解决的问题。

不可否认的是，体育专业的建设与创新，对体育专业资源的生态配置有着十分明显的影响。校—系—教研室的三级管理模式作为体育专业的主要形式已经根深蒂固。体育教研室是围绕课程或课程组设置的，其主要职能是围绕本科生的体育专业来开展体育教学训练及教研活动的，如制订体育教学计划大纲、安排教师定位课程、联盟具体的体育教学、编写体育教材、研究创新教学方法等。应该充分肯定三级管理模式在完成本科生体育专业任务的诸多方面都发挥了重要作用。但是，随着我国体育院校专业的迅猛发展和改革开放的不断深入，体育专业创新的重点已逐步从大到小，从宏观到微观。一批历史悠久、基础较好、专业质量较高的体育专业如体育教育专业的功能发生了深刻的变化，不仅仅在体育人才的培养功能与方向上发生了较大的改变，从专科到本科生培养，从研究生到博士甚至博士后的培养任务也成为教研室培养的主要任务，科学研究、社会服务、运动训练、体育产业、对外开放也逐渐成为它们的重要职能，教研室的任务越来越大，并成为专业建设的核心力量，形成集人才培养、科学研究、运动训练、产业发展、社会服务于一身的微观功能格局。有的教研室突出教学、有的强调研究、有的重点开展运动训练、有的则突出体育产业与社会服务，教师的组成也出现了明显的变化，有教学型（含训练型）、教学科研型，也有管理型，教研室的主要职能完全成为体育专业建设的关键所在，教研室的体育专业资源的配置，无论是队伍还是专业内容都已经显得捉襟见肘，内涵建设与工程都要依据专业建设的新的联合类型进行生态空间与生态位置的布置，进一步优化体育专业资源的配置与统筹，发挥院系、教务处、教研室的专业力量，实现责任到人、责任到单位。

按照一级学科专业方向或学科专业群组建教学科研机构，形成"学校—学院—学科专业群—专业方向"模式，建立大学科专业体系。体育学院把体育教育训练学二级学科方向设置成了三个系，院中有院，院中有系，系院混用，条块依然有些不清楚，会出现体育学院竞技体育学院之类、体育学院体育教育学院的名称。

天津体育学院将体育健康教育系和运动训练科学系重新整合为体育教育训练系，按运动项目划分为一系、二系、三系。一系前身为体育健康教育系，目前设置有体育教育和运动训练两个本科专业，设有田径教研室和游泳教研室，负责田径、游泳、举重3个技能项目的教学、训练、科学研究及人才培养，并承担田径、游泳理论与实践方向的硕士研究生培养工作。

其体育教育专业培养目标是培养适应现代化建设和基础教育改革与发展的实际需要，具有宽厚的专业基础和较强的实践能力，能够胜任学校体育与健康教育的教学、训练和竞赛工作，并能从事学校体育科学研究与管理，能从事体育锻炼的指导工作的人才。专业目标是以提升培养创新型和实践型现代体育师资人才质量为核心，突出理论与实践紧密结合，为社会服务的办学特色。就业方向是体育院校及中等学校体育教师、基层专业队教练、体育管理部门工作者、高级健身俱乐部教练、体育科研机构科研人员。该学院的培养目标强调了应用型人才的培养，在生态空间上涉及学校、科研单位、社会和家庭等方面。

主要课程依旧以学校体育学、教育学、运动生理学、体育保健学、体育运动心理学、田径、体操、游泳、武术、球类、专项/副项理论与实践以及选修系列课程为主。仅仅从课程名称上还看不出专业培养要满足不同层次、不同类型人才的需求，课程依旧是传统名称，内容创新、方法创新无法看到。

运动训练专业的培养目标也很明确：旨在培养适应我国竞技体育发展和基础教育改革的实际需要，掌握运动训练专业的基础知识和现代科学训练的理论与方法，能够从事运动训练、体育教学及体能训练和健身指导等工作的应用型专门人才。主要课程与体育教育差异不大，主要是理论课程有一定的差异性，主要是运动训练学、体能训练理论与方法、运动选材学、运动损伤与防治等。

从体育训练一系整体培养目标来看，始终围绕培养从事体育教学、训练和运动健身指导相关工作的应用型人才。应用是突出了，但专业培养的涉及面过泛，学校体育、竞技体育和社会体育指导的人才都在培养。从体育院校到基层、从科研到教学、从管理到指导员，什么样的人才都在培养，没有体现生态位的差异性，层次上不够分明。体育教育训练二系其前身为运动训练科学系，包括足球、篮球、排球、藤球和毽球五个球类运动项目。通过调整把专业、专项教研室和学生的三位有机结合在一起，保证了生态空间的有机联系，使管理者、教师与学生紧密联系起来，更加有利于分类管理、因材施教，尝试促进课内外一体化、教育教学相结合。旨在加强专业建设，适应社会需求，提高人才培养质量，彰显体育学院的办学特色。秉承以人为本的理念，以社会需求为导向，促进学生健康成长和全面发展，充分发挥教育教学上的资源优势和人才优势，努力办出特色、办出水平，培养出更多优秀体育人才。但其培养目标依然是以体育教育和运动训练为准，而其体育教育训练培养方案中出现了"能从事体育教学并能从事学校训练、竞赛、科研与体育工作管理的师范型、应用型专门人才"，特别提出了师范型，但在实践中却体现不出与师范院校体育系培养目标的差异性。

体育教育训练三系以乒乓球、网球、羽毛球和棒球运动项目为主。但看不到乒乓球教师的分布情况。其运动训练专业（代表队）培养目标还是很有特色的：培养具有较高的运动竞技水平，掌握运动训练理论与方法，具备优良的思想品德和作风、突出的专项技能和能力，能够在运动竞赛中创造优异成绩、胜任体育教学与训练工作的专门人才。

六、体育院校专业群生态系统建设畅想

运用生态模拟理论，将研究对象"体育专业"模拟成生态系统，并运用生态学思想把体育专业生态化后再用相关方法进行分析，关键是体育专业必须具有生态系统的基本特征。这一设想为我们专业群的生态建设提供了假设理论与模拟实践。

从专业的生态演变、生态结构和生态功能三个维度出发，来思考专业群生态模拟系统的建设。我们首先要建设的是"专业物质流"，即体育专业资源整合与生态优化配置问题。体育专业群这一生态系统必须通过专业联盟、专业团队、专业集群与专业内外环境之间连续不断的"物质流、信息流、能量流"的交换来维持专业生态系统的平衡，不断推动专业群的生态进化。

专业集群的建设在物质流的基础上要改革与创新专业管理与运行的结构图，形成一个系统的"生态网"，要打破原有的专业管理模式，实现专业群生态系统的重建，打破过去的项目结构、教研室结构，形成新的专业方向团队与群体；外部体育院校生态联盟也打破了简单的体育院校交流，形成一个共享与发展的大生态系统，共享专业物质流、信息流与专业能量流，生态系统中的每一个专业群、每个专业、每一个成员都有自己对应的生态位，生态的物质对象、信息对象、能量对象都在各自的生态位与生态空间中借助"生态集群""生态信息网"进行无时间差异、无空间障碍的交互交流、共享竞争、相互依存，从而维持专业集群的生态进化发展，稳定各专业群生态系统的良性平衡与生态演替。

专业集群的出现导致体育院校内部专业生态群系统内外部均会出现新的"秩序"，建立专业群自我调节、自我抑制的共生秩序来维护生态系统的平衡稳定，更需要自组织、自催化的有序竞争来促进专业群生态系统的发展，均要有"序"进行。体育院校专业群生态系统建设需要一个相对复杂的、逐步适应的、生态发展的系统，专业的生态发展与自然生态、城市生态、体育院校生态和谐发展都存在着诸多相通之处。

（一）组建体育专业开放的生态系统

体育院校专业群系统的建设立足于一个开放的、动态的生态系统，始终与社会生态、自然生态、教育生态、体育生态相互影响与相互制约，各种生态环境交织融合，进行物质流、信息流、能量流的传递与交流、共享与创新，体育院校专业群生态系统在与综合生态系统的交流、互动、共享创新中快速演进和阶梯式发展。

体育院校专业群生态系统客观上依赖于专业生态中的物质流、能量流和信息流，不断输入与更新共享，外部社会生态、教育生态、体育生态环境对专业群生态系统的物质流、能量流和信息流的传递与共享是维系体育院校专业群生态系统基本生存与发展的保证，决定着体育专业群的生态方向、生态规模、生态速度与生态水平，离开了交流与共享，体育专业群的生态建设就会成为空中楼阁、纸上谈兵。体育院校专业群生态系统的传递与交流是多样的、复杂的，有专业本身的资源流，也有最具活力的人力资源流，还有无形的、不可或缺的精神资源流；有专业群生态理念的，也有专业生态规定动作；既有显性的，也有隐性的"生态流"。专业生态建设不仅有赖于资源的多寡、资源的质量，更加值得重视的"专业群""专业生态系统"内部与外部的资源整合与资源匹配使用效率与效益。

体育专业群生态主体与其他生态环境是相互作用的、相互依赖的，体育专业群在不断地进行着专业资源、专业能量和专业信息的传递与交流、共享与创新。各体育院校专业群都具有一定的生产性，具备专业的物质流、信息流与能量流，都有一定的生态位与生态空间，也具有竞争力和未来发展的潜力，但是体育专业群建设的终极目标是提升单个专业的整体实力，包括体育专业人才、体育技术、体育与健康知识、体育思想、体育专业培训等交流与共享。专业群的建设是专业主体能动性充分展现的集团活动，专业群体的能动性决定着专业能量不断增加，是一个提升与超越自身的发展过程。专业群通过生态系统的物质、信息、能量的不断交换共享，其体育价值、社会价值、经济价值与生态价值都得到彰显。

（二）构建体育专业群立体网状生态系统

体育专业群应该有自己独立的生态系统，镶嵌于教育系统与体育系统之内，兼具高等教育与现代体育的特性。受到社会大生态系统与自然生态系统的间接影响，现代体育专业群的发展需要穿越学校院墙的界限，在一定的生态位又需要以亚群体在一定区域集合起来。过去体育学院只有体育教育专业，其地位是独一无二、无可替代的，现在专业一鼓作气增加到20多个，甚至在一定程度上人们还在争论体育院校姓体还是姓"非体"。单个体育专业有自己的个体特征，基本上构成了自己独特的专业运行系统。而"集群"则超越专业个体生态系统，打破了一定的生态空间，实现强强联合，由比较强势的体育专业重组支撑体育学相关专业，或区域内同类体育专业通过集群形式，构建有种群生态特征的体育专业微观系统，如区域体育专业联盟生态系统。单一院校体育专业生态和院校间体育专业群生态则在区域性生态系统中交流、共享，扩大了每个院校专业生态系统空间，提升了其专业生态位、扩充了生态专业资源与平台。体育院校内部专业群会融合多种体育专业资源、信息、能量，通过相互联系、互相共享、共同发展，形成了发展动力与专业营养的能量流、物质流等，具有了群落生态的一定特征。院校间体育专业联盟群则拓展了专业的生态空间，从层面上建设专业共享、交流平台、合作平台，提升体育专业集群影响力，这是一个新的突破口。从政府宏观层面来讲，把体育专业群生态系统放置在区域生态系统、社会大系统之中统筹安排，把体育专业群放在教育生态与体育生态中协调和谐发展。

体育院校体育教育训练学专业形成较早，有比较完善的体系结构，一般横跨好几个院系，因而缺乏统筹兼顾、系统配置，造成了生态空间不明、生态位不清晰。在不同的专业群生态环境下专业的生态位不同，在区域性生态系统中生态位要统一规划、统一领导、统一管理、统一分配。各专业群在整个区域性生态系统中有合理的生态位与生态空间，有合作、有竞争、有共享、有创新，强势体育专业、支撑体育专业和相关专业组成专业集群，抱团作战，使体育专业在同一区域、同一院校里有确定的生态位，这种划分当然与体育专业历史、现实基础、属性定位及战略发展有关。重点体育专业、优势体育专业、特色体育专业、品牌体育专业均表明了它们在不同区域内、不同学校内的生态位，在体育专业集群中存在生态位差距。

（三）体育专业生态平衡系统的调控

体育专业区域生态系统的建立是一个长期的发展目标，生态系统需要保持稳定的平衡关系，自动校正、自动平衡、自动调控，共同面对周围环境的干扰与突变，体育专业集群具有一定的多样性与互补性，这也是区域体育专业联盟保持稳定性的基本要求。体育院校专业群的平衡需要各要素之间的协同发展，与体育专业结构、生源、规模和专业生态位等要素密切相关。统筹兼顾、合理配置的调控就成为体育专业群生态系统平衡和谐发展的重要保证。

专业生态位及水平反映了专业的生存空间与生态地位，也反映了专业未来发展空间与方向；体育专业的规模与生源多寡则是反映了专业的社会认可度与社会生态需求、专业区域的宽窄度、生源选择的生态空间；体育专业的结构与布局则是体现体育院校内部生态系统的统筹安排，但各院校往往只是注重了内部专业生态系统的平衡。三者共同完成专业集群的生态系统工程，形成一个合力与平衡点。寻找体育专业新的生长点、联盟平台、交叉点、空白点、综合点，为体育专业提供多样的、实践的、交叉的、融合的基础平台。通过组建区域内体育院校专业联盟将有助于体育专业生态系统的稳定、进化与平衡，体育生源的来源、质量与保障，其宽窄程度过去只是一所体育院校专业量的直接反映，现在则需要从整个区域的高度，乃至国家的高度来统筹整个专业人才的培养，过去是依靠分区、国家统筹，如中南区以武汉体育学院为主，西南区以成都体育学院为主，华东地区以上海体育学院为主，各学院体育人才的来源与毕业去向是相对固定的、能控制的，各自毕业生基本上回原来地区工作，而现在则打破了这种界限与平衡，对于人才的竞争与流动带来了极大的好处，但简单重复培养与体育人才浪费现象则太严重。没有单位与机构知道我们培养的大部分毕业生去了哪里，大部分人在干什么，他们所学的专业有无作用。专业结构是内部管理与运行的基础，关系到专业发展的去向与地位。结构与功能始终是紧密联系在一起的，结构的设置与动力、专业前途是高度相关的。市场在不断变化，我们的专业设置却没有及时地变更，不能紧跟时代发展的步伐，没有与时俱进。专业的结构与布局越来越重要，过去没有追求专业办学的效益与生态位，所以专业办得好与否、重复与否没有人追究责任，也没有社会生态的影响。而现在必须考虑专业的未来发展，如专业的产业化、科技化、创业化、实践化已经引起人们广泛的重视，专业评估与创新反映了专业建设的变化，一定程度上反映了体育专业核心竞争力的强弱，是专业进步的表征。现在进一步扩展到专业群，无疑需要区域性、整体性、集群性高度来提升专业发展的生态空间与生态位，发展技术先进更大的生态链，为专业群的发展提供互补互促的可能性平台与信息共享资源、能量、专家系统，联盟使得专业的交叉融合成为现实的可能与可行，决定了一个区域内体育专业生态系统发展的远景和未来走向。

（四）培育体育专业群生态系环境

运用生态学的基本原理和方法来研究体育专业建设，培育体现专业群生态环境，体现专业集群生态环境组建理念、影响因素，才能谈得上培育。体育专业群生态环境的产生、发展与周围环境密切相关，包括受社会生态、教育生态、体育生态、专业生态的影响。体育专业群的发展与自身生态位，专业的物质流、能量流、信息流高度相关，不同体育专业对"集群"又起制约和调控作用。

体育专业群的生态环境具有多维性和多层性，有外部区域性的体育院校体育专业生态联盟，也有内部的体育专业群生态系统。从社会维度看，它涉及体育与社会生态；从教育生态看，专业群的建设与教育生态密切相关；从高等院校的角度来看，专业群有内外环境之分，毫无疑问地包括自然生态环境、社会生态环境、教育生态环境、体育生态环境及区域体育专业联盟环境。内部环境则有学校办学理念、专业发展规划、学科专业制度、专业声誉、体育专业结构与影响力、专业历史背景及专业掌舵人、专业大师等。从体育专业群的维度看，体育专业系列制度、体育专业文化、体育专业主体构成、资源的投入产出效益、专业新人的培育及未来专业人才的进口与出口质量等都是体育专业发展中不可忽视的因素，体育专业科学发展是一系列要素有机的组合与统筹运用。

体育专业群生态发展的内在逻辑系统是由多元生态因子构成的一个复合型、多功能、多样集群、不同层次的体育专业生态环境与运行机制。同时，衍生出不同专业层次、不同生态水平、不同生态位、不同专业发展格局、不同功能的体育专业群生态系统。三个子系统构成一个互动的网状系统，有纵向的管理体系也有横向的管理体系。牵一发而动全身。体育专业群中各生态因子在体育专业生态系统演进过程中以一种非金字塔或线性的组合方式管理与运行，组建生态系统强调各因子之间的互为影响、互为因果，通过体育专业联盟平台快速地共享信息资源、交流物质信息流与能量互动。

第八章　体育专业生态系统的可持续发展

第一节　体育专业生态系统的认知

从生态系统看，体育专业可持续发展必须考虑专业系统的平衡问题。体育专业生态，简单地说，就是所有体育专业的生存状态（生态空间、生态位、生态势等）及它们彼此之间与环境之间环环相扣的比例及关系。一是体育专业的生存状态，二是该专业与其他相近专业、同质专业及与环境的关系状态。

体育专业生态环境是教育环境的一种，是学校环境的基础，是"由体育专业各种生态关系所组成的不同环境"（如一个院系、一所学校、区域专业、同质化专业、虚拟网络专业）组成的专业师生生态关系，影响人们生活质量提高、生命档次提升的各种综合力量（物质、信息能量流），包括人工环境、功能作用的总和。原来是体育课、体质课，现在改变成为体育与健康课，其生存空间与综合力量及功能作用发生了很大变化，体育与健康的出现拓展了体育的生存空间，但是需要进一步在实践中真正占领这一生态领域，拓展新的生态位与势。体育专业生态系统是由专业各要素群与体育、教育、社会环境互动的整体，是体育专业与专业人等各种元素在特定空间有机的、和谐的组合。

体育专业生态系统是一个开放的、动态的平衡系统，这是专业生态系统内外部长期竞争、适应、调整的结果。（1）专业水平能力与人才的输入和输出基本平衡，保持发展；（2）专业群、学科群一定要保持相对稳定的数量与结构；（3）人才培养的质量与数量与社会需求基本一致；（4）具有典型的专业资源营养链与符合生态规律的专业金字塔形分层分类的"养分与肥料"；（5）专业要素的产出、投入与各种资源维持一定和谐的比例与空间。限制体育专业发展的因素有许多，在众多的专业环境因素中，任何接近或超过体育专业的承载负荷、耐受极限，可能阻止体育专业继续生存、生长、发育或扩散、完善、提升、可持续发展的因素，均需要研究并加以排除。

基于生态学的基本理论，我们建设各层次、各类型体育专业生态圈，围绕圈内各组成要素，加强彼此协调、平衡、竞争，促进整个体育专业生态圈的共存共享与协同发展，围绕协调沟通，达到平衡共享，不要人为地削弱某一要素导致生态系统的失衡（如一味地扩大体育教育专业的招生，或者大部分学生选择网球专业），都可能会威胁到整个专业的生存与进步。把握体育专业生态建设的核心就是坚持和谐、协调、平衡、共生与可持续发展。

体育专业生态系统反映了体育专业生存与发展内外环境中的种种关系及状态，是影响体育专业生存、发展的多重因素及其相互作用的总和。其内外环境有围绕体育比赛与专业技能主题进行的，也有体育文化学习的主题。其核心要素主要包括三个方面：一是体育专业的投入（人才投入、经费投入、科技投入、文化投入、专业建设投入等）。二是体育专业的组织管理与统筹（体制、机制、人才、财物、信息、情报、布局与共享）等。三是体育人才与专业质量的输出（体育人才的质量与档次、体育专业的社会影响力、体育专业的经济效益、专业获得的金牌、社会生态中的地位等）关系，主要是指体育专业的内外协调、平衡与同质专业共生共享。

开放的体育专业生态系统其内部各个要素及与外界环境系统在特定的区域、空间的组合，除了专业内部子系统（各组成部分）间存在着物质、信息、能量交流，还与其外部环境进行物质、信息、能量的交换，维持着生态系统的运转，这是一个动态的平衡，专业各个部分长期相互适应的结果，其结构与功能保持相对的稳定性。专业人才的培养、体育文化的传播等的输入或输出基本上与之相符，维持动态的平衡；在专业生态圈或者整个专业生态链上的生态主体（包括管理者、教师队伍、运动员、裁判员、教练员、观众、学生、家长和广泛的人民）之间的数量关系，如师生比、人均占有、人均资源等合理合法且相对稳定；在体育专业生态圈中所有生态主体生存的空间与位置，特别是人均占有场馆、人均占有师资、教材、教学内容与教学资源的面积与质量，是否与专业的生态位相匹配。

体育专业生态限制因素，是指在专业发展中某一因素的无限扩充带来的变化，引起一系列的冲突与矛盾，如无限制地扩招学生，却无法找到生存的空间，无法就业；更名大学需要满足师生比、博士、教授，大量引进与招聘，大量人员闲置，又如大量的学生选修同一专业，扎堆，造成市场拥挤与人才浪费。这些事件都能导致系统的运行结果不同，打破了生态平衡，从而影响生态空间与生态承载力，导致专业的生态位下降。体育专业的生态核心需要促使体育专业内外环境的各种因素的相互协调、动态平衡、共生和谐。

第二节　构建专业可持续发展生态系统

构建专业生态系统，是实现专业发展的必要条件，也是体育专业可持续发展的必然性。体育整个生态系统的核心是"比赛、竞技"，因此体育专业的建设也不能脱离姓"体"，组建专业多维生态空间，发展上下、左右、内外三个维度。上下主要是指专业的主管部门上下级管理与考评机构；左右主要是同类院校、同类体育专业的竞争、协调关系；内外主要是指专业本身内部关系以及与其他专业及社会生态等的关系。围绕比赛与表演形成了专业发展的许多环境与子系统。

体育专业生态系统的内部结构都是围绕专业的活力来进行的，专业核心竞争力离不开专业能力，离不开体育的根本属性，在比赛与表演中不断提高与创新。

专业核心因素需要人力资源的投入与开发、经费的投入与效益、经费来源的开辟与使用、科技投入与专业智力资源的发掘、文化投入与专业技能、竞赛水平的建设，也包括对专业的管理与建设，专业的队伍、专业的财力、专业的教学资源及软环境的管理；另外就是专业的建设成效，其生态位的提升，生态承载力的提高，生态空间的拓展，专业产出的效益，都有利于为专业生态系统建设注入新的活力。

体育专业的投入：专业人力资源的投入与开发是非常重要的，好的专业队伍才能创造好的专业生态位与生态空间，才会形成专业良好的系统循环。专业人才队伍包括教师队伍，包括高职称、高学位、高层次的人员及比例；专业优秀人才的选择与培养，包括优秀教练员与裁判员、实验员、场馆工作人员。

专业的经费投入和经费渠道的开辟变得越来越重要，专业的建设离不开经费的支撑。过去有些专业只重申报不重建设，有些专业无钱建设，有些专业无师资队伍与人才。现在专业有钱了，新的问题又出现了，有些专业的钱无法使用，或者用不到点子上，仅限出差使用、开研讨会而已。

专业科研投入与专业智力投入要不断地挖掘潜力。专业生态位不仅仅是综合实力的反映，更是科技的竞争，专业质量不断提升、竞技能力不断提高，这离不开体育科技的功劳。专业技术的进步与创新，新技术的发掘与使用，都离不开科研工作。专业的生态位更是在科技的支持下获得更高的地位与空间。

体育专业文化建设也十分重要，文化氛围潜移默化。正如奥林匹克文化博大精深，世界人民共同拥有，社会学家、教育家、文学家、体育家都在不断探新。文化的投入是信息的不断交流与使用,专业需要文化的创造力才有新的发展空间。保健体育、宣传生态体育、体育专业,形成良好的文化氛围。把"和平、友谊、进步、发展、绿色、科技"等主题融合进体育专业,融入文化的圈子,提倡"更快、更高、更强""更干净、更团结、更人性""更健康"等精髓引导人们追求并积极投身于体育活动,使得运动成为健康生活的组成部分,增加生活的乐趣,享受生命的质量,实现自己美好的人生。

体育专业的产出效益:过去专业办好办坏没人承担责任,也没有这个义务。体育专业生态位的提升有较大的影响与社会价值,因此实施体育专业生态系统工程需要有激励专业队伍的拼搏精神,激发内在体育需求,吸引生态主体的师生共同参与进来;通过专业促进本地区教育生态与社会生态的发展,通过体育专业生态系统排解生态成员的不良心情,凸显专业魅力和综合实力。

现代体育专业强调生态的应用性、实用性,往往与体育爱好者产业紧密结合起来,运作得好会带来很大的收益,如网球、羽毛球、乒乓球现在都有了较大的市场,相关的产业也得到了较大的发展。

体育专业的生态管理工作离不开人的管理,而人的管理又涉及许多方面,如专业队伍、运动员、教练员、裁判员的管理,教学生态又离不开学生生态这一主体,比赛会牵涉到观众与场馆的管理。这几个方面处于同一生态系统中,均在一条生态链上,相互依存,协调共生。体育专业的财务预算越来越重要了,显示出财务管理的重要性,加强预先规划与计划性,将国有体育资产的管理提到议事日程上来。场馆、设备、器材、运动装备的管理也越来越科学、合理,其绿色环保、舒适大方的优点越来越凸显,体现出更加健康、更加生态、更加人性的特色。体育专业软环境良好的运行机制、完善的制度、相关的文件,能保证专业在良好生态环境中健康成长。

体育专业的外部系统主要有两个层次:首先是各个体育院校专业之间平等子系统的相互共生、共长的平等关系网;其次是纵向交织的专业网络,涉及相关的其他专业、文化、科技等方面的影响与制约。

在第一层环境中,各体育院校体育专业都是大体育生态环境中的子系统,是平等的、自成体系的生态系统,又互为环境,相互影响、相互竞争、相互制约,专业招生的生源、专业队伍的争抢、人才就业机会的 PK 等。各体育院校的体育专业生态位的竞争更加激烈。如体育教育专业培养什么样的人,适应什么样的生态空间,体育院校有体育教育专业、师范院校有体育教育专业、其他一般院校现在也有了体育教育专业,没有生态位的划分,乱糟糟的,没有区分,过去师范院校主要培养中小体育教师,体育院校以大学教师和教练员等高级人员为主,现在打破常规了,就业渠道是宽了,但有无资历、有无相应的培训已经变得不太重要，一考定终身，关系出前途。学得好与坏不影响就业，专业能力强与弱不影响前途。教师资格证从某一层面上体现了生态位，你能拿到小学资格证只能在小学从事教学工作，在一定程度上体现了教师生态位的选择与适应。教育主管部门应该牵头继续完善相应的生态位的确认，给体育专业定位，你能培养哪一个生态位的人才，你能从事哪一级别的人才培养，没有达到级别不得从事相关工作。

体育专业的生态系统必须与社会生态系统紧密相连，无论哪个专业，离开了社会的支持，没有人参与、欣赏、肯定、赞助，专业就失去了存在的价值。无论哪个专业，没有社会的群众性支持，没有生源喜欢，没有家长选择，肯定不能长久生存与发展，同样专业人才不能就业，找不到工作，学无所用，学无所长，学有浪费，对专业同样是致命的打击，不能长久生存，也谈不上可持续发展。生态系统中包括许多生态主体，有教师、有学生、有家长，也有观众，他们扮演的角色也不同，可能是学生，也可能是运动员、教练员、裁判员、队医、心理师、康复专家、新闻工作者等，都会有利益的追求，专业的成功与社会影响对他们都至关重要的影响与帮助，更能帮助他们实现各自的价值与人生目标。

社会生态对体育专业的影响也是不可小视的。社会的政治、经济、文化与对专业的认识评价都对体育的发展起着十分重要的作用。体育专业通过实践活动把不同肤色、不同种族、不同性别的人都聚集在一起，进行体育运动，从事体育工作，这些都离不开专业人员的指导与帮助，专门的人来做专业的事，对专业的发展有着直接的推动作用。体育的政治魅力是非常巨大的，无论哪一个国家都高度重视发展体育，因此体育专业的发展有着良好的社会大环境。当前社会体育发展正在不断掀起高潮，参与指导与帮助的人更多，体育专业的发展使得高层次人才的培养变得更加重要。经济发展对体育专业的作用不言而喻。文化科技对体育专业的影响如今变得越来越关键，体育专业的标志性成果、专业的影响、专业的核心竞争都与科技文化实力高度相关。体育专业本身也离不开文化的支撑作用，没有文化的支撑，其生命力不会长久，太极运动正是有了千百年的传统文化做基础，才能得到老百姓的喜爱与支持。没有文化做基础的运动只能流行一时，不能流行一世。奥林匹克运动是体育的运动，也是一个大的教育活动，更是一场盛大的文化运动，无论是开幕式还是闭幕式，整个过程都是世界文化、特别是本国文化的展示与熏陶，各国文化在同一舞台交流、融合、取长补短。一定的地域孕育着特色体育文化，多元世界也必然拥有多元的体育文化，世界同样也需要多彩的文化。

一、体育专业生态理念系统

卓越的科研成果、训练成果、教学成果与可持续发展创新能力是体育大学（或专业）永远追求的高生态位，各体育院校应树立追求卓越的高生态位理念与目标。想要实现成果卓越，需要创新的理论与实践，仅仅依靠传统的小规模、单一的学科专业、超稳定，甚至僵化的教学科研机构，难以实现科研、训练成果卓越、高生态位、全方位生态空间的目标。

作为重要的竞技体育发展机构、全民健身指导研究与评估中心、体育教育核心单位，无论是研究型体育院校，还是研究教学型体育大学，都要对体育与社会发展的重大体育需求、健康需求、体育教育需求作出及时的快速回应。体育院校（专业）长盛不衰在于其学术地位、成功的办学经验、社会影响与大众承认。体育院校的可持续发展之道，在于把大众与体育资源、体育人与非体育人、学术与健康、教育与社会按生态系统有机地结合起来。坚持体育教育，突出体育学术、竞技体育本位，按照学术创新和体育健康发展的教育规律来组建新的生态联盟，大胆开展专业建设工作，从而使教学、科研、训练及专业得以蓬勃发展。只有坚持回报社会、服务社会与社会生态联动原则，才能与时俱进、追求卓越，引领体育发展潮流。为此，体育院校在国家支持、社会支持下，还要进一步拓展生态空间，争取更多体育院校与专业资源的支持与肯定，构建新的生态系统，不断拓展专业生存的国际生态空间，提升自己的生态位，为专业的可持续发展争取充足的外部生态支持。

二、完善体育专业生态系统 依法治理

体育专业治理系统包括专业治理结构和专业治理机制两个方面，过去院系、教研室是专业结构的核心管理单位，现在学术专业团队与校际专业联盟逐渐成为新结构体系与运行机制的管理主力，新的学科专业制将会全方位、全人员、全专业地开始工作。创新大平台的生态可持续发展，需要基层教学、科研、训练、专业人员旺盛的激情与超强的创新动力。实现学科专业的生态可持续发展，就必须对其学科专业体制机制、治理结构进行生态改革，尽量释放成员的创新热情和表现能力。生态改革路径的选择是一个非常复杂的系统工程，改革原有的院系、教研室权力，重建生态专业链，在各个生态链接点、生态层次和生态位进行合理统筹，按照生态位对应原则，对生态链中高位、中位和基层位进行合理分权管理，逐步让"倒金字塔式"的中央集权结构向比较均衡的网状型权力结构过渡，让各个生态位层级的人员各司其职，充分发挥自己的

专业长处和优势,做好应该做的和自己能做的事情,而不是去做"别人命令或职称评定要求的事情"。

专业治理结构改善还需要改革专业行政权力为主导的模式,需要认真研究学术专业为主要生态位,正确处理好学术专业权力与其他权力之间的各种关系,打破教研室建制,建立健全新型学科专业管理机构及其职能。坚决弱化行政机制,淡化人治、统筹安排、合理配置人财物,建立专业生态资源共享模式,引入市场生态机制、实施计划预算、加强绩效考评、配置有效资源,科学使用,将大社会、大学校、小院系、各种团队、创新平台基地、项目组及其学科专业团队成员看作各自平等的生态主体,构成一个完整的生态链形成各种专业生态圈,充分运用薪酬(食物、奖励、人力资本的价格)、学术专业声誉、体育人才供求关系,有效考评、科学调节、公平交易、合理配置、抱团作战、集体攻关。在设计具体的运行制度和奖励机制时,避免不当得利与专业生态资源配置失衡。注重专业团队参与机制、资源配置中的重要作用。调动团队参与者的责任心和创造力,有助于团队或校际联盟营造宽松、民主、开放、积极、主动、生态、和谐、有益创新的学术专业氛围。

三、生态文化与体育养生价值观系统

专业院校不可能远离社会生态,更不可能离开教育生态,在专业各项建设中都无法真正逃避现实的政治权力,官本位思想深厚积淀文化也在体育院校中扎根,难以遁形,无法超脱。体育文化具有双重作用:既强调竞技、竞争,也强调配合默契、合作与拼搏的积极体育精神。体育文化可以为专业建设提供强有力的支持,消极的休闲文化会对人的进步产生消极的影响,如学术霸主、学术造假同样具有强大的消解作用。高学问、高学术、高人才联盟群体,要真正组成创新团队与平台,促进学科专业的可持续发展,都不能不直面学科专业现实。学科专业制有良好的生态系统、和谐的设计,不断摒弃不利于学术专业发展的官本位、歪门邪道小圈子,提倡团队文化与联盟合作意识,创新体育合作文化、协作拼搏精神,有意识地建构起学科专业特色的,包括团队精神和创新体育精神在内的人与体育、人与专业、人与文化节的和谐生态价值观体系。

四、体育专业生态系统从竞争到合作的转变

学科专业制建立与体育专业生态系统理论控制模式之间是存在着密切的内在关联的。专业自主权逐步得到扩大与落实,构建世界一流体育专业需要新的生态治理模式与之适应。体育学科专业群鼓励团队与联盟的所有参与者,持续地建立系列的生态新

制度，创造专业发展的激励结构与机制，促使体育专业系统从竞争向合作的生态和谐转变与发展。真正实现微观抉择与宏观秩序持续耦合的良好局面。

（一）体育专业生态链的变革

专业生态链集中体现为专业系统的结构与分层。体育院校有分层、专业有分层，过去是竞争为主，现在要转移到以合作为主。体育院校的地位体系、定位、目标追求与上级政策和本校规划是密切相关的。政策层面管理范式决定了分层原则及方法。过去6所体育院校全部由国家体育总局管理，只存在发展的先后与区域性差异，这种内部分层由政府统一分配与调控，学校地位由政府决定，职能、权力、特权与资源均由政府包办。财政拨款和权力措施实际控制了各大区体育院校的学术地位、专业地位和生存价值。北京体育大学由于地理上的优势、政治上的需要，国家指定其"优于"他校，权力、特权、自治、预算、专业资源、权利均需要自己努力争取，竞争与特色自然关系不大。基本上是排斥竞争的，大锅饭的举国体育体制在体育院校中的效率与效益并不高，干好干坏一个样，专业发展动力不足。

体育总局直属管理模式取消后，除北京成立体育大学外，其他体育学院均下放到地方，有的是总局与地方共建，有的完全下放到了地方，由教育厅管，有的则由地方体育局代管。政府管理模式的改变使得体育学院的地位与生存发生了很大的变化，在地方由体育局管，不是教育部门管，只强调竞技体育管理权限；教育部门也不好管，进来迟不说，财务政策不好归口，无论是院校地位还是专业建设都出现了体制与机制的不畅通。竞争开始成为主题，通过市场体育竞争、教育竞争来获取学术名望、体育优势、教育资源、体育资源如学术专业声誉、知名教授、科创经费、社会捐赠及影响力全部需要自己努力拼搏。院校地位、专业地位在竞争市场上充分体现，没有核心竞争力、没有优秀体育人才，无法在区域发展中站稳脚跟。市场竞争导向的管理范式，离不开竞争，但是效率、公正、公平与卓越开始体现与发挥。

有些院校或专业由于悠久的历史积淀而成为国家重点，其生态位很高，有的体育院校则是由于能满足国家体育战略的需求重点发展某一项目。体育专业系统分层在社会转型的体育教育环境下，社会认同程度越来越低，过去的方向也在发生变化。过去体育管理系培养了大量的一线体育管理的人才，现在体育管理干部能在学校培养吗？特别是在国际体育大舞台崭露头角的人才不是体育专业能简单培养出来的。体育专业是办出来的，体育人才是培养出来的，不是政府封出来的。政府包办已经无法实现公正、公平。

科学合理的学科水平评估给出了学科专业分层的标准，评估的政策无疑在时刻提醒学校要不断追求学科与专业的卓越。可是人们需要教育的公平、合法性，政府不得不出面维护公平、公正，院校的地位分层及边界慢慢在模糊与淡化。

各专业、各学校力争建设一批国际先进水平的学科与专业，真正跻身世界一流体育院校的行列，并使学校整体体育水平、竞技体育水平、国际影响力迈上一个新的台阶，真正成为国际知名的高水平体育院校或专业。

资源的日益分散，恶性竞争带来的是巨大的资源浪费。市场的快速变化与利益的追求，各院校彼此之间出现资深教授抢夺、出类拔萃的年轻人才挖墙脚、优秀生源争夺等现象。竞争也带来许多好处，出现了一些"强势者"，跻身"一流"，但结果许多院校盲目仿效，专业"竞争"成了"模仿""复制"，竞争界限一下子被打破，同质化现象、专业重叠、生态空间与资源浪费越来越令人难以置信，竞争成为不可控的无序竞争。竞争市场无人监管与调控，竞争结果无法预期，看起来效率不高，浪费严重。学科专业制下团队与结盟的实质是为了建立一种优势地位的"良性生态循环"，实现专业资源共享的"马太效应"。

（二）体育院校的理性生态选择

专业生态位分层变革引导专业不同质的特色发展，同类专业需要区别对待，不能在低水平上简单重复、浪费国家资源，在生态系统中统一指导，区别对待，在对的生态空间与生态位上发展。专业的生态合作、体育生态课堂、区域生态或者校际生态关系将会更加紧密，各种学科专业联盟要在原有专业学科水平上得到提升。

走向国际化，形成体育专业生态战略品牌，塑造体育专业联盟（或团队）的精英形象，加强各层次专业联盟交流与合作，与国内外精英体育专业对口交流，拓展生态空间，提升整体办学实力。

学科专业联盟的发展路径需要非常明确，联合办学、办专业的机制在转变。多边交流、战略合作、生态布局树立中国体育专业品牌，创建世界一流体育院校。

第三节 体育院校本科专业生态可持续发展策略

调整专业内部结构，组建新的生命系统。内因是变化的根本。体育专业更好的生存发展需要首先解决体育专业生态系统结构。内部结构与关系是其"生命系统"。生命系统本身出了问题，外部系统再好也无济于事。如运动训练专业招收了大量的二级运动员，其中很多证书是假面具，上不了台面，他们面临的难题就比较多，适应专业生态的要求与社会生态的要求就有了较大的困难。优秀运动员的出口问题没有得到妥善的解决，后顾之忧没解决好，后备人才跟不上来，运动训练与竞赛组织就无法进行。人、财、物、信息、能量都存在一个结构，需要合理地研究与分配，激发大多数人的动力与创造性。

理顺外部环境关系，优化体育专业发展空间。外因是专业发展的条件。维护好其"环境系统"这一外部生态园，能促进专业的健康成长。

首先要大力抓好体育专业的生源，生源质量的好坏直接影响人才质量和专业的生命力，通过招生方向来引导生态主体进一步重视专业的建构，专业方向的引导对学生与家长来说都是十分重要的，关系到学生未来的选择与从事的工作，甚至影响到他们一辈子的事业。当然，专业的生态建设不是一蹴而就的，它是一个系统工程，需要多方面的配合与协调、支持。比如说所在专业毕业后的校友赞助与捐助，对专业发展有着十分重要的作用。

体育专业生态系统是由生命系统（内部结构）与环境系统（外部结构）构成的一个多因素、多层次、多维度的复杂系统，时空有序、相互交织，在特定的生态空间有机地组合在一起；始终保持体育专业生态系统的动态平衡，适时调整专业结构，可激发出发展动力；优化专业外部环境，从而促进体育专业生态系统的相互协调平衡与共生发展。

一、体育专业错位发展与竞争策略

专业错位发展与竞争要根据体育院校生态位、专业资源组合、使用效率高低，选择区别于其他专业的竞争与发展重点。像生态位分离原理所昭示的那样，专业错落、发展错位、相互依存、相辅相成，避免生源战、广告战、人才战、产品战，寻求专业特色发展。

体育专业错位发展的主要内容：（1）专业建设时间上的错位。体育专业在建设过程中应该像春燕、大雁迁徙一样实行不同季节的时间错位。冬季与夏季项目的错位、错区发展。（2）专业发展空间上的错位。由于南北方地理环境、气候的变化，所有体育专业不一定都往繁华的城市中心发展，可以像沼泽地中的中药一样各自选择有利于自身发展的生存空间。如北方的雪上运动、冰上运动，南方的水上运动。（3）专业功能与目标上的错位。文化传承、育人层次错落发展，专业发展规模、人才档次、人才标准与就业区域上的错位。体育专业需要依据本地区、本校实际情况，采取多种模式，合理布局，选择好专业的生态位，避开激烈、过度、残酷的生死竞争，避免造成国家的教育生态资源浪费。

二、体育专业生态位拓展策略

体育院校本科专业在发展的过程中，最早是教育部门和体育部门共建，很难对本校的生态位进行控制和优化，难以适应和改造生态环境。现代高等教育的不断发展，体育院校本科专业生态位的控制主要集中在两个方面：一是拓展生态位，二是善于调整生态位。一个成功的体育专业的发展必须善于拓展自己的生态位和及时调整自身的生态位，与时俱进地改造和适应教育生态与社会生态环境的变化与发展。体育院校本科专业的建设经过了一个漫长的过程，以前很长一段时间，体育院校只有体育教育和运动训练两个专业，后来逐渐增加了武术专业与管理专业，改革开放后专业成长的速度极快，现在体育院校最多的本科专业已经达到20个以上了，最多的达到了25个专业，覆盖面与覆盖率都很大，对生态位的拓展速度如果把掌握不好，发展过快，会使体育本科专业的发展失去连续性，师资队伍、人才队伍建设跟不上，专业队伍交叉、课程内容简单重复、实践能力缺乏，在竞争中往往会遭遇失败。

三、网络、远程虚拟生态位发展策略

体育本科专业生态资源状况对专业生态位具有决定性作用。随着信息社会发展步伐的加快，体育院校本科专业生态资源概念的外延、内涵及其体育本科专业对生态资源的占有方式也在发生深刻的变化。人们对绿色奥运、运动环境、大型运动会环评的认识与要求越来越高。信息知识爆炸的年代，智能手机、网络空间、信息资源作为主导地位的资源和生活要素逐渐深入人们日常工作与生活。体育本科专业之间的竞争主要不是生活资源、教育资源和其他有形资本的竞争，而是拥有体育知识和运动技术、健康方式多少的竞争，专业创新、学科提升的竞争。信息社会导致竞争的加剧和生态环境、教育环境的瞬息万变，使得体育本科专业无法单纯依靠自己运动资源、健康资源来满足市场的需要。虚拟的生态位和生态空间资源的共享为体育本科专业的发展拓展了未来广阔的生态空间，健身指导、私人教练等虚拟生态位的出现主要是发挥各专业自身的优势，对外部生态资源和生态力量进行有效的整合与拓展，不断再生自己的生态资源，达到降低运动健康成本、提高核心竞争力的目的。所以，体育本科专业要善于利用和建立虚拟的健康运动生态位，以丰富自己的未来生态位。巨大的全球网络、信息的光速流动与体育专业的特殊互动性，使得体育本科专业生态资源的共享简单而便捷。体育院校丰富的教学、训练、科研、文化、健康资源会越来越丰富，资源共享成果也会越来越多。

四、体育院校不同体育专业可持续发展战略选择

随着我国高教管理体制改革的不断深入，体育院校开始由快速发展、规模发展逐渐向内涵发展转变，由规模效益向质量效益转变。体育院校各专业为体育事业、社会发展培养了大批体育人才，承担着体育大国向体育强国迈进的重任。从生态位角度探索体育院校专业的可持续发展，运用适切性、普适性原则等来阐释体育院校专业的发展方向，探索影响体育专业发展的因素及其生态位发展战略，对于体育专业的全面、协调、可持续生态发展有着不可忽视的作用。

体育专业在整个社会生态大环境和高等院校专业生态环境中，占有特别的体育资源，通过专业人才培养能动地与生态环境相互作用而形成了竞争优势、未来发展空间以及特色功能地位。体育院校专业生态位就是生态位理论在体育院校专业发展中的解释与应用。毫无疑问，体育院校专业不仅在社会生态与教育生态等宏观生态环境中生存，也处于高等院校、同类院校、同区域院校等中观生态环境，还囊括了体育院校内部微观的生态环境，专业发展要具有非常强的创造性、主动适应性和自主选择性。

体育院校专业生态位反映了专业在一定时期、一定的生态环境中所处的生存空间位置与时间位置及特色功能地位。体育专业的生态位更能从微观环境中反映专业在生态环境中的各种生态因子以及形成的梯度上的优势与地位，各专业在其生存环境空间中扮演着特殊的角色。体育专业作为教育与体育双资源的吸收者和供给者，在同类体育院校或不同类体育院校利益的生态链中得以生存和发展，体育专业资源的相互关系及有效转化，恰恰形成了体育院校专业特有的生态位置。目前体育院校世界一流、亚洲一流、国内一流并不能真正反映其生态位，那只是理想定位与目标，并不是现实的生态位与空间。体育专业生态位的确立与其生态位空间的维系及其拓展是密切相关的。按照这一理论假设，体育院校专业的快速成长及未来可持续发展的实质即可理解为各专业的生态性选择、扩展和跃迁自身生态位以及拓展其生态空间的发展过程。

体育专业的生存与发展过程是错综复杂的，从生态角度看是一个体育专业物质、专业能量、专业信息广泛交换的生态有机体，不但要考虑专业在整个教育环境、体育环境中的生态地位与作用，而且要思考外界生态环境对体育院校内部生态结构、行为选择、运行机制等的多重影响。体育院校专业的生存与发展已经嵌入教育生态与社会生态资源的结构。各专业有机体通过多种方式吸收、整合、配置各种新的资源，逐步形成了自身的创新能力与核心竞争力，辐射到生态环境中，从而影响生态资源的重新

分配，出现专业人才来源的分流与选择，成为专业生态位发展变化的重要推动因素，从而形成各专业独特的生态位。

建构专业生态位的基础不仅有外部生态环境，如经济发展、体育政策、社会需求等，体育院校群落之间的生态系统，还有体育院校自身的内部生态系统，这三者都有生态位平衡的要求。随着生态环境的不断变化和快速交换，专业生态位的变化及专业生态平衡机制的调整一定会受到生态环境的多重影响。专业的生态失衡（如专业男女性别比例的失衡、同类专业大量选择的浪费、学而不用的失衡）都会影响到体育生态资源的结构与空间格局的变化，如生源结构、就业结构，还可能产生新的生态因子。

体育专业生态位间是有互补与合作关系的，专业的生态环境可以保证专业的物质、能量、信息正常有序地交流与交换，从而降低生态的负面效应以及相互间的专业功能妨碍。体育专业生态位的共生关系也会对生态环境中其他专业生态位产生关联作用，会反作用于各院校的专业生态位。生态位的共生是进行正常物质、能量、信息转化的前提条件之一，是促进体育院校体育专业可持续发展的根本动力，对于保持专业生态位的竞争优势更是非常重要的。共生关系是建立体育院校专业联盟实现生态资源共享的理论基础，是专业资源取向和拓展空间的切入点，有利于增强体育院校专业的种类与专业生态环境的稳定与特色。

专业生态位的战略性选择就是各专业根据自身客观条件以及对所对应的生态位，运用各种战略来夯实各专业的基础生态位，以及促进专业生态位的良性发展，"不断接近基础生态位的动态发展的选择过程"。生态位理论指明了体育院校专业与外部生态环境的关系，专业要在动态变化的生态环境中不断合理地进行战略性的生态定位和及时地进行战略性生态调整，快速、准确地把握专业的生态位、生态平衡。体育院校专业的战略选择具有适切性和适用性。如果各体育院校不能自控专业发展数量与质量，对人才的空间分布不做市场调查，不进行统筹规划的话，难免某些专业会饱和，某些专业供不应求，某些专业完全没有市场需求。

（一）体育专业生态位发展的适切性选择

体育专业的发展是通过不断的战略调整和变革进行的，这样才能在教育生态系统中获取更高或更优的生态位。前面分析我们得知体育专业生态位的重叠与错位现象比较普遍，其表现有"低位高攀现象""同质、同类现象""同位、同类现象"等。

专业的"低位高攀现象"主要指一些低水平、低层次的体育专业对高水平、高层次体育大学（院校）专业简单的模仿或照搬照抄现象。从学校发展目标看，基本上都定位很高，差不多是国内一流、国际（世界）知名的现代体育大学（教学研究型），现代体育大学的标准是什么却没有太多深入的研究与建设。

在生态位中,同位同类主要指同一生态位上物种的重复性。两个及两个以上专业利用相同的资源或者是共同占有生态环境中的其他变量时,如生源、师资等,就会产生生态位的重叠现象。专业的同位同类、同质同类则主要表现为同是专业却没有自己真正的特色;同是省级品牌专业,却十分雷同,其专业目标、课程设置、专业层次、人才培养方案也互相学习,甚至照搬照抄,同关同质、同类不同质的体育院校专业差别也不明显,属于缺乏特色的低水平重复建设。都设置体育教育性体育院系专业,简单重复。同类型、同层次、同定位。专业设置、定位重复率也较高。

体育院校生态位的重叠主要表现在各自的发展目标、办学定位、专业设置上,甚至是人才培养、办学模式等方面。在高等教育的大众化阶段,同层次或不同层次的体育院校都在盲目攀比,不顾自身实际与办学实力,人为拔高,目标远大、定位虚空。许多体育院没有认真研究社会需求、市场导向,也不顾自身的生态条件与生态位,盲目向高水平一流大学看齐,以至一些学校都在追求"一流体育大学""高水平体育大学",全部都是一流的,都要办成"教学研究型"或"研究型"大学,都要达到"国际化"标准。

这种不切实际的追求与导向,必然会导致趋同的专业,千校一面,其结果也只能导致恶性竞争、疯抢资源、生态失衡。专业性体育院校在高等教育激烈竞争与国际教育挑战的形势下,科学地找准自己的生态位置,是实现可持续发展的关键。社会对各类体育人才的需求是多方面的,因此体育学院在发展过程中的生态位宽度要不断拓展。

用生态位适切性原理解释体育院校专业设置。适切性原则要求选择专业内容要符合各学校的时间、空间特征,与其学校地位、功能要相适切。不同体育专业的学生学习什么内容是受其环境与本身心智发展水平限制的,过难或过易的专业内容都不适合,应摒弃。适切性的另一个含义是各专业发展目标要切合当今与未来一段时间内体育教育、教学发展的实际需要,如果不切实际也就失去其作为。围绕体育专业中的专业目标、专业理念、专业内容、专业管理等方面,从其研制背景、发展演变以及各专业间的联系(时间、空间、功能)三个方面进行全面、客观和综合的分析,对体育院校专业改革及其适切性问题进行全面诠释,修订各自专业标准。重新认识特色专业的价值,丰富专业的理论体系以及一流专业、特色专业、品牌专业的标准修订的理论意义和实践价值,对深化我国体育院校专业生态平衡性具有积极的启发作用。对体育专业发展的规模大小、可持续发展影响因素以及如何实现可持续发展进行梳理,以期对我国体育院校专业生态发展有所裨益,从而探索专业的可持续发展战略和发展对策。

（二）体育专业发展的普适性选择

体育院校的专业发展实质是一个生态环境中生态因子和生态位置相互作用的过程，为了占据更好的生态位与更多的生态因子，一定会有专业竞争与合作。体育院校专业间的激烈竞争从某种程度上看实际上是源于专业生态位的重叠较多。如果能有效把握体育院校专业生态位的维度，计算出专业生态位的测度，并对其进行合理的评价，以生态位的移动优化和创新生态位的维度，才能保证不同专业、同质专业间有效的生态竞争。最优发展战略是随专业生态位、生态维度的优化而可持续的生态发展的动态过程。

专业的生存与发展是离不开教育生态环境与社会生态大环境的，专业发展战略需要充分考虑利益相关者间的生态平衡关系及其生态环境变化的趋势。体育院校相对于其他大学或者院校来说，其专业战略规划不仅要考虑其共性，如体育教育专业的共性，还要研究专业的特殊性，把握自身的独特"生态环境"与生态因子，这是构成及影响专业生态位的重要支柱。必须要研究生态位及动态变化趋势。体育专业生态位也有三个维度：环境维度、空间维度与能力维度，三个维度与专业战略发展的生态环境、自身资源与能力等战略要素保持了高度的一致性。

（三）体育专业可持续发展的生态位战略思考

依据战略制定的路线，将体育专业可持续发展的生态位战略思考设计为以下几种模型：竞争战略、移动战略、共生战略和协同战略。

（1）选准体育专业生态位的可持续发展竞争战略。建立专业生态位的核心竞争力是体育院校专业可持续发展的新思路：专业生态建设要具有价值性、稀缺性和难以模仿性，体育专业才具有自己的可持续发展空间。

体育院校是培养体育人才的专门院校，其专业性不同于一般师范院校体育专业，与其他普通院校有共性，也有其特殊性。体育院校的毕业生有无竞争力，直接关系到各专业培养出的人才是否符合市场需求的合格要求。因此专业的多样化发展成为必然趋势，专业培养模式的多样化发展是社会、体育院校自身，以及个人发展的必然要求。体育院校专业发展关键在于培育和提升专业的核心竞争力，核心竞争力取决于制度创新能力、学术创新能力和管理创新能力。核心竞争力使体育院校专业教育必须与社会主义市场经济体制适应，面向社会和教育市场、面向体育院校的生态竞争，始终保持专业人才的优势。生态位的可持续竞争发展战略需要结合体育专业的核心资源，提高核心竞争力必须要建立专业资源配置的新机制，在人才培养体系建设、管理执行机制、服务保障运行等方面充分体现核心能力,培育、构建体育院校核心竞争力的关键是专业、学科管理制度的创新、专业学科建设的加强、人才培养与使用的创新、校园专业文化的创新,建立专业核心竞争力的发展模型:一是突出综合型专业发展,二是强调以体育科研为先导型专业发展,三是突出专业办学特色发展,确保专业核心竞争力形成与可持续发展。

体育专业在竞争中有可能走向灭亡,这就是"竞争排除"。如社会体育专业暂时无法生存的现象,如果没有新的政策和机遇,可能会面临生死抉择。体育院校专业竞争主要表现体育院校双方或多方在一定规则限定下追求卓越、永争第一的努力拼争,源自对体育专业生态、教育生态中竞争现象的简单模仿。专业竞争性是体育专业发展中不可避免的问题与现象,有序竞争性的基础地位决定了体育专业发展的规则性、娱乐性、趋同性,并赋予体育专业一些道德规则、经济盈利和专业地位等多种影响。

体育院校在高等教育生态、体育生态中的生态位是有其竞争力的。在各种生态竞争与合作中来求得体育专业的生态生存与良好发展,并不是学校地位高、专业地位就高便能实现的。瞄准体育专业自身的生态位,打造专业自身的核心竞争力与特色优势是必要的。人们都清楚地知道,体育院校专业生态位的影响因素是非常复杂的,体育生态、社会生态、教育生态在逐步发生着深刻的变化:一是学校与政府间的关系在发生着进一步的变化。政府对专业设置为宏观调控,体育专业的生存与发展有了更多的"自主权"。二是体育专业与社会生态关系、体育生态关系也在发生着日新月异的变化。最典型直接的变化就是体育人才由原来的主动分配型转为现在的被动寻找型、积极创业型,适者才能更好地生存,社会生态实际需求的体育人才与体育院校各专业培养的人才需求有较大的出入,生态系统不能吻合对接。三是体育专业与专业间的各种生态关系不平衡、交叉重叠,来自"211""985"等综合性大学里的体育专业也直接冲击着体育院校专业的生存与发展,使得专业竞争更加激烈、更加无序。四是体育生态系统内同质专业内部的重叠交错关系。同类体育专业的发展目标、专业管理与课程设置等十分雷同或混淆,培养人才标准与水平简单重复。生态空间、生态位没错开,各自为政,低端浪费。因此,体育专业的确需要良好的生态系统与环境,提高专业与人才的核心竞争力,广泛吸纳专业的优质生态资源、不断扩充专业的核心实力,进一步发挥专业特色、优势,在内涵建设中抢占人才培养的生态位、专业生态位、师资队伍生态位和体育服务的生态位,不断获取更优的、更高的生态位。

(2)实现体育专业生态位的可持续发展移动战略。毫无疑问,专业生态位重叠太多一般会导致专业激烈的竞争,专业的竞争程度主要是由专业的生态位及其关系来决定的。在竞争的生态环境压力下，经过恰当的选择和合理的进化，适应多种不同的生态教育环境与社会生态环境，分化成多个各不相同的特色与品牌专业，通过生态位的分离达到生态环境中的专业共存。专业的趋异进化本质也是由于减弱了竞争而发生的生态位移动。同理，在教育生态系统中，在教育资源有限的条件下，体育院校专业需要生态位的合理移动来实现自身专业生态位的优化：一是通过专业生态位目标的分离来实现共同生存。异域分布的两个亲缘关系密切的体育专业，其特征值很相似，但空间的分离，减弱了竞争；同区域分布时，由于竞争激烈，其特征差别必须趋于明显，要有明显的生态位目标分离，定位哪个层次、哪个空间的老师。共同利用有限的体育资源，如生源、就业出口等，专业间、学科间、院校间难免会发生竞争，按照专业生态位的分离的基本原理，同类专业需要避免生态位简单重叠，专业需要特色来体现差异性，避免同区域的内耗与减弱竞争，实现同一区域的生态合理布局，达到共存并协调发展。二是追求专业生态可持续发展。毫无疑问，5所体育院校专业之间的生态位目标分离，同样是管理专业，有的定位竞赛管理、有的是经营服务、有的是行政管理，各自寻找到属于各自特色的发展空间。比如5所总局与地方共建的体育院校向更高层次体育大学的目标发展，拓展专业更高、更宽的生态位，专业进化不仅要巩固已有的生态位，还要不断创造新的生态位。

（3）抓好体育专业生态可持续发展共生战略。专业竞争是普遍存在的，专业发展存在依赖性、合作性、稳定性与独特性，也需要共生共存、相互予取。专业生态的可持续发展共生战略是各专业的有效合作联盟、集群，努力实现专业资源的创新、再生及核心体育文化的共享，进一步增强专业核心竞争力，是获得生态优势的一种新战略。体育院校联盟、国际交流与合作办学等都是典型的专业生态位共生战略。专业"共生战略"主要包括：同质共生主要是互惠合作战略，同类型、同层次体育院校专业避免雷同、相克而采取的合作方式；异质共生战略则是不同类型、不同层次的专业间的互动与合作。各专业要在教育生态系统中找准相对位置并形成互补型关系。把握体育院校专业战略可持续发展、演变的规律，相互合作，提高对外部生态环境的系统认识，避免与竞争对手直接对抗或者简单模仿，拓展体育专业的生存空间，达到专业优势互补、资源共享的共赢目标。特别是同区域内的专业联盟共生共享。

（4）用活体育专业生态位可持续发展协同战略。体育院校专业的发展同生物群落一样具有两面性。专业的协同发展有利于专业资源、信息的共享以及专业资源的最大化利用，还有助于提升专业的核心竞争力。当然体育院校专业的简单集群、胡乱扎堆也同样会导致专业生态位的重叠，加剧专业的无序竞争。相反，体育院校专业进化的主要驱动力来自专业的激烈竞争行为，专业的相互竞争与合作不断促进专业的进化。合理集群就是一种协同、一种联盟，有利于加强联合与协同，提升专业集群的核心竞争力与社会影响力，加强专业集群的稳定性与创新性。体育专业集群就是协同进化的演化结果，专业集群构建一种协同进化的机制，能实现专业价值创新，实现价值主体（学校、社会、竞争对手、专业等）协同进化。

同层次院校根据自身实际情况来确定自己的发展定位，做到"人无我有，人有我优"。体育学院应打破学科专业界限，重点建设"体育教育与健康促进"优势特色学科群，各学科专业实行有机重组，主要围绕体育教学理论与方法、体能训练的原理与方法、运动训练监控与评价、体育健身的生物学基础、运动心理健康理论与方法、体质监测评价与运动处方、传统体育养生与健康促进、运动损伤防护与康复等八大方向，围绕体育学重点学科，结合教育学、心理学、医学，组建"生物—心理—社会—医学"教育与健康结合模式，全面研究体育运动促进健康的理论、方法与技术，形成"政、产、学、研、用"五位一体的可持续发展模式。

重点培育"互联网＋体育"校级学科群，校内学科专业重新组合，主要围绕互联网背景下的体育组织发展与体育治理、媒体运行与新闻服务、赛事版权与城市营销、赛事组织与解说评论、体育资源管理与产业规划、体育场馆管理与赛事经营、运动装备研发与服务、文体表演等八个方向，依托互联网，为体育产业和区域经济社会发展提供智力支持和服务支撑。

事实证明，这种学科群的重新选择是明智的，不但重点学科自身得到了发展，还有利于推动专业的协同发展。这是根据国家《统筹推进世界一流大学和一流学科建设总体方案》和学科建设的相关文件规定来实施的，总目标是按照"双一流、双促进、双服务"要求，瞄准学科发展前沿和国家发展战略（如"健康中国"、体育产业）及区域经济社会发展需求，重点突出两大学科群，力争将体育学一级学科建成全国一流学科，将心理学、新闻传播学、音乐与舞蹈学等一级学科和体育工程学等二级学科建设成为具有较大优势和较大影响力的特色学科，使学校向着体育特色鲜明的高水平大学迈进。实施这种生态位的学科专业集群的协同进化战略，目的就是要保证集群后体育专业的稳定发展。在创新、合作、协调、互补的基础上，不断调整和优化专业群生态位。集群后的专业只有具有嵌套于整个教育集群中的生命周期，才能寻求和谐的可持续生态发展。

参考文献

[1] 谷茂恒，姜武成. 高校体育教学评价体系的构建 [M]. 北京：航空工业出版社，2019.01.

[2] 王彦林. 高校体育教学评价研究 [M]. 北京：中国书籍出版社，2018.06.

[3] 黄涛. 普通高校体育事业绩效评价研究 [M]. 长春：吉林科学技术出版社，2019.

[4] 我国普通高校体育事业绩效评价研究 [M]. 延吉：延边大学出版社，2019.10.

[5] 邵林海. 地方高校体育教师专业发展研究 [M]. 北京：冶金工业出版社，2018.03.

[6] 马健勋. 高校体育教学与科学训练 [M]. 北京：北京工业大学出版社，2023.04.

[7] 陈辉作. 高校体育教学探索与模式构建研究 [M]. 北京：北京工业大学出版社，2023.04.

[8] 李科. 高校体育改革践行体教融合路径研究 [M]. 长春：吉林大学出版社，2023.01.

[9] 黄铁英. 高校体育教学翻转课堂模式构建研究 [M]. 北京：经济科学出版社，2022.09.

[10] 葛吉生，尚迎秋，于洁. 构建有效的高校体育评价体系 [J]. 运动精品，2016（05）.

[11] 胡赣萍. 基于大数据下高校体育教学评价体系研究 [J]. 汽车世界·车辆工程技术，2020，（21）：195.

[12] 白光斌，郭玉麟，张大千. 高校体育教学评价体系的研究综述 [J]. 体育世界（学术版），2018，（2）：124-125.

[13] 范笑晨. 高校体育考核评价体系的构建 [J]. 产业与科技论坛，2021，（14）：259-260.

[14] 佟成利. 高校体育学生考核评价实证研究 [J]. 黑龙江教育（理论与实践），2021，（6）：53-54.

[15] 陈强. 高校体育教学评价的现状及改进方法 [J]. 今天，2021，（12）.

[16] 黄宝叶,胡峻榕.普通高校体育教学评价指标体系构建的探析①[J].当代体育科技,2018,(23):56-57.

[17] 钟贞奇.高校体育课程评价的现状及改进方法[J].文体用品与科技,2020,(21):193-194.

[18] 徐继平.普通高校公共体育教师教学能力评价系统研究[J].体育风尚,2022,(14):82-84.

[19] 周利.基于信息技术的高校体育学习评价研究[J].牡丹江教育学院学报,2022,(9):102-104.

[20] 林然.高校体育教师能力素质评价体系的设计和应用[J].体育科技文献通报,2022,(8):174-177,198.

[21] 王波.依托大数据推进高校体育教学评价改进策略[J].吉林农业科技学院学报,2022,(3):76-79.

[22] 赵洪波,王喆昊.普通高校大学生体育学习力评价模型研究[J].辽宁师范大学学报(自然科学版),2022,(2):279-288.

[23] 王楠.高校体育教学评价的现状及改进方法[J].魅力中国,2019,(31):192.

[24] 岳宁冈.高校体育场馆社会化服务评价研究[J].文体用品与科技,2021,(24):57-58.

[25] 雍军.高校体育教学评价现状及改进方法[J].科教导刊,2019,(12):56-57.

[26] 赵成波.高校体育教学考核评价现状及提升途径研究[J].文体用品与科技,2021,(19):182-183.

[27] 李继锋.高校体育学科核心素养体系的构建及评价研究[J].文体用品与科技,2021,(9):183-184.

[28] 徐京朝,李梦婷,黄怡轩,孙伟.高校体育课程学习评价指标价值分析[J].体育科技,2021,(6):162-164.

[29] 梁小莉.大数据下高校体育教学质量评价体系构建[J].高教学刊,2021,(5):137-140.

[30] 芦燕."三度"建设视域下高校休闲体育专业课程评价体系的建构[J].运动精品,2020,(10):15-16,18.

[31] 李伟峰,唐灵丽.双一流本科专业建设背景下大学体育专业教师标准评价指

标体系构建研究 [J]. 体育科技文献通报，2023，（1）：120-124.

[32] 丁向东，宛钟娜."双一流"建设背景下体育教育专业人才培养新模式 [J]. 人才资源开发，2020，（17）：58-59.

[33] 玄文波,刘肖敏."立德树人"背景下高校体育课程思政建设与实践路径研究 [J]. 教育现代化，2022，（20）：138-141.

[34] 张务农，李爱骥. 世界一流学科建设战略定位的理论视点与价值选择 [J]. 西北工业大学学报（社会科学版），2021，（4）：54-62.

[35] 袁玉鹏. 基于层次分析法构建翻转模式体育专业实践课程评价体系 [J]. 合肥师范学院学报，2021，（6）：110-114.